谨以此书致敬：

『教育家精神』和所有『早上八九点钟的太阳』们！

2023 年辽宁省社科基金项目（高校思政专项：L24BSZ048）

师说新语

◎ 杨青舟　张毅　著

湖南师范大学出版社

－长沙－

图书在版编目（CIP）数据

师说新语 / 杨青舟，张毅著. -- 长沙：湖南师范大学出版社，2024. 9.
-- ISBN 978-7-5648-5572-7

Ⅰ. G645.5

中国国家版本馆CIP数据核字第2024J5X595号

Shishuo Xinyu

师说新语

杨青舟　张毅　著

出 版 人｜吴真文

责任编辑｜赵婧男

责任校对｜谢兰梅

出版发行｜湖南师范大学出版社

　　　　　地址：长沙市岳麓山　邮编：410081

　　　　　电话：0731-88853867　88872751

　　　　　传真：0731-88872636

　　　　　网址：https：//press.hunnu.edu.cn

经　　销｜湖南省新华书店

印　　刷｜长沙雅佳印刷有限公司

开　　本｜787 mm×1092 mm　　1/16

印　　张｜20

字　　数｜350千字

版　　次｜2024年9月第1版

印　　次｜2024年9月第1次印刷

书　　号｜ISBN 978-7-5648-5572-7

定　　价｜68.00元

听话是重要人生哲学

　　这个 9 月 10 日是第 40 个教师节。过第一个节日时我是高二学生，今日之我"长大后就成了你"，身为高校辅导员且教龄"资深"。得益于多方合力，承载同仁、校友 6 年心路之"石化师说"公众号推文正在撷英为集、即将付梓成册。节日临近、抚今思昔，唯觉"听话"一词最可检视自己"多年学生'熬'成师"连贯足迹——

　　"听话"或被误读为驯顺，实则是文明基因传承。诚如故宫修缮古建之匠人必须先读懂梁柱榫卯千年絮语、勾心斗角，也如敦煌壁画修复师一定要参透斑驳色层之历史沉吟、霓裳羽衣。"不听老人言，吃亏在眼前"，教育真谛从来只在于教人听得进先哲智慧箴言、听得见时代浪潮轰鸣。至今犹清晰记得初登讲台时教研室前辈的极度关切和反复叮嘱："所谓师者，就是要教会学生们如何在喧哗中听出真理的声音。"

　　青年"听话"是海绵式吸纳，成年"听话"是淘金式淬炼。1937 年 1 月，恩师徐特立六十寿辰时，毛泽东曾以"你是我二十年前的先生，你现在仍然是我的先生"致贺而为佳话，也最是彰显领袖于"尊师重教"深刻感悟。"会听话者，必先立心"，我之"资深"辅导员生涯也曾见证一众案例：既有将"听话"异化为精神藤蔓者，终究于温室中萎顿了；更有人聆听师长、前辈以及典籍教化，培树睿智思想根系、撷取不菲人生果实。

"顺人善性"常被误读为惰性迁就，实则是生命艺术辩证法则。孔子以"有教无类"情怀感召弟子三千，既教化了"闻一知十"之大贤颜回，也曾说过"朽木不可雕也"气话。真正为师者当如大禹理水，既要疏导奔腾之青年思想激流，又需筑牢守正"身教"之能量堤坝。前些年曾几率桃李远赴山西革命老区支教，不止一次于"晋察冀"之房檐炕头、黄土砂砾间感知左权等先烈们"以人民的意志为意志"遗响——所谓最高级别之"听话"，就是令历史风骨与当代思考和弦共鸣。

教育现场可以无书声琅琅，必定有觉醒之沉默震颤。当理工学生们自《天工开物》读懂"穷究试验"匠心，当总坐后排之"低头族"因《史记》某句壮语突然眼含清光，就是民族文化之优秀基因在新生代视野茁壮复活，虽是瞬间之"听话"印证却有效驱动真理自耳膜震颤到心灵谐振，已是以先人火种点燃未来希望和前程心灯。

"资深"教龄或被经验权威恭敬，实则是接续文明摆渡斯文。手捧从教卅年荣誉，不自觉偶与身边师生自话"过来"得失：既要听得进实验室仪器细微嗡鸣，那是科学精神召唤；又要辨得清古籍扉页间簌簌耳语，那是文化血脉流淌；更要学会于纷繁世相捕捉真理清越之声，那是"留一份清醒留一份醉"。所谓"熬"成师者，不过是先行听了几年岁月絮语，而真正"受教"永远是"教学相长"之共同倾听时代脉搏。

"苔花如米小，也学牡丹开。"值此"大力弘扬教育家精神，加快建设教育强国"之际，且以《师说新语》与青年共勉、向"教育家精神"致敬："听话"非是被动接收信号之天线，而是主动调频之智者；非是重复回响之山谷，而是孕育新声之鸣笛。当你我皆以心灵感应而非只是俯耳侧听一代人之"长征"，教育真谛便携手历代师尊嘱托唤开万千心扉，化育每一枚年轻生命历史强音。

甲辰年秋分前夕于杏坛灯下

师说新语

目录

第一章

向善向好，做有德之人

人字很简单，做来一辈子。

一把刀锋不锋利靠的是钢。有好钢刀才会锋利，用好钢才是好刀。

人亦如此，人生如斯，一生能够走多远，能够飞多高靠的是素质，是人生境界。好人有好德，有德而有得。『君子坦荡荡，小人长戚戚』，强大人生来自素质和境界，无境界者站不高、看不远、行不通。

也想着给父母道一声"晚安"

——

你发现了吗？那句时常与同学、友人说起的"晚安"，很多人从未或极少说与爸爸妈妈。谨记，你可以做不到"昏定晨省"祖训，但人世间之起码人文关怀与温情宠溺也应该留予他们一份。

许多父母一边被嫌弃一边被依赖。孝敬父母是中华"首善"，"不孝"为《周礼》首刑。"昏定晨省"是先人侍奉父母的必备礼节，早晚问候、照顾冷暖饮食无微不至。父母将最好人生给了我们且以余生守候，"儿行千里母担忧"，孩子问候最令父母愉心。惟孝敬父母者忠于国家、仁爱兄弟、信义朋友、关爱子女。

关爱父母其实很简单。不错过父母生活重大细节非是儿女恩典。不让父母仅以微信或电话拼凑出你的生活全貌。打拼也不要冷落一直等你回家的爸妈。"父母之年，不可不知也。"每给他们做一顿饭、牵着他们手在小径漫步都是最好陪伴。你的一个电话、一声问候、一个笑脸、一句"晚安"，父母足矣。你拥有世界，他们只有你。

爱父母不要"藏着掖着"。既为父母晚景无忧，更怀一颗感恩之心。夸奖父母也是爱，74.6%的国人羞于向父母"示爱"。父母已在他们能力范围内给了你最好的世界。父母健在是儿女最大福分。"谁言寸草心，报得三春晖。"给父母以和颜悦色。有所牵挂，问候如期而至。世上唯有父母之爱如影相随、永不退出。

"富养"父母者最有福报。满足父母"虚荣心"，让他们活得有底气。孝顺父母者做人有规矩、办事有条理，受亲朋信赖，被远近人等佩服。多数父母患有"花钱焦虑症"，不对父母之"不需要""老毛病不用看"说辞信以为真。爱与体谅是对父母最好的富养。你的努力里包含父母生活样子，最令双亲卸下思想包袱、提升生活品质。

2021年3月6日

"放纵"是毁掉你我最"狠招"

——

因为星点"新冠"余孽，2021寒假还是不出意料地被抻长。即便目前虽已返校，仍有一些人黑白颠倒、沉溺游戏、放纵狂欢，令师长们常态化"抗疫"同时心忧"下一代"慢慢"堕落"、自我"废"掉。

欲征服世界先征服自己。再不可以心安理得各类"葛优躺"，"宅"至地老天荒。随波逐流而为"废柴"，所谓奴隶就是理性一再被欲望战胜者。剧永远"追"不完，游戏总有新版本。凡快乐获得期短暂之游戏、八卦、"某音"等"毁人不倦"娱乐产品一律易上瘾且"依赖"，迷上之后再难以专注学业、正事。

时间是人世间之最公平。"互联网＋"时代日新月异之人工智能向来以"裁人"为能事，"融媒体"浪潮中被淘汰是家常便饭。时过境迁，有人原地踏步有人迭代升级。是自律而非智商成就了学霸，支配业余时间于人生事业垂成至关重要。你悠闲悠哉、年复一年，"对手"励精图治、不断突破，人际差距就此拉开。

舒适区日复一日"杀死你"。你混日子、日子混你，过于闲暇时段或为人生灾难。太多人于"纵欲"中庸碌一生。据媒体数据，这个假期因"就地过年"，有近亿年轻人于游戏中打发光阴、忘乎所以。

你的状态或许连"自由职业"都不适合。学霸窗边"蹭网"上课，学渣被窝装睡"打卡"。看某人是否适合自由职业最好察看其业余时间支配。如若你除了"胸怀天下"就是管不好自己，2021寒假已有许多同龄人分出高下……

"定力强"者"弯道超车"、自我修炼，"定力欠缺"者"吃喝玩睡"、时间荒废。鞭策非是磨难，自生自灭是对懒人最狠惩罚。

2021年3月10日

优秀与教养也惟于读书

——

外貌是人生第一名片，教养是人生际遇盔甲。"教养"尤指于家庭从小养成行为道德水准，属"他律"教化显现，文化、品德综合欠缺者师长辈负首责、必须"背锅"。能力决定一个人飞得高不高，教养决定一个人飞得远不远。

穷养富养不如教养。教养发自内心，爱人爱己、推人及己。"入乡随俗"，遵守所在环境礼节礼貌。接受时温文尔雅，拒绝时彬彬有礼。有教养者更容易被接受和尊重。知书达礼、正直果敢者，无论成绩如何，步入社会后事业多风生水起；反之，即便成绩优异，仅少数或为顶级人才，多数默默无闻甚至无职业归宿。

针对所有人有礼貌。不伤人心、不失人情、严己宽人、换位思考是融洽人际关系最佳润滑剂。受教育在于令外表之彬彬有礼与高尚教养同时显现。理直气和不"气壮"，对人对己同一标准，如《史记》所谓"人固不易知，知人亦不易也"。希望为他人理解，先正确理解他人；希望被尊重，先足够尊重他人。

为人始自"有德"。"种树者必培其根，种德者必养其心"。被评价"靠谱"，做事有分寸，懂得适可而止。教养或推动道德或促成道德或毁灭道德。越遵守游戏规则所需"通关"时间越短。做人"守信"，不耍小聪明；有职业素养，做事走正道不乱走捷径。如若加入团队、做成大事，刘备、唐僧皆可以其所长称之"靠谱"、值得托付。

以体谅为教养之核心。有所畏惧，有所敬仰。不以贱人标准要求自己，不以圣人标准要求别人。以令别人舒服为好人品。读书多少不意味着教养水平。"己所不欲，勿施于人。"有同理之心，常换位思考。少麻烦别人，随意麻烦别人者是无知更是少教养，根源在于心中"自己"多、"他人"少。令别人不快、让别人担心、使别人操心皆属"添麻烦"。

2021 年 4 月 10 日

把人做好将事做对

——

许多毕业生择业中纠结于"大公司做人小公司做事",为毕业后去哪一类公司首鼠两端,其实任何工作都是做人做事。工作也是生活,将今天工作做至尽善尽美是应对未来唯一方法。

"拿得起,放得下"是工作适应基本前提。大公司多制度齐全,能力多体现于细小工作;小公司人少事杂,能力多体现于身兼数职。"君子藏器于身,待时而动"。才华因有责任感最被认可。熟悉单位、适应环境,"胜任"永远是公平提拔的前提。专家复杂事情简单做,行家简单事情重复做,人生赢家重复事情用心做。

做事体现价值保障生存。相信真理一定会萌芽,相信酿出好酒必须假以时日。一天盯着事忙于做事者才是好员工。会"听"话不多话,对人足够尊重,能真正和领导、同仁沟通,具备正常执行力;"非礼勿视,非礼勿听",不搬弄是非、不妄加猜疑。多有大公司提拔新人前听取同仁互评,旨在考察其人品及团队意识、合作精神。

大事不糊涂小事不纠结。工作分工不分心,既独立又配合。遇事三思而后行,不钻牛角尖;懂人情世故,会做人。有底线,既认同"吃亏是福"又心里有数。能吃亏不算"吃亏",既小算盘"君子爱财",又不拘泥于锱铢必较。难的是一辈子做好事,最难的是一辈子不做坏事。内心历经磨炼,做人做事不会差。

人做好了事情差不了。久待"舒适圈",人生少改变。每一次失败都是检视自己的机会。语言巨人、行动侏儒一事无成。不能扛事者也不能成事,逃避失败者失去成功。做好自己,出来混总是要还的。允许自己失败,找到前路入口。善于把握分寸,不偏不倚、恰如其分。不因一时阴霾遮挡整个人生光芒。在做人中把事办好,在办事中学会做人。

2021 年 4 月 14 日

包容是最善待父母

——

孔子"父母唯其疾之忧"微言大义，即父母一心为儿女疾病担忧。于子女者真正尽"孝"非只是对父母爱心回报、尽享天伦，还须谨记父母保管着儿女前半生，不包容父母者无以容天下。

不令父母担心。按时作息、照顾好自己也是报答父母，牢记自己有病时父母如何焦急而自爱自重者谓之"顺"。父母无论在身边、在天上还是在任何地方，都最爱、最牵挂、最守护儿女。父母最是为我们付出而不求回报第一人，即便如哪吒"脱胎换骨"依然难以偿还养育之恩。非得以雄心和荣华知晓、铭记亲恩，一生平安同样宽慰父母、恪守人伦。失败之父母永远不满足，不包容父母者心中少爱、人品小气。

让父母活出尊严与美感。父爱是高山，无论你有多困难，他最可以倚靠；母爱是深海，无论你多有波澜她拥你入怀。不以"青春期""代沟"为由"逆反"，父母子女一场是他们在失落和牵挂中目送你渐行渐远。成全父母愿望，趁着好光景积蓄力量。父母养我们长大，我们陪他们到老。许多人欠父母一杯茶、一句问候、一次陪伴……

有一种幸福叫父母健在。不要总让商家提醒你还有双亲在堂。"事父母，能竭其力。"你养我小，我养你老，即便父母曾令你我"失望"。父母永远对着儿女背影欣喜悲伤、想追回拥抱又不敢声张。多和父母交流，"对父母说些感谢的话""陪父母共进一餐"强隔空邮束鲜花 N 倍。父母在家在，即便你七老八十，有父母在堂依旧可享有、使用孩子气。父母辞世，你便如鲜花插瓶，虽有色有香却已失去根基。

不只做"朋友圈"好孩子。"平庸"是与别人比，心灵安适是与自己比。目的驱动我们每天前行，成就感和尊严令你我快乐。多关注父母脸上皱纹，那是你未来的模样。子女是家教之鉴，父母是儿女不动声色摆渡人。即便你为人父为人母，你的守护神依然是父母。你之衣食住行是父母生活主要行状，即使你平庸父母也未必失望。

不要只在网上表达孝心，爸妈没那么多时间上网或者不会。吃饭时除了晒美食还可以晒晒家人。

2021 年 8 月 6 日

珍惜和父母朝夕相处

父母在堂，人生尚有来处；父母逝去，此生唯有远方。有德者既对他人礼貌有加也尊重父母亲朋。真正孝顺就是尽量多陪陪父母，包括一起多吃几顿饭，所给再多非是父母想要不能谓之真正孝顺。

尽孝永远是"未来时"没有"完成时"。放下手机、多陪父母，莫让借口成愧疚。尊老敬老者人恒爱之。不教父母"觅封侯"，抱怨父母无能者是迁怒自己无能。爱之深责之切，你过得好不好，父母最关切。将来你也为人父母。"亲恩如此，夫复何求？"双亲给我生命、养我长大、令我健康已是莫大恩赐，我除了无以为报就是知足。

从"好脸色"开始善待父母。不只将礼貌和尊重给陌生人。在"唠叨"中被关爱，不对父母的说教不耐烦。唠叨随着父母变老而增多，他们身体老了、心态"小"了，需要陪伴，需要像当初听你咿呀学语一样被倾听和关注，你再见过世面在父母眼里也是孩子。包容父母、宽以待人。来日不方长，时光不会慢下脚步、父母不会一直在原地等你。真有一天父母不再管你、不再教育你，生活或许会缺失。

"色难"之难在于耐心和包容。挑剔最亲近者是本能，不挑剔是教养。90% 成年人曾对父母简单粗暴，父母之爱予以儿女足够安全感和放肆底气。孝顺且不"自以为是"，对待家人态度是最真实人品。对人恭敬庄严自己。尊重父母快乐而非剥夺，不以孝顺之名绑架父母自由。"孝"之底线和前提为"顺"，即子女不忤逆、不给父母"添堵"。孝亲可以养父母之身、之心、之志，令父母余生开心是好儿女最"硬核"。

父母其实很想融入孩子生活。最无价是家人笑脸。陪父母吃饭既孝顺又浪漫，你怎样待父母儿女也怎样待你。职场讲究客套修养，但"家无常礼"，与父母在一起可随意甚至"懒散"些，即便感恩感激也无须总将"谢谢""请"挂在嘴边。父母与你客套，非是情感疏远便是怕麻烦你。不与父母着意"客套"，《红楼梦》贾元春省亲，连奶奶贾母都行"国礼"跪拜，冷漠了骨肉、割舍了亲情。

2021 年 6 月 18 日

在全民尊师重教中强国

"国将兴，必贵师而重傅。"教师是文明传播者，是人类灵魂工程师，是社会进步阶梯。尊师重教是敬畏知识文化，教师于教书育人中有尊严和获得感。教育成就人人梦想、撑起国之柱石，教师越来越成为令人羡慕的职业。

教师打造中华"梦之队"。"以孝为文"谓之"教"，"养子使做善"谓之"育"。教师是各业精英之母，为"新时代"造就"三观"纯正、学有专长之建设者和接班人是教育终极目标。"三尺讲台系国运，一生秉烛铸民魂。"强国必先强教，强教必"贵师而重傅"。尊师皆是局中人，重教非是岸上客。一分尊师一分受益，十分尊师十分受益。教育质量是尊敬出来的，欲成才者从尊师开始。1937 年 1 月，恩师徐特立六十大寿，毛泽东专门写信致意"你是我二十年前的先生，你现在仍然是我的先生"。

好老师取法乎上、见贤思齐。教师塑造学生品格、品行、品位，"因材施教""诲人不倦"是教育者始终如一的操守使命。抗疫期间中国教育停课不停学不停教。没有爱之教育失去灵魂，教师爱生乐教赢得广泛尊重。"师道"有尊严，育人有底气，家国有未来。传道者必须明道、信道于先，教师融爱国之情、报国之志于诲人不倦。教师职业越来越受尊敬、被羡慕。站着上课是教师基本素养，教师"打铁还需自身硬"，教到老学到老。

良好教育是一生根本。善之本在教，教之本在师。教育决定公民对美好生活之向往。成功教育既将篮子装满同时将灯点亮。"经师易求，人师难得。"好老师是理想信念的源头活水，得遇好老师是人生至幸。教师非神仙，育人事业神圣。不尊师者远离道业，极个别"恨国党"不代表知识分子队伍。"两弹一星"等大国重器缔造者及无数"逆行"抗疫勇士才是中国知识分子报国风骨。

教育非万能没有教育万不能。"学为人师，行为世范。"教育温度发自每一教师良心操守，师恩源于教师讲台、课本之外付出。违反师道者必受惩罚，教师正义需要伸张。教育有失误，也允许淘汰，极小概率事件妖魔化不了教师群体。仍有家长者重教育轻尊师、无良舆论于教师过错不辨是非、"一边倒"谩骂。"楚材晋用"及"精致的利己主义者"是教育失败个案。"万世师表"孔夫子也说过"朽木不可雕也"，其执教生涯不过"弟子三千，贤人七十二"。

2021 年 9 月 9 日

以"服务"为最可贵情怀

———

服务本义"为大家做事"，最高境界是"为人民服务"。《为人民服务》实质是一篇"顶级"祭文，受祭者张思德同志时为中央警备团普通一兵，长过征、负过伤，是一名忠于职守的党员，于 1944 年 9 月 5 日在陕北安塞县山中烧炭时牺牲，毛泽东主席亲自为他主持追悼会并致悼词。

人生自古"不同"死。《为人民服务》全文仅 763 字，主题也极简单。作者先借张思德平凡一生阐述了中国共产党及人民军队"完全是为着解放人民的，是彻底地为人民的利益工作"宗旨，还讲明了"为人民利益而死，就比泰山还重；替法西斯卖力，替剥削人民和压迫人民的人去死，就比鸿毛还轻"不同生命价值，高度肯定革命队伍中"人们都要互相关心，互相爱护，互相帮助"融洽关系，所以很快流传于党内外。当时正是抗日战争艰苦阶段，我们党面临许多困难，毛泽东号召全党全军以张思德同志为榜样激发了无穷的革命力量。

张思德之死"比泰山还要重"。因为他是"为人民利益而死"，所以毛泽东主席如此评价，并要求"今后我们的队伍里，不管死了谁，不管是炊事员，是战士，只要他是做过一些有益的工作的，我们都要给他送葬，开追悼会"。那一时期我们党领导下的延安虽苦犹乐、众志成城，是无数志士仁人向往的革命"圣地"。除了号召学习张思德，之前毛泽东同志还在另一篇感人至深的祭文《纪念白求恩》中号召全党以国际主义战士白求恩为榜样；再就是18年后号召向普通战士雷锋同志学习。三位不同时期的楷模，极大地促进了党的队伍建设——立党为公、执政为民。

"为人民服务"最"以人为本"。"全心全意为人民服务"坚决捍卫人民根本利益，充分体现马克思主义"以人为本"核心价值追求，正是党的根本宗旨，是党的事业从小到大、从弱到强的力量源泉，是党不断巩固执政基础的行为保证。得益于当前如火如荼主题教育，再次重温《毛泽东选集》部分经典篇章，每每读来依然被伟人朴实的文风和高屋建瓴的胆略折服。开国领袖以及革命先辈群体的人格魅力、丰功伟绩依然萦绕耳边、历历在目，并重重叩问自己良知、弥补精神之钙！

"服务"就是最担当。依据《说文解字》解释，"为人民服务"之"服"的本义是"拉车的力马"。古人马车一般"标配"四匹马，正常情况下外侧两匹多为跟着老马实习的力气和经历都不够的"骖马"，中间两匹则是能"识途"且担任主力的"服马"，所以，"服务"就是承担重活，"为人民服务"即是为人民利益勇于且敢于"最担当"。可见"为人民服务"既是一种职责，更是一种担当。

人之发展是社会发展本质特征和始点终点。"社会关系实际上决定着一个人能够发展到什么程度。"

"我为人人，人人为我。"作为一名高校教师，我还从毛泽东同志1945年4月24日《论联合政府》中知识分子必须具有"为人民服务的精神"得知，集体事业的发展不仅需要有创新理念和前瞻决策，更需要一批勇于担当、善于担当之师资队伍——没有担当意识的教师不是合格的"灵魂工程师",没有服务情怀的辅导员根本无从谈起育人;同样,作为新时代青年学子,除了认真履行天职、精心学业,必须同时炼成家国情怀。"青年强,则国家强。当代中国青年生逢其时,施展才干的舞台无比广阔,实现梦想的前景无比光明。"

再伟大的事业都是由一系列小事构成,做不了小事就做不成大事。许多工作其实就是简单的、枯燥无味的重复。然而,对于每一位勇于担当者而言就是大事,正是这些简单的小事最终成就了"全心全意为人民服务"之大事。

什么叫"大必出于细"?就是把简单的事情日复一日、月复一月做到位!

"为人民服务"永远不"过时"。人本情怀于人人处理内外关系中发挥作用越来越大。

2023 年 9 月 2 日

业·有业,敬业·乐业

——

领导用心良苦令人感动,前不久推荐了一本很有分量的《有为才有位》让做管理工作的我们细读。其实"有为"和"有位"与我国传统事业观中一贯倡导的"敬业"和"乐业"伦理异曲同工。

"业"是"敬"与"乐"主体核心。"职务,学习的功课,重大成果或功劳"谓之"业"。无论其谁,人生必须有"业"。无业懒人饱餐终日、无所用心,其实很痛苦,每一个日子都难过。所以很多职场人士退休以后普遍感到不适,主要就在于突然远离了忙碌且充实"业态"。

"乐业"最高境界是脱颖而出。"敬业"源自《礼记》"敬业乐群","乐业"语自《老子》"安其居,乐其业",分别喻指对所从事之业谨慎态度和乐在其中的感受。"敬"之本义来自《论语》"敬事而信",即做一件事要将全部精力集中其上、毫无旁骛;"乐"在此应读为"yào",出自《论语》"仁者乐山,智者乐水",意思为"喜好,享受"。"敬业""乐业"最"一言以蔽之"

事业成功真谛。

每一职业皆有其神圣属性。每一合法之"业"皆有可"敬"属性。当国家领导人和当环卫工人虽然于世俗评价下位置迥异，其实自做事本质皆属"流自己的汗，吃自己的饭"。每一人该从事哪一"业"，必须顺应自身才能、机遇走向以及综合适应性做喜欢事情、做擅长事情、做有意义事情。于个人而言，将才华、机遇完美发酵为"业"之圆满结局永远是人生至乐和最高追求，所谓将"爱好特长"和本职工作结合在一起。

任何职业皆自有趣味。于教师而言或桃李芬芳或厚德泽世，于学生而言或事业腾飞或造福桑梓，于领导和管理者而言或"人尽其才"或"知之者不如好之者，好之者不如乐之者"。雷锋16岁小学毕业，由生产队新型农民成为乡通讯员、县委公务员、农场拖拉机手、鞍钢铲车司机、解放军战士，虽然他的正式学历为小学、实际学历业余初中，但长期"干一行、爱一行、专一行"，始终于生涯"逆袭"中"积小善为大善，善莫大焉"。

抱怨工作"累"者真的很累。时有人因不愿做却又不得不做之事"牢骚太盛"，其实最与自己过不去，究其深层原因是不"敬业"，导致"无为"同时尸位素餐，在其位不谋其政，甚至将事情做砸误己误人。于高校众生而言，无论是有"业"之教职工或正在为他日之"业"鸡窗苦读莘莘学子，培树"敬业"足以自心底热爱工作、重视学业！所以，我们身边不乏"爱生如子"、以全部身心倾注三尺讲台师德标兵，也不乏大学期间拼搏进取、以骄人学业获评中国大学生"自强之星"荣誉学子楷模。

"敬业"者"有为"，"乐业"者"有位"。唯有自己喜欢，工作便是享受，投身其中甚至可以忘却岁月更替。

2023年10月21日

第二章

书山有路，大学之道在于学

说语 师新

大学时光永远无奈且美好。大学尊于『学』而非雄于『大』。『大人之学』最被理解为政治定力、发展引力、人格魅力，是人生有所成就核心要素。大学之『大』于使命、精神、胸怀、学问、仁爱、声望。『大学之道』蕴于识大、悟大、格局大。读大学不可以『已』，永远不可以『躺平』『摆烂』。

每节课至少提出一个问题

"学而不思则罔"。大学求学除了"受业"，与"传道"者互动最可以锤炼判断与思考力，并因之获得大学生涯主要财富。

能问出并找到答案就是胜利。所提问题或需老师回答，或可自问自答。教学相长，彼此成全。学生有价值之提问是最佳"教学相长"。辨思在提问中铸就，学生之问或令教师"知困，然后能自强也"。课堂因学生个性富有活力，因教师魅力每一节课不可预设、不可复制富有价值。

"教""学"关系历来辩证。多花力气诠释之生命更有内涵，亦师亦友最是理想师生人际。好老师不必每节课皆为精品，好学生一定于每节课提出问题。问题有质量、分层次，每一问题多有不同见解。幼稚之问或许另有价值且可笑，真理诞生于一百个问号之后。1% 灵感较之 99% 汗水更难得。

教师可以放下身段求教学生。知识习得水到渠成，"学霸"更多关注过程与方法。尽量以简洁语言发问提升能力，令"解惑"者对你刮目相看。"学""问"是学习两翼。"道"因"反对观点"更被全面理解；"术业有专攻"，教师最可于"教"中弥补欠缺、消除困顿。

师生互动谓之"学学半"。好奇是为学美德，兴趣是最好老师。事实和细节较之解释和思考同等重要。"一石激起千层浪"，学生在课堂提出观点得到认可最可产生自豪感。或许因你之问而令大家精神为之一振、热情为之大增，引发"稷下""争鸣"好风。高考之至用还在于深远训练和影响考生身心专注度。

2020 年 12 月 20 日

课堂睡觉是对自己极不负责

——

大学学业鲜有重负而致透支体力、剥夺睡眠，课堂睡觉非是懒惰便是自制力不够抑或没遵守作息制度、没用好睡眠时间，以致课堂"梦见周公"、旁骛"鸿鹄将至"。

偶尔犯困是"人之常情"。因老师讲授无趣或课程枯燥犯困可以理解，但出于"不负韶华"担当、"开卷有益"信条你必须转移注意力杜绝"黄粱美梦"；除了上课打盹，如若你平时还沉迷游戏、不看书、不运动，则有"死于安乐"或不雕"朽木"之忧活该当头棒喝。

课堂不打盹是定力和意志体现。叫醒课堂"特困生"是起码师德。再就是大学课堂气氛相对愉悦轻松，"头悬梁，锥刺股"只是为学故事非是治学方法，但可趁着课间户外小放松或运动一会驱除"瞌睡虫"，根本在于你唯遵守"日落而息，日出而作"之中华儿女生物钟最可"克睡"。

大学生活非是吃喝玩乐。不攀比，少焦虑。大学课程虽不多却不可逃；大学虽有闲暇时间，却不能总耗在宿舍或追剧，或通宵"王者"、天天"吃鸡"。专注造就高效，考前临时抱佛脚或以补考为依赖，所学必然肤浅如云烟过眼。所有熬过之辛苦终究质变为幸福。青春时你堕落懒散，未来日你潦倒落魄。

不按时睡眠是时间管理低能。昨日之日不可追，"我的青春小鸟一去不回来"。尽管每个人时间资源优势相当、同等富足，终究因修行程度导致不同结果。趁父母未老，按时睡眠、努力成长成才是大学"正道"。所有"借"来之"美好"必然承载"还"时之"痛苦"，动辄以学习为借口熬夜其实生活能力低下。

2021 年 1 月 27 日

"懒课"有理由，"翘课"不应该

93.1%学生有过"翘课"行为。"选修课必逃，必修课选逃"是许多在校大学生懈怠学业流行语，甚至有认为"无逃课，不大学"，其实于"得逞"者眼前挥霍爹妈血汗，长远自弃个人修炼，终致环环紧扣之专业学养链断裂或脆弱。

"翘课"使大学意义迷失。"仕途，商界，学术"三者必居其一，越"翘课"越失去选择机会，"有用"之学极端短视。尽力向校园牛人看齐，避免为反面少数。"翘课"者未必"学渣"。易中天先生就曾坦诚有过"翘课"。勤学苦练成就荣耀、千锤百炼绝地重生。"学霸"多掌握学习主动性，不一味被老师"牵"着走。

当事老师应自省"学而不精"。"懒课"不全是学生之过，有些"水课"老师不用心致学生不走心。如若课程普遍不被感兴趣，除了难度系数便是教法原因，为师者需"学然后知不足，教然后知困"。兴趣永远是最好老师，"碎片化"时代老师靠点名驾驭课堂留得住人留不了心。

开卷有益兼容并蓄。"文行出处"，"清谈"无用。读史使人睿智、数学令人缜密、物理使人深刻，逻辑和修辞助力表达。"翘课"是学生严重违纪，"翘课一时爽，一直翘课一直爽"是伪命题害人。每一课程皆有启迪，令"开卷"者人生避开坑洼、事业平步坦途。极个别人"有偿代课"是拿前途开涮、人性"触底"。

"考而不死是为神"。学业与学养俱进，"非学无以广才，非志无以成学"。"王者"永远不会胜出于虚幻游戏，许多"翘课"者变成了学弟学妹。既置身课堂必不玩手机、不睡觉，用心听课且积极与老师互动。反之，不去也罢，但绝不可藉此"吃喝玩睡"而是修炼其他有益事情，虽一时亏了时间金钱，长远赚了生活、阅历。

2021年3月14日

轻寒正是读书天

——

假期也是学校教育组成，令闲暇生活富于意义是重要课程。每一学子寒假生活不尽相同。活着必须为生存算计。"闭门即是深山，读书随处净土"，寻常寒假因与书为伍充实而温暖。2022，愿你眼里升着太阳、笑中洋溢坦荡。

书当快意读易尽。读书需快慢结合：快读时尚读物以免见闻不广，细嚼经典名篇以免根基浅薄。"知人论世"了解作者、走进书境，善为笔记消化吸收、融会贯通。克制网络、手机影响"冬练三九"，敬畏作息规律优化"生物钟"。为不同"碎片化"场景预备合适读物。读书最是保全自我、超越自我。阅读度光阴、精神多富饶。人贵于精神独立，读中有感，始悟读书之乐。

读好书最可"听君一席话"。当下人群纸媒阅读量少之又少。阅读是最好修炼，读书之味愈久愈深。在读书中个性鲜活、思考深刻，学识永远是不被愚昧反噬的坚强铠甲。读书或许不能解决所有问题，却一定能得到更好视角；读书不一定会发财，但人生一定有温度、有情趣、会思考。多学一点知识，少说一句求人。人在"书途"不孤独，即便你不能"说走就走"，至少于书中管窥大千世界。读书解决 80% 以上迷茫：令同样工作不一样心境、同样生活不一样情调、同样子孙不一样素质。

读书是一种责任担当。发展非是读书唯一动力，发展是解决诸多问题的雄辩理由。读书是最低成本旅行，眼睛到不了的地方文字可以。没有学习不吃苦，人生因成就和尊严而快乐。每一少年担负国、家未来。读书打破局限，生活不能总由着别人安排。中国傲视全球"抗疫"伟绩乃得益于优势政体、雄厚实力。以读书善良待人、知礼明义、坦荡于世。可怜之人必有可恶之处，摆脱平庸是阅读第一获得：早一天多一分人生精彩，迟一天多一重平庸困扰。冬去春来，在读书中遇见优秀自己。

认真读书为灵魂注入养分。在书中为来年铺垫惊喜，读书所花时间一定会在某个时刻厚报你。生命意义在于经历：或诗词歌赋或哲理故事。读书体验一千种人生，不读书只能活一次。书卷气最祛除肤浅无知，读书多了优化容颜。"旧书不厌百回读，熟读深思子自知"。受教育旨在"不惯着"现实而非一味适应。稍闲是人生福气，太闲是生活灾难，《菜根谭》所谓"人生太闲，则别念窃生"。在阅读中心沉似海、物我两忘。读书人、读书声永远是校园最靓丽"风景线"。

2022 年 1 月 4 日

手机"依赖"几多愁

依据网络数据，当前我国手机覆盖率 113.9%，71% 成年人群不同程度成瘾。早晨一睁眼看手机、临睡前刷屏是多数人群生活常态，除了颈椎病变、视力下降种种不适，个别人行为偏差、性格乖张甚至健康生命受损。

手机"依赖症"是网络科技始料未及的"副作用"。资深"低头族"普遍患有"手机颈"，80% 脱发患者每天接触电脑、手机大于 8 小时。高达 60% 年轻人、37% 成人于手机"深度上瘾"，尤其以青年女性、男性业界精英及学生为"易感人群"，人均每天刷屏 34 次，有甚者每 10 分钟 1 次。

人手一机是当下成年人群生活"刚需"。许多人 24 小时网络"在线"，与智能手机"一日不见，如隔三秋"，尤其以城市人群"e 网情深"、几乎人手一机"满城尽是低头族"。

一些"手机控"内心嘈杂与世隔绝。上至耄耋老者下至垂髫少年皆有可能依赖手机。许多人离开了手机失去了世界，罹患"依赖症"者"生活在气泡里"。多数网络及手机"依赖症"患者同时游戏成瘾，甚至人格偏差及社会角色障碍，与依赖程度递增地缺乏自信和行动能力。更有甚者上卫生间可以忘了手纸但与手机形影相随。

诸多焦灼发酵于无节制网络刷屏。网络交流其实代替不了正常社交，网络技术包办不了人之七情六欲。越孤独人群越依赖网络媒体社交，许多人"线下"生活贫乏"线上"活动频繁。重度"依赖症"频频于亲朋、上司群体面前掩盖上网行为，30%夫妇离婚于一方或双方沉迷手机。众生受伤或哭泣时其实面对面交流、"听君一席话"最具人间烟火味和抚慰效果。

智能手机是第一"吞时兽"。强大且稳定情绪行为是不依赖手机根本途径。除了专业人士，"机不可失"且每天使用手机达5小时以上者可确诊"依赖症"且已伤及身心。"没事闲的"人群最易掉进"短暂快感"之坑。许多"刷热点"其实同时被消费。你每天起早贪黑刷手机时间都去哪儿了？到底"收获"了什么？

搜索引擎难以包打天下。非是所有网络搜索都靠谱。"碎片化"信息只是相关罗列，似极"他们说的"无以经验和权威结论，忽视知识关联、狭隘思维、浅薄思想。碎片化信息非是获取知识主要途径，网络搜索于便捷获得和助力放大知识视野同时令人类自主思考力退化、记忆懒惰、越来越笨。

手机虽好必须"持"之以道。喜欢"所见即所得"之简短且令人愉悦信息是人之常情。"上网查查"与网络依赖相伴相生。有事没事网上"挂着"是典型依赖、"信息中毒"、文明通病：精神空虚、情感受挫、无所事事。长期沉迷网络者黑白颠倒、事业荒芜较之常人更脆弱、易抑郁。

正视网络是当前重要"民生"。"新冠"疫情致部分学生人群"云端"闻道、受业同时依赖网络，致更多成年人群为微信"绑架"、生活于"微信见"，随处可见之"低头族"不乏貌似摩登其实心理焦灼迷茫者，也日益令老年人群和农民工"当惊世界殊"沦为智能手机"弱势群体"。

"拿得起，放得下"。沉迷手机是依赖，自如掌控是定力。"一年之计在于春，一生之计唯少年"，于青少年不为手机"奴役"唯有正视之、善用之、能放下。

2022 年 5 月 10 日

暑假"书假"还是"舒假"

———

学生之暑假旨在调整身心、整合状态迎接下一轮学业。学习最倚仗连贯性，不应受限于外部气候环境条件。2022暑假或许仍将漫长。于大学生旅游、学车、考证、社会实践以及光顾图书馆、书店"充电"皆为安然度假，至少避免"空调、Wi-Fi、西瓜＋追剧、游戏、宅家"之"躺平"模式。

于假期涵养厚植家国情怀。走出老师赞誉、家长呵护，认知社会声音、市井味道。向外观察、向内反省。社会实践最是浓缩"万卷书""万里路"精髓。"勤四体，分五谷"，向实践学习、拜人民为师，培养基本调查研究能力，选择典型问题深入挖掘。躬身实践、心系家国，"文明其精神，野蛮其体魄"。选准"小切口"，以绣花功夫"解剖麻雀"，真切感受基层人民生产生活，把青春写在祖国大地上。

不以"陪父母"为名"肥宅"。8.51%受访大学生选择暑假休息。及早止损健康者最珍惜人生"上半场"，一味沉溺追剧、游戏者"娱乐至死"。走进图书馆、亲近书店，沉浸书海、清凉"充电"、快乐度夏。每天读书，日渐丰沛思想河流。生命之苗因阅读破土而出、栉风沐雨、茁壮参天。人生烦恼常在于想到太多做到太少，时有人无富二代之命而犯富二代通病，空想不吃苦过上好日子。

假期终极之用在于反超"常态"。做兼职认识社会检视自己，既挣钱又体验生活。兼职非只在于赚多少钱，而是收获大学生活之与众不同。大学于人生"青春都一晌"，仅此一轮时间很昂贵，不以大量时间兼职换取少量金钱，兼职什么时候都可以。无金钱外获得之兼职果断放弃、重新选择，以免有毕业了什么都没学到之虞而被质疑读了"假大学"。

"行万里路"多读"无字"之书。学历只是受教育经历，相同时间体验多拥有也多。亲近社会旨在增加勇气、开阔眼界、壮大胸怀、陶冶情操，特殊社会经历造就非凡未来。带着书香旅行，条件许可之旅游同样可以历练"三观"。

社会如书本，唯走出去而多阅读翻页。毕业后生活重心是工作，趁着当下可支配之寒、暑假"修身立己，求知为学"，在以后少有大把时光"仰望星空"。

今天"储蓄"明天获得。人生路漫漫，学习无止境。要想走得远，必需有强大"学习力"驱动自我。每天读书渐具眺望远方力量，即便记不住读过的书依然可以化作敦厚气息，予生命以前行力量。考研是一场持久战，长线考研已是趋势，等待爆发时刻谓之"沉淀"。充分利用假期时间"查缺补漏"，全面检验个人综合素质如补足演讲、才艺、交际及常识能力等。提升"互联网+"之当下计算机应用能力最可以提前"绸缪"职场。

读书之假期依然精致。不匍匐于眼前苟且，向着诗和远方"阅读、阅读、再阅读"。书本是凡人探寻世界的窗口且藏着未来，自书架状态大体可以看出一个人将来能走多远。除了读书而读书，还可以在书中读自己、发现自己、检查自己。想读书任何地方皆可以开卷，有时于闹市刷书最有效对抗焦虑。读书既得个个知识点、面，更可以认识一尊尊"立体"作者。众多"美盲"纵容市井恶俗、嚣张跋扈。一本本书有似一节节脊椎，稳稳支撑起阅读人生。

读书提升审美力，练就一双火眼金睛。王国维《暑假歌》之"朝朝挟策学校远，如今又半年"最可警醒"四季不是读书天"。

2022 年 6 月 11 日

假如以熬夜看球精神读书

——

随着"世界杯"进入赛程，每天有一众学子（女生相对偏少）各种怠慢上午课程，问及理由一律言之凿凿"看球了"或"起不来"。"自知者英，自胜者雄。"太多不尽如意人生一如某恨铁不成钢之"男足"，知行不一、犹豫不决，或是做事不尽力抑或力气错用了地方，王阳明所谓"未有学而不行者也"。

正视热爱"乐而不淫"。"乐而不淫"语自《论语》，意思为做事有节制、快乐不过分。于普通人群"世界杯"是视觉享受、精神盛宴，于学生人群长期熬夜看球主次颠倒、荒芜正业。熬夜一时爽，身体被"掏空"，熬掉的夜其实补不回来。成年人既有权为选择买单更要全力避免晚上抖擞精神看球、白天神情恍惚做事……多看球考验精力也锤炼智慧：重要场次看直播，其他场次看录播。看球无可厚非，只是不要将"世界杯"熬成世界"悲"。

不以"三思"为拖延借口。做，总还有机会；不做，一点机会没有。输在拖延，赢在行动。能用心做好事情者必备聪明与热爱品质：以主动做事为习惯，永远不当工作旁观者。战略令战术更锋利更具力量，时间被充分利用而安心。独自做事不孤独，自觉无助真孤独。过度思考坐失良机——天王级球星一再功成名就丁临门一脚。司马懿五丈原"耗"死诸葛亮非是"胜之不武"而是深思熟虑、智高一筹，更非"零比零"踢平。

想得多做得少90%以上不成功。有所为之，尽力而为。每一种你讨厌之现在皆有一不要强之曾经。遇到问题先想着自己解决，其次想着请教别人。善于变通、具有创造力思维最令做事别开生面。不要只从别人嘴里认识自我，你既不知道自己在他人嘴里有多少版本，也不知道别人为了自保如何诋毁你。有些人"躺平"其实是决胜之局掩饰射门企图，表面"摆烂"收敛、暗中憋气放大招。

许多做事不能只是表面学会。十年工龄绝非十年经验，今天生活样子其实成型于三年前。成就任何一项事业不可能一帆风顺、一路坦途。思而不行谓之自欺，一味思考连上帝都会发笑。不"迁怒"于环境不"贰过"他人：日子不只是重复，责任是你之人生方向、经历是你之影响资本。"熟能生巧，巧能生精"：曾经叱咤世界足坛风云数十载之阿根廷足球巨星马拉多纳少年时为了练成绝世颠球技术每天以橘子代替足球踢万次以上。

卑微跌倒胜过华丽徘徊。好好生活对得起生命，不珍惜好生活愧对社会财富和前人劳动。人生许多问题既在于读书不多还因为想得到太多。不要劝别人心思透彻、处理别人难事大刀阔斧，轮到自己畏首畏尾、裹足不前。无战术支撑之战略其实空谈。当前青年人群大学毛入学率已高于若干发达国家，能自食其力者寥若晨星，绝大多数仍生活于口口声声人格"独立"同时向父母伸手要钱"孩子"模式。

一直停留在原地永远找不到出口。客观条件固然重要，主观意志作用同样不可低估。古今中外任何人群跻身高一阶层一律困难重重、代价巨大。不为困难找借口，只为成功找方法。包括大学生人群在内许多人生活和心态"未富先老"：有些考试可以烧钱进班"速成"成绩但于能力无济，有些主力队员可以重金聘得但于国民整体运动水平、竞技意识提升无补。

多数先机被心细如发、分辨力高且善解人意者占尽。"认真"最可耐住寂寞、坚守信念、细之再细。能成大事者未必有绝世之才，一定有坚韧之志。游戏世界虽有奖励、有成就感奈何"镜花水月"带不回现实，关注"时区"之外心仪球队赛事输赢除了虐心过瘾、几番闹腾明天的梦还得自己圆。

2022 年 11 月 26 日

最是诚信有斯文

——

考试仍是当下最权威之教学质量、学习效果检验，尤为各级党政遴选和培养英才重要手段。除了人品，人生从来拼学习拼能力。大学生务必于注重仪表形象之在意各科成绩同时不违纪律、不辱斯文。成绩是学习效果最雄辩展示，诚信考试既是尊重知识，又是考生"年检"学识和道德人品。

"不作弊"是每一考生底线。"诚者，信也"，诚信是无价美德。分数诚可贵，人格价更高。不携带手机等任何违禁品进考场，不以"小动作"坏大事情、杜绝一切作弊形式和嫌疑。自 2015 年 11 月 1 日起，《中华人民共和国刑法修正案（九）》规定考试作弊要受刑罚处罚，组织和帮助作弊者同罚入刑。"道高一尺，魔高一丈"，校纪校规如法重罚、"严打"。守信者最受尊重、通行社会。学校和老师永远握有"捉妖"法宝反作弊。

作弊下场远较"挂科"惨烈。考试失败，仍有机会；考试作弊，痛失学位。作弊"一失足"为"千古恨"，直接成本是纪律处分受罚材料装入个人档案，间接成本为名誉受损为一生挥之不去污点桎梏前途人生。成绩最是评价掌握某一特定知识体系尺码。"刘项原来不读书"只是历史，"学渣"成大气候者极其个案。付出是取得好成绩唯一正确方法。于你而言，努力成为"学霸"是给未来最好的承诺。

以诚信态度对待每一考试。文明考试，公平竞争，珍惜名誉。不论贫富，考试必须诚信。诚信考试是每一大学起码学风。不怀有侥幸心理，不轻信"捷径""秘籍"。平时成绩不佳无以"量变"，仅掌握大纲知识点只能及格难以"质变"、无以"万岁"。考试非是恋爱，不要眉来眼去；考试亦非"吃鸡"，无需组团合作，"学霸"从不在考场交头接耳。既已付出诸多时间精力，绝不在最后小节功亏一篑。"临阵磨枪"可以"光""亮"少有"锋芒"。用足音代替叹息。好成绩就是硬道理。

好成绩多意味好机遇。读大学最终在于就业，分数最是优劣评价指标。"慈恩塔下题名处，十七人中最少年。"多数好成绩等同学习和专业领悟能力，最可证明渊博学识。评优、考研主要凭成绩，考公务员、进顶级平台同样唯成绩论伯仲。考试既检验学习效果，又检验考生道德水准、斯文程度。没有对错，获得方式失去方向：穷孩子大概率还是穷，富孩子大概率还是富。社会不看到辉煌成绩怎么承认你是天才？学渣、学霸主要有别于"好好学习，分分向上"。

最有好成绩"方得始终"。学历是入职敲门砖，成绩是"砖"之"硬"指标。付诸"问学穿石"功夫对待每一科平时作业。成绩非"好"与"不好""一言以蔽之"。不做"分数控"，不因一次考"砸"否定长期努力。努力、自律最可避免"才华支离破碎地挥霍"。每期末尽快查阅各科成绩及位次，有不合格或重修及时与老师沟通，确认原因所在、设法"亡羊补牢"，不"欠债"至毕业前夜愧读"大五""大六"原地踏步、此生愧对。

2023 年 11 月 29 日

好书添香寒假时

——

寒假长长，有计划地多读书、读好书是大学生涯重要组成，甚至较之课堂学业同等重要。大学生涯读多少书、读哪些书乃至怎样读书往往有"逆袭"学校层次，再次人生"弯道超车"之效。

唯读书最可以改变气质。闭门即是深山，读书随处净土。每一人生既拼才学又看颜值，读书多了容颜自然改变。生命只有一次，书籍是认识世界、提升认知能力最重要途径没有之一。有计划选择性积极阅读，好文章是案头之山水，阅读最可以体会千百种生活。人人为了活着而活着，所有的随风而逝属于昨天，所有的历经风雨面向未来。讲台上他们是老师，书本里自己是未来大师。

精神廉价了人也随之廉价。娱乐至死，毁掉我们的恰恰是最热爱。在浩瀚书海邂逅有趣灵魂。学习是通向"理解"最捷径。自己即是方法，一本好书可以影响一生，一句箴言能赋予前行动力。好读书、读好书，读书越多，世界越大。之前所有的春天都无法复原，勇敢者就是知道会输仍然义无反顾地去做并且坚持到底。一室馨香，总有一本好书引你畅游精神世界。心有雷霆面如静湖，读书是最美心灵之旅。文字可以丈量脚步之外，永远观照视野前方。

不同时间读不同书籍。起床后头脑清醒钻研专业，入睡前品读经典有助睡眠，等车时间短可见缝插针、温故知新，午休时读些体育娱乐愉悦身心。早一天读书多一分人生精彩，晚一天读书多一天平庸困扰。凡是经典者读来定有收获，囫起来少有压力。与生活、工作、学习关联度强之书籍精读，其他书籍视情况泛读。看大片也是阅读，"看热闹""看门道"云泥之别，是不同沧桑堆积和生命厚度。如厕读书与无节制刷手机等同"恶劣"。

大学生涯必须有计划读书。立身以立学为先，立学以读书为本。品积极向上文字，聚学识渊博睿智，养博大内敛气质。快乐是童年往事，读书是青年美事。人人拥有一个"世界"，再平凡者也需为之奋斗。"书卷多情似故人"，有意思、没意思之书皆可读。多读"×××著"少读"×××编"之书，包括历史、文学、哲学、美学等，也可以通读教学大纲"管窥"学业轮廓。阅读不难，坚持很难。"读书万卷始通神"，阅读第一理由是摆脱平庸。

读书切忌半途而废。读书务求一书一毕，忌讳"杀书头"。读书计划既需可行且循序渐进，而非可突击完成之任务书。结合阅读可备一或精致或奢华且便于长久保存之笔记随读随记，聚沙成塔、多年积攒、偶一翻来、别有情趣。顾炎武《日知录》主要来自读书笔记，纪晓岚《阅微草堂笔记》同样来自读书札记和"道听途说"累积。除了娱乐学习，一定要多看文化经典，多读在领域有一定影响之书。

好好读书，天天进步。让好书兆丰年，让学习成为信仰。阅读最可明澈浮躁之自己。

2024 年 1 月 13 日

寒假精彩不虚度

——

过了十八岁生日，"孩子"不再是大学生人群专属称谓。寒假期间除了更换模式学习充电，在保证安全前提下打工兼职最可以感知"自食其力"。挣钱是一方面，体验父母劬劳、"知柴米贵"是另一方面。许多人群大学生涯差距于第一个寒假。

假期打工最生动体验"粒粒皆辛苦"。"多劳多得，按获取酬。"靠双手挣钱是自强自立不丢人。大学生打工非只是寒门学子，更有刻意历练之膏粱子弟"也傍桑阴学种瓜"。"读书""交友"仍是大学生活第一要务，绝大多数大学生在校每一小时父母"买单"：不妨以寒假兼职为大学"成人礼"，在打工中懂事"长大"较之温室吹蜡烛许愿、网络"晒"精致生活更具"吸睛"效果。于应届毕业生要想学以致用、顺利就业，"假期工"不失是一种很好之前置"就业"。

打工真实感觉"累并快乐着"。打工利弊主要自己判定。正确打工模式是首先放下架子，其次要"既来之，则安之"，来了就要尽力把活干好不背骂名。90%人群不知道寒假打工"潜规则"：兼职非只是加入廉价劳动力队伍，一般原则是薪酬越做越高，至少于大四和大一人群有所区别。挣钱不分早晚：无论是做生产线小工还是家教、售货员、排档小时工还是推销员、助理等，"面子"远非"票子"实在。

尽量做与所学专业相关兼职。打工非只是挣钱，切不可因此动摇大学主业。如果连续工作，每天以不超过6小时为宜，尤其避免过度疲劳、影响前程付出惨痛代价。深挖兴趣、爱好或特长，最理想之打工选项是"专业对口""人-职"匹配：既是锻炼自己拓宽眼界，又是替父母分担经济压力，且因"懂事"而不被父母嫌弃。非是所有的父母都拥有诗歌和远方，他们的日记里其实也写满打工滋味。

于寒假打工初涉"江湖"。寒假本义是在校生另一学业"增值期"。无论做什么兼职，人身安全永远第一。虽说大学生是"已经一只脚踏入社会的特殊群体"，有落实打工去向者务必告知监护人或老师、同学。"留得青山在，不怕没柴烧"，如果通过中介找工作，一定要选择具资质机构避免上当受骗。要警惕各类诈骗，不要轻信任何"高薪招聘""天上掉馅饼"：凡是兼职前让你先交钱的用工方多数是骗子！

寒假打工意义大于赚钱。除了经济自立，打工可以学到很多。除了极个别"等米下锅"兼职者，寒假打工必须注重融入社会、人生积累，学业与阅历双赢。以挣钱为目的兼职，你只能获得工资；以成长目标兼职，同时兼得成长。于毕业生"短期兼职攒经验，年后春招不怕难"。也许你挣钱的样子有些狼狈，但是你自食其力的样子其实很美。所谓的合适工作，除了要经常"复盘"还要学会"及时止损"。

"打工不等于成功"，如果你非是发自内心想要去就不要勉强自己，不要被"他们"的兼职绑架。"寒假躺平过，开学两行泪。"寒假看似很长转眼即逝。很多人之寒假始于期待，终于失望。

2024年1月27日

不将大学读成"手机专业"

——

"大学"本义"大人之学","大学生"是"具大学问之后生"。网络数据：有 64.75% 的大学生手机从不离身，每天倚之娱乐交流，一些人甚至与同寝室友也按键交流。手机自中学"禁锢"突变为大学"开放"，统治了许多学子白天和夜晚，摧毁了无数家庭和梦想。

手机之害"猛于虎"。手机日益沦为大学生人群"玩具"。宿舍无欢声笑语，只有人手一机；教室无奋笔疾书，只有专注戳屏；校园少闲庭信步，时有人低头傻笑；图书馆少书墨芳香，多有手机荧光闪烁。网络数据：52.76% 的大学生每天玩手机 6 小时以上，其中玩 6～8 小时者 28.98%、8～10 小时者 8.23%、10～12 小时者 7.27%，甚至有 8.28% 人群每天玩 12 小时以上。你之自律在小小手机面前尚不堪一击，何以奢谈不负韶华、逐梦天涯？

年轻经不起无度挥霍。无谓熬夜非是人生必修课只能提前变弱变老变丑：超过 1/3 大学生每晚零点后入睡，63.9%"夜猫子"熬夜娱乐，也有 17.8% 睡眠不足者"被"熬夜。老师的世界是课堂，许多学生的世界是手机。重度"手机控"者上课只是换个地方玩，再重要内容也只是随便听听然后接着玩。也有教师因素致翘课及隐形逃课者司空见惯、课堂举手发言者寥若晨星。课间嬉闹于在校大学生越来越奢侈，许多人永远在教室玩手机。

沉迷手机者日益退化思考。独处时一个人玩，聚会时一起玩。手机影响所有人，其"毒副作用"是轻易获得满足感、习惯"唾手可得"，做事不愿"高投入"。学习改变现状、提升生活，不被淘汰、突破"瓶颈"。当下职业半衰期越来越短，即便高薪者 5 年不学习或许变为低薪。90% 以上信息量来自眼睛。无论男女，无论年龄 20、30 抑或 40，一旦内心封闭不再成长谓之猥琐"油腻"，唯学习可荡涤混沌、清爽七窍。

学习乃大学生涯本色。学习成效决定职业身价，学习能力制约竞争实力。四年大学四年"试错"，善于学习者"纠错"成本低、犯错误少。"毕业了不用再读书"想法天真，职场学习迥异于在校学业：或在实战中被虐至体无完肤，或"出师未捷"灰飞烟灭。越沉迷手机越容易丧失活力、智力直至表达力。许多大学生自觉阅读行为退化、动机功利，大学校园时见狂刷考研考公教材者，极少见自觉品读经典名著者。

读书最投资人生"原始股"。生活处处有洞天，学习是最强力"升天"、最优质底色。真知灼见来自"志于道者"交流碰撞，"摇一摇""扫一扫"培养不出"必有我师"之"三人行"，再怎么"百度一下"也接不着苹果拿不到"诺奖"。方寸"井底"想象不了"天高任鸟飞"，提升认知出入不同"圈子"收获别样日子、活出精彩人生。或许你与钟南山、任正非只差一次学习机会。

别让手机毁了你的大学。玩物丧志、因小失大，迷失自我、悔之晚矣。手机里没有大学，游戏里没有中国梦。人之精神发育史就是阅读史，手机破坏专注力、占用宝贵时间、冷漠人际关系。"成己者成物，害物者也害己。""数字痴呆化"于学生人群为学习障碍、自律失范，于中老年群体则为失业、生病、破产、孤独、抑郁乃至早逝。

不令韶华岁月沦为手机附庸，不要让手机成为"鸦片"，不将大学读在手机里。

2024 年 4 月 13 日

第三章

读书治愚，隔空对话「高人」

『书犹药也，善读之可以医愚。』

『心智中任何障碍叼以通过恰当的学习来疏通。』

好书是人类文明的灯塔。读书，事关个人未来、决定民族命运。如若不读书，永远是『闭关锁国』和『夏虫不可语冰』。如若不读书，每天沉迷手机、游戏和泡沫剧，是人生庸俗、民族悲哀。遍地愚民是落后必然要挨打。

师新说语

正视不依赖计算机和网络

——

当前世界满眼诱惑，高科技之手机和网络尤甚。于在校大学生，学识和能力终究体现于"具体问题具体分析"有效解决，一味倚仗科技手段终究眼高手低或学成如"屠龙技"之动手能力。

不依赖电脑网络读大学。为身体健康计，连续坐电脑前不要超过两小时，每周确保有 1~2 天为"电脑安息日"。电脑不能完全代替人脑，做事能不依赖电脑尽量手动完成。长期"人 - 机对话"有应对能力退化、有抑郁之虞。"大咖"、工匠皆不依赖电脑"出菜"。

不在最好年龄"厚待"自己。多数朋友圈立 flag 者言不由衷，"不熬夜，好好学习"只是标榜，71.35% 受访者熬夜玩手机、38.55% 人群"活在手机里"（中国青年报，https://mp.weixin.qq.com/s?__biz=MjM5NjY3NjEyMA==&mid=2653058047&idx=1&sn=8c3365983764013a64c5360a29cb3317&chksm=bd3344888a44cd9e8d5e8c513317f82d5724694cbce7978275b60d23b6ae8ee6cc33e30449ec&scene=27)。"少年易学老难成"，有些人 CET4"裸考"四年始终徘徊于 300 分上下、偶尔去图书馆只是借小说，明天生活只是今天之复制粘贴"波澜不惊"。

假装很努力是"幼稚病"。多数"低头族"当局者迷，手机"依赖症"大多空虚，有社交障碍。孔子所谓"乐骄乐，乐佚游，乐宴乐"之"损者三乐"是一些大学"闲适"生活写照。82% 受访者将空余时间用于网游或刷某音，仅有 14% 人群用于兼职或实习。完成学业最需良师益友教学相长，不仅只与机器"物语"。

文凭必需对应一定真才实学。高考不一定是人生分水岭，大学才是人生分水岭。不高估自制力、不低估欲望水平。较你聪明且努力者大有人在。没有哪一段青春可以被耽误，混日子后果毕业后立马显现。网游之害在于分不清虚拟和现实，大多群聊、碎片阅读、刷朋友圈是做"无用功"。

2021 年 1 月 1 日

遇见经典遇见你

——

文化兴国运兴、文化强民族强。文化是国家和民族灵魂，惟阅读而蓄势攀登时代高峰。经典和名著经历史选择，最具价值性、代表性，蕴含人生真谛，读之而点燃每一代国人青春之歌。

不视读书为苦役。此生有涯，读书无涯。读书非是刻薄、无趣、狭隘，是与人类最优秀者聊天。经典最不骗人，读之而"使看不见的东西被看见"。无坚定信仰者难以抵御诱惑，不如意人生多摆脱不了劣质理想主义精神气质。沉溺多媒体非是专心阅读。浏览不等于苦读、攻读、精读，有些电子阅读是以白痴浏览、八卦阅读、趣味泡沫铲平大脑沟壑，否定古今中外文化精髓。

读经典而自我超越。书籍是成长增高剂，浮躁冷静剂。精神、肉体失衡为青春问题。经典全面提升语言表达、文化积淀及高雅情趣、文明举止，获得人生"正能量"。青春时所读名著未来再读仍有全新感受，属"我正在重读……"而非"我正在读……"之书。读经典而知对错，"子曰""诗云"读不坏人只会时时自省、倾听自我。除了读顺流而下书籍，还要读攀缘而上、需要掂量掂量读物。什么都略知一二以致不辨真伪、是非不分谓之"白痴化"。

读经典而对自己有交代。多读些"费点劲"的书，读纸质书之思维强度远甚于电子读物云烟过眼。读经典审视灵魂，提前"环视"自己死亡。经典从不嫌弃谁，"入人也深，其化人也速"，始终等着被挖掘、被发现，如盼真心爱人，每一代人可以不同理由读之。在《论语》中品评孔子人生际遇、在《平凡的世界》中细究生命百味，不能卒读《红楼梦》既是现象又是不阅读者丢人现眼。有价值读物从不迎合众生。大学无名著培植少独立人格、批判精神、文化根基。

不做照单全收之"书袋"。生活与读书互见、互证、互相照耀，尽信书则不如无书。电子读物是被看被听被灌输，纸质阅读是我读我思。读经典而培养耐心，失去过眼云烟、得到飞翔翅膀。读书数量制约青春期收获和厚度、涵养和气质。读经典过程是认真做喜欢且又难以完成事情，养成耐心和意志力，青春做伴好读书。愤青和犬儒皆缺行动力、皆以外在不完美为无限坠落或不行动借口。

2021 年 5 月 28 日

在拥书入梦中知行合一

——

文学是"人学"，始见于《论语·先进》，反映现实、再现生活、鞭策心灵、观照生命。文学之用不输数学、哲学。品读经典旨在跨越时空与作者对话、剔肌析骨，弄笔成文兼备发现自我、淬炼身心。

读书是穷人捷径。深刻阅读、见微知著，自文学冲动超凡脱俗，审美、审丑、审智，华丽思想、铸就品位。无以文学，何以感知"心有灵犀一点通"爱恋滋味？至少不将爱你的人弄丢了。"人才有高下，知物由学。"人性塑造远较读书复杂，读书多而心术不正者历来不乏其人。梦想从学习开始，事业靠本领成就。读书令人不惑，赚钱令人不屈。读书而增加人生厚度，精神丰盈、灵魂不孤，弥补"听君一席话"之不足。

在文学阅读中触摸汉字妙曼。多数人的阅读障碍源自家庭。读书不唯修身，不读书之修身其实空中楼阁。"学如弓弩，才如箭镞"，文学目的在于认知自己、提高自信，摈弃庸俗，避免狭隘，具备"追梦"实力。"仰观宇宙之大，俯察品类之盛。"珠玑文字和典雅内容是不朽精神丰碑，守住阅读一辈子享受优雅。无以文学沐浴精神，何来"莫等闲，白了少年头"时不我待？

读书无止境永远在路上。人生有很多赛道，读书是最稳妥捷径。"强调气质"时代，唯持之以恒读书最可改善容颜、提升气质。"笼天地于形内，挫万物于笔端"，无阅读者长期荒芜心灵触觉。文学非是生活指南，是寻找印证、修正灵魂，再造若干想象。读很多书，做普通人。年齿是生命长度，修身是生命宽度。

许多"读懂了"其实不得要领。较之科技手段，纸质阅读成效更舒适、更温柔、更持续。

阅读在于"熏陶"而非"搬运"。"书犹药也，善读之可以医愚"，读书而开茅塞、除鄙见、得新知、增学问、广识见、养性灵，"读文献"非是读书。读经典旨在理想人格教育。读书非是空虚作秀，旨在营造生活诗意，丰富情感世界、壮阔精神王国。"圣人是肯下功夫之庸人，庸人是不肯下功夫之圣人"，真读书是臻美人格，非是为"黄金屋""颜如玉"，更非为读而读、发朋友圈周知。

2021 年 8 月 2 日

有书的生活像花儿一样

——

书籍是一把把去伪存真利剑。经典升华了岁月阴晴圆缺。读书而遇见更好及未知自己。即便之前阅读已为过眼云烟，其实仍潜于气质中、谈吐间、胸襟里，不经意显露于日常生活和文字。

读书幸福感千丝万缕。读好书、写家信皆人生乐事。不读书者活了一次，多读书者活一千次。你不停止阅读，就不会变老。读书仍是寒门子弟脱贫捷径。目光不及，读书可达；脚步不及，读书可至；身体不及，读书可触。书本令同样家庭不一样情调，同样儿女不一样素养。我心安处是吾乡。即便活于方寸之间，依旧可拥有大境界、大格局，见天地见众生见自己。如《红楼梦》之谓"世事洞明皆学问，人情练达即文章"。

腹无诗书气无华。读书之影响潜移默化。读书既能决定我之高度，更能限定我之低度，至少不落"奈何自己没文化，一句'卧槽'行天下"俗套。自读书喜欢世界，诗意人生既在纸面也藏心中。读书最可代替刀光血影之整容、涂脂抹粉之妆容，且抚平脸颊、眼角皱纹远较肉毒素、玻尿酸等"有效"。不习惯读书者时常自满于现状。心情太好太坏历来是许多人不读书理由。知识分子"三天不读书者面目可憎"。

读书不可"多快好省"。"无用之用，方为大用。"不读书者或嘲笑读书无用，读书者不嘲笑读书少者平庸。时光可贵，当下不杂。枕上、车上、厕上皆可开卷。读书理由只有一个，读书时光永远不恨其晚。失去过眼云烟，得到飞翔翅膀。多读书非是在于雄辩和反驳，而是为了思考和权衡。陶渊明之"好读书不求甚解"旨在标榜读书不穿凿附会而非教唆"读书无用"，否则如钱锺书所谓"如果不读书，行万里路，也只是个邮差"。

有所成就者多是读书人。许多成事灵感来自书本，读书不能解决但可以改变很多问题。读书而避开不想遇见者，读不同书籍体验多样人生。你之许多困惑只因书读得太少，心想得太多，阅读量与知识获取、收入水平成正比，二流以下之书不如不读。自隋唐开科取士至"互联网+"催生"新媒体"今天，读书始终是"天下寒士"改写人生轨迹绝佳道路。一年里不要只在 4 月 23 日想起读书而错过 364 天。

2021 年 9 月 8 日

闲中觅伴书为上

——

"书香"语自沈括《梦溪笔谈》"古人藏书，辟蠹用芸"，即古人于书中置香草既防蠹止蛀且留沁心幽香。读书之道非仅在于知道，而在于优化生命、美化生活。浩如烟海之文化经典是民族至幸。"学而时习之，不亦说乎"，学中有乐、书山有悟者是真正"学高"。

最是书香能致远。行走丈量世界，阅读理解人生。于阅读中体验多种生活。书中从不缺乏抵御人生"黑暗森林"勇气和力量。

诸葛亮出山前因"早孤"沦落南阳、布衣一介，寄人篱下、"躬耕陇亩"，因"好为《梁父吟》"且"每自比于管仲、乐毅"名声在外，因对时局了然于胸、"三分"天下引来刘备"三顾茅庐""隆重对答"成就历史佳话。"舌战群儒"时虽以"寻章摘句，世之腐儒也"驳斥吴臣刁难，其实兼备博览群书、家学历练、高人引路"合力"足够自信、实力爆棚。

师出"有门"师承有名。浏览在于扩充知识、消遣闲暇、放飞心灵，精读在于去伪存真、知行合一、有所建树。读书好，好读书，读好书。读书多了自然精神纵横捭阖、举止融会贯通。无论有字之书无用之学，学不仅"不可以已"，还在于加持不可或缺情趣。"学而不思则罔"，得拜于业界"大咖"且足够了解你之师长门下"三生有幸"。

张良年轻时落魄徐州、壮志未酬，偶于圮水桥幸遇"圮上老人"黄石公并为之拾鞋穿鞋被认可"孺子可教"，之后经受连续考验被授以绝世武学《太公兵法》，大喜过望后张良日夜研习、俯仰天下，修成深明韬略、足智多谋"王者师"且以"留侯"爵位善终，成为史上因"一策"改变命运第一人，与"半部论语治天下"有一拼。

世界多复杂书中多精彩。吃饭营养身体，读书强壮思想。于阅读中链接先贤、获取精神。读书随处是净土，书中厚积春天味道离离草色。读书即"知之""好之"过程，塑造人格个性、言行少犯错误。多读书非是"出世"是更好"入世"，非是逃避眼前是为下一次较量积蓄力量。学习过程有枯燥，读书时光多温馨。知错、改错非是一回事。读书是最好疗伤：一本好书有似一柄利斧，足以劈开冰封灵魂、锈涩"三观"。

从容不迫细品经典。经典之最魅力在于造就传统、开辟历史，教化人类、凝聚真理。文明越发达，典籍越繁多。"鱼离水则身枯，心离书则神索。"知识撑起生活模样，文化丰富人间烟火。外物之味，久则可厌，唯读书之味，愈久愈深。"读书之乐乐陶陶，起弄明月霜天高"。"互联网+"之当下，信息"井喷"，不学则退，网络阅读便利获得同时草率诸多，严重欠缺传统阅读之翰墨濡染、书生意气。

生活无书生命混沌。坐拥书山是多读，手不释卷是爱读，笔耕不辍是会读。

人有多少种书有多少种。读经典如品美食，种类不同读法各异。于孜孜阅读中见自己见天地见众生。读书重在过程：将书读薄是能力，将书读厚是阅力。与好书"相见恨晚""好之乐之"，读书如陶渊明所谓"每有会意，便欣然忘食"谓之"入境"，包括"停车坐看闲杂事"，包括个别凡人"醉翁之意"于附庸风雅。

"有学而不能，未有不学而能者。"议论先辈，毕竟没学问之人；奖惜后生，定然关世道之寄。读书过程文化自信、"进化"学习，至少不作茧自缚、庸人自扰，不发生"关公战秦琼"惊世笑话。

2022 年 5 月 21 日

最爱看你读书样子

书香与梦想齐飞，阅读与人生相伴。没有"书卷气"不叫"读书人"。春风十里，不如你手持一卷。读毕一本好书，新增一位益友。阅读成习、厚积薄发，做什么都有底气。阅读纸质书最可以心无旁骛、"目不窥园"。

"锻炼 + 读书 = 成长"。以阅读成为习惯，有思考伴随人生。读书稳固内心，筑牢最后防线。在阅读中丈量世界、传承人伦。青春读书是一生最美好状态。可以有一万个理由马不停蹄挥鞭向前，只会因一个环节坍塌而陷入泥沼难以自拔。书籍建造专属思想殿堂。青春期读书与青春期成熟皆属一次性之无法弥补。非是世间所有合理和美好皆能按照愿望存在或实现。

"从头再来"是许多人一时自我安慰之"人生不豪迈"。

"书卷气"是第一精神风骨。读无用之书，做有用之人。读书历来是教育最本质，不辍阅读而修成真正自己。读书而不"动刀子"提升颜值，自信笃定、优雅气质源自沉淀涵养。"读书"的身影满是帅气，言谈举止油然"很酷"。"莫愁前路无知己"，书中有太多志同道合。拿起书本，找到真我。阅读最可和解孤单无聊，变寂寞辰光为享受时刻。读书最可以伴随一辈子，读书尤其是为人师表终身事业、最高素养。

书本是精神生活入口。岁月会改变青春模样，但动摇不了内心充盈。每一本书都是风景，每一故事都有感动心灵，每一读书人都是最美模样。读杂书远甚于聊闲天。"书卷气"出自日积月累阅读、持之以恒思考。阅读而有时间倾听自己心声，因书本而在夜深人静享受与自己为伴。韶华不读书，心里无玫瑰，唯读书和青春不可辜负。不读书只能活一次，或致美好爱情与你无缘，读书可以游刃有余地活一千次。

阅读是随身携带避风港。对视书本，心中生出无限辽阔万般温柔。读书其实不苦，苦的是缺少读书勇气。上大学其实就是继续多读书，成为具"大学问"之后生。一众触动心弦文字足以抖落一身疲乏，阅读而令"一线"奋战得以喘息。有茶有书，有从容有睿智。每一页都算数，人生没有白读之书。读书最有效消除平庸。向书本寻觅温暖，文字最恒久传递情感与力量。无阅读者"三观"由别人决定，思想日益懒惰、目光日益肤浅、进步无从谈起。

读书令人生不苟且。阅读最是向上力量，诸多自信第一来源书籍。被一股力量推动前行，有一股话语戳中精神，读书是通向高贵的最低门槛。幽幽经典，浸润芳华。生活没有书，如人生房间没有窗户。经历生活诸苦者最知读书之愉悦。阅读之灵魂美好充实，精神气象万千。你也是未来之原生家庭：读过的书会影响孩子，成为家风和教养。全面小康时代最美生活模样是手中有书、心中有爱、眼里有光。

书籍是未知世界入场券。读书令眼光更长远决定更明智。承认无知兼备勇气智慧，以科学和智慧解决问题。在美好阅读中遇见更好自己，打牢人生最雄厚根基。走进书乡，让阅读和呼吸一样自然，让表达力成为驰骋职场"重器"。进步途径多多，读书非是将所学"变现"最快办法，但一定是更好生活和工作之最好办法。

2023 年 7 月 15 日

前世今生闲话“酷”

尽管网络历来不乏“热词”及大开脑洞，还是有越来越多青年人群沦落为“酷”之易感人群，且毫不吝啬地谬赞毫无“酷”缘对象。精彩时刻、大千世界，“酷”之内涵和外延往往被别出心裁地置以苍白用武之地。

只因为“酷”给人的第一印象多是“冷酷、冷峻”，多与火热使用中的“顶呱呱”、“棒”或“帅气”根本不沾边，所以一直招致语言学界不合作，历来坚决地“亮黄牌”。

本人因对“酷”向来无知不敢“感冒”，故尔在较为细致地考证之后使用发言权，并极欲一吐为快，权当潇洒“酷”一回。

街头巷议中“酷”之口语流行非是偶然，主要和外来语“cool”之音译有关，并基本符合汉语言文字发展规律，如与秀（show）及猫步（catwalk）等属同一类语言现象，且比这类词语更具汉语特色。

追根求源地说，“酷”字原来就一字多义。《现代汉语词典》和《辞海》都指出，它除了“残酷”等含义外，还有“极、甚”含义。具体可从太史公《史记》之《酷吏列传》见一斑，再有司马相如《上林赋》之“芬芳讴郁，酷烈淑郁”，以“酷”激赞花香浓烈极致。因此当下流行口语“酷”不过是发扬光大了其“非常”“顶级”“绝顶”含义，基本属于“旧瓶装新酒”。

文字学知识告诉我们，汉字由“象形字”开端，终于大部分演变成会意字，内涵外衍，十分逻辑化。所以对“酷”字追本溯源，最可能找到其一字多义演变规律性。

《说文解字》中说，“酷，酒，厚味也。从酉，告声”。再察“酷”之部首“酉”，谓之“八月黍成可为酎酒，象古文酉之形，凡酉之属，皆从酉”。细察“酉”字篆书更象形盛酒之容器，内含八字，其意即为八月收获粮食可酿成美酒。看来“酷”最初大约是用来形容醇酒香气和味道，故以后衍生出“极、甚”含义顺理成章。可见口语“酷”尽管受外来语影响，依然是祖先以来上述含义延伸。

"酷"另一起源大约是声旁"告"衍生物。《说文解字》认为"告"字篆书似"牛触人,角著横木,所以告人也。从口从牛"。意即牛撞伤了人,从而发生纠纷,去"告"牛的主人,由此进一步衍生出残酷、冷酷含义,也合乎逻辑。此即形式逻辑范畴所谓的"内涵外延"。所以,"酷"字口语并未改变这种一字多义状态。如同现有中文阅历者都能领会"爽"及延伸义一样,谁还会在乎说的不是"凉快"呢?

语言的最终用途只是为了交流,只要不辞不达意即可,要么谁还会在演讲情兴大动时佐以精彩纷呈的态势语言呢?所以,也就没有谁会在"大咖""老公"来源与出处上纠缠不休。

由于"酷"多被表现欲强之年轻人群说得多用得滥,多给人以"言必称希腊"式平庸才招人烦的。再加上该群体吸收影视作品及网络语言太多太快,导致口语词汇呈现较多,不伦不类,在实际交流中多给他人以隔膜,所以反感者多属自尊于听不懂或不习惯中被伤害。其实嘴里操太多别人听不懂的热词也确实非是知识渊博、身份显赫,至多如与同胞交流夹杂英文单词者一样烦人,还类似笔者至今虽仍能谙熟乡音俚语只能凸显土得掉渣、腹内草莽。当然,若从汉语训诂方面考察上述词汇汇聚、演变仍是交流需要,属正常现象。回想"革命""同志"刚"省亲"汉语苑囿时,不也是引起好一阵惶恐吗?

受外来语及互联网影响,融入汉语字词的某些派生新词只是语言现象,我们应有目的地拿来、有鉴别地使用。在审慎同时多些理解和宽容,少些大惊小怪,既不能像当年法国人为了捍卫所谓正统的法兰西文化大张旗鼓地叫嚣"焚烧好莱坞",也不能宽容到对一切外来文化照单全收迷失了自我最终沦落为"文化沙漠"。

新词语用冒了并不可怕,可怕的是语言僵化、词汇贫乏,这才是真正的可怕和可悲。尤其是年青人,动辄只知道弱智似地"酷""帅"个不休,最终效果只能使人为之"哭"而非"酷"也!

2023 年 8 月 12 日

非是"读书无用"是有些人没用

——

"某音"一众作品最代表当前浅表化、碎片化表达及浮躁心理、不求甚解风气。网络数据："5 倍低学历薪酬 = 高学历平均收入"，是横亘于受不同教育人群间的残酷鸿沟。人生最痛苦之一就是瞪眼看着"不如"自己者精彩。某些主播、吃播读书不多而拥有很多粉丝赚很多钱主要因为依然有无数不读书且幻想"一夜暴富"人群。

年青读书是在生命最光鲜时段奋斗。拒绝平庸（学术跟风）、拒绝肤浅（只看结论）、拒绝碎片（语录化读写）。"乐而好之"是学术研究最佳状态。文化和文学经典历来始自东、西方最基本最公认名著和权威出版机构。号称读了很多书依然说"没用"至多是行走之书袋、是"羊毛出在狗身上"。缺乏学术功底者读专业书难以"与时俱进"。英雄不论出处也必有出处：当下新晋级之创业"大咖"皆具名校背景。

不读经典者早晚会露馅。经典非是自封、标榜而是经历史淘汰、沉淀后的传世精品。经典无论内容简繁皆属必要，既可鸿篇巨著又可大道至简，兼备很强理解力、发展力或丰富理解空间、理论生长点。读经典而积累思想资源、研究后劲。专业经典有打底、拔高之别，吸收思想精华是读经典"刚需"。读经典意在提升是非分辨力，意在远方和"软任务"。没看过非公认经典者不丢人。于人类共同利益有害无益作品非为经典之作。

你不读书就别说读书无用。"善读之可以医愚"也。每一本书旨在给能力金字塔添砖加瓦而非一地鸡毛。读书迟滞皱纹爬上脸颊、弥漫心态。承认差距而可能认识到差在哪里有针对性努力。成功者不一定都是读书人，失败者一定少有读书人。打造个人知识体系，不为了读书而读书。读书永远是寒门学子改变命运最捷径。即便"寒门难出贵子"也不等于不出"贵子"。如果你还认为读书无用不妨试试无知的代价。

再精彩个案支撑不了"读书无用论"。无知者永远是最轻易被煽动人群。

无数人混淆"读书"和"上学""学习"概念，有些"读书无用论"其实即"上学无用论"。不借读书之名浪费时间，读书是学习使用更是学习。读书更多在于提升认知能力，练就执行能力。读书是最好之成长进步，读书与否慢慢拉开人际差距。"幸存者偏差"是只看重经某种筛选结果之小概率事件完全忽视过程。父母主要源于读书少与儿女有"代沟"、遇"叛逆"。

读书提升欣赏、被欣赏机会，增强对各种文化、学术忽悠免疫力。经典于伦理往往极具历史意义，读经典终极目的是发现乐趣，追求知识数量更要追求质量。某些外语类专业所谓跨语言、文化或许邯郸学步、两头不靠。可以不上学不能不读书，追求较之拥有更能反映人品。思考乐趣、懂得乐趣、专业乐趣，大厦和茅屋迥异于积累和性能。选书唯一比读书更重要。烂书读多了自己也跟着烂。时有读书少者以"屁事"为人生主业，即便未上过多少学而成功人士也爱学习。

教育旨在"长善救过"，最是改变个人、家庭、民族、国家命运最利器。发现自己无知奋起直追还来得及，死抱着"读书无用论"不撒手无可救药。

2023 年 9 月 16 日

这些表达"南辕北辙"

———

日常我们不时遇到一些言之凿凿错用成语或名言警句者，且尴尬的是别人而非当事人。因为生活用语非是学术切磋，较真者居少数，久而久之便被语言体系"少数服从多数"地包容认可、"约定俗成"地接纳吸收，人为动摇语言本义、扰乱后人文化继承。

（一）"不好意思"非是道歉

善于道歉是加分项。人生难免会犯错，修正与否关键在于道歉。"不好意思"本义"羞涩、害羞"，同时指"碍于情面不便或不肯"，现代语境下用于程度较轻道歉或自谦，郑重道歉依然是"对不起""抱歉"，否则被视为不诚恳、无庄重。

道歉是"愈合"人际创伤最妙方。主动认错较之别人指出后被迫承认更能得到谅解，错误数量将会减少，处理或修正成本将会低得多。做了错事必须承担应有责任，不认错是错上加错。包括师长辈及权威也难免犯错，"过而不改，是谓过矣"。死不认错、把握不当或令你徘徊不前、盛况"翻车"、高处"跌落"乃至自毁前程。

自勇敢认错中获取力量。"对人宽，于己严。"民谚"打死犟嘴的"教训最惨痛。道歉在于"揽过"。许多时候，一些犯了错误年轻人或者家长辩解开脱的理由很是一致——"年龄还小"。其实，对照"三岁看老"古训，谁都不小了，因为持托词者、被祖护者年龄基本时有居 20 ～ 23 岁之间者。

（二）"感谢聆听"者妄自尊人

你也许不止一次在讲座最后遇见"感谢聆听"且司空见惯，其实细究本义如鲠在喉，因为"感谢"与"聆听"严重"不搭"，完全不合汉语原则和礼貌意愿。

"聆听"本义用于听取他人说话且意在尊重对方、表达自谦，为传统敬辞。《说文解字》训"聆听"为"听"，其实认同"聆"与"细听"语义关联；《现代汉语规范词典》解释"聆听"为"仔细听取""用心听""恭敬地听取"，同样重在强调说话人于对方尊敬或自谦。

"聆听"属第一人称表达之自用敬辞，只可用于表达自己听对方说话，也即"聆听"不适于第二人称。可以说"我聆听了您的教诲"，但不能说"您聆听了我的汇报"。如果实在想要表达对听众的感谢，不妨在演讲等结束时化用专属第二人称表达之他用敬辞如"感谢惠听"或"感谢垂听"，或者干脆就口语化表达，如"谢谢""谢谢大家 / 各位""感谢各位""敬请批评指正"更朴素更直白。

说"感谢聆听"者明显"错位"。演讲者"感谢聆听"是典型"自尊""上位"，对着别人称师教诲、发号施令，显然不妥。网络数据显示目前使用人群中至少有 90% 人群以"感谢聆听"为敬辞（知乎：https://zhuanlan.zhihu.com/p/36340595）。

总之，日常交流中信手拈来一两句成语古语增添语言美感、强化表达效果乃至附庸风雅无可厚非，关键是在具体使用时务必关注一下出处或本义，尤其注意其适用情境语境，尽量避免闹出笑话。

2023 年 10 月 7 日

你有多久没有"碰"书了

——致第 29 个"世界读书日"

在此"碰书"特指纸质阅读。最是书香能致远，春来读书正当时。读书摆脱文盲、奠基人生、认识自我，既有"黄金屋"也有"颜如玉"。职业有退休、读书无止境，读书最令人类贵为"万物之灵""仁者爱人"。

唯阅读习惯无可非议。外物之味，久则可厌；读书之味，愈久愈深。解密成长密码、追逐生命之光，人寰美事数读书。幸福人生必需阅读种子，不读书者无以为鉴，少食人间烟火。无书籍之人生、家庭没有灵魂。功利心最消弭读书之乐，不仅为了考试晋级买书读书。书卷有感情，读书多了优化容貌气质。品读纸质书较之电子读物更有阅读快感，依仗网络之"碎片化""融媒体"手段越来越令真读书、读真书且能灵活运用者凤毛麟角。

自觉读书是受真教育。含英咀华，浸润书香；千书万卷，字字正心。读书是改变命运原动力，是门槛最低高贵举动。粮食营养身体，书籍哺育灵魂。最是书香不辜负，今天读书厚度影响未来事业人生高度。细细品味、余香满口，读好书如朵颐美食。爱上阅读、爱上世界，静好岁月不辜负。高学历人群相对而言接受新知识快、适应能力强、工作能力强，此即知识越多成功、幸福可能性越大之"大数据"、新质生产力。

"开卷有益"且大有益。书本汇聚人类大智慧，读书而得人生"原始股"。"唯有读书高"旨在"质变"习惯、能力、人生。人品分三六九等，书品也三六九等，读无益之书也是玩物丧志。一般而言读来有"感觉""印象甚佳"便是好书。即便父母富有你仍须努力：未成年，父母养你是责任；既成年，父母供你是圆梦。毕业后无力"反哺"且倚仗父母活着是"啃老"、是乞丐人格。不读书孟郊何以自"慈母手中线"之窘困潦倒一举及第"上岸"至"春风得意马蹄疾"人生反转？

读书多寡所见不同。"举而措之天下之民，谓之事业。"事业决定人生财富、生命质量。事业是喜欢、感兴趣而非糊口，"热爱"最令事业于时间长河中绵延不绝。读书而遇见"救世主"，找工作和选伴侣一样重要。人生之旅是"单程"，一本好书改变一生。趁着年轻将书读"厚"给脑袋充电，追求财富自由、给家人以想要的生活是"硬道理"。世间最金贵是脑袋而非钱袋，脑袋充盈钱追你、脑袋空空你追钱。

读书最给力"文化自信"。书卷多情似故人：读史使人明智，读诗令你灵秀。不读书不足以了解人生，不了解人生读不懂书。"闲书"不闲、开卷有益。读书之乐不分年龄、身份，不论职业、信仰。天下无不散筵席，父母、子女终究会离开，唯读书有始点无终点。"又添新债为买书""晴耕雨读"是中华先贤理想生活，"凿壁偷光""悬梁刺股"是先贤嗜书境界、国人尚书态度。

真读书不论早晚只争朝夕。书山觅诗意，花径享芬芳。人生很短，书途很长。书中富含过去之不理解。"一日读书一日功，一日不读十日空。"读书最被羡慕，静心阅读最与众不同。读书是高雅养生，"病须书卷作良医"。读书是烦恼最好解药，读书越多身心愈健壮。微微清风拂面，书香盈盈满园。人生有书不寂寥。多读"无用"之书、读一本好书，在转角邂逅有趣。

春色恰如许，读书正当时。电子读物永远代替不了纸质书，有如不能以保健品为药、不能以外卖代替三餐。在书中发现大千世界。"人不读书，有眼无珠。"

2024 年 4 月 20 日

第四章

健康唯『一』，好习惯成就一生

身心健康同等重要。

『健康是1，其他都是后面的0。』

没有健康，再多的财富、成就只是空谈。

动静结合、早睡早起、均衡膳食，健康非是目的是过程，是一切美好生活前提。

追求目标梦想，不忽视身心健康。做健康的人、正直的人、有用的人，最终做幸福的人。

说语师新

手机令你迷失多少

——

高科技吞噬了许多寻常生活，人人越变越懒、退化本能。许多人以插电源、开电脑、连网络、不下线为一天生活新常态。

"低头族"日益为社会众生相。许多人生活刚需非是空气是流量，以前去哪里奔着有钱赚，现在去哪里是奔着 Wi-Fi 信号满格。都知道毒品碰不得，其实沉迷手机、网络同样深陷其中不能自拔。许多人热衷于网络世界蜚短流长、流量至上，将别人生活发诸其上"吸睛"。只要脸皮足够厚，自媒体平台没有什么不可以直播赚钱。

手机制约众生眼界。眼界制约行程，手机不等于视野。整天戴着耳机听不到大自然语言。贪婪知识是优点，只以手机获取信息是依赖和奴性。每一典籍皆如冰山一角，实际蕴藏远较所见之多。如若知识皆自手机获得，总有一天世风只看手机不读书，世人多以"读万卷书"为累。

手机造就无数人际"孤岛"。"低头族"以智能手机接入世界同时孤立了自己。手机既令"千里之外"如在身边，也致近在咫尺远隔千里。深度"手机控"除了手机一概视而不见。近63%城市人群每天将两小时以上时间用诸社交软件。许多孩子们令人心酸地吃醋"爸爸妈妈只爱玩手机"。

多陪亲朋看看屏幕外世界。网络社交人为割裂社会为不同"圈子"和"群"。无数手机点亮了现代城乡，黯淡了伦理亲情。生活因手机"插足"戾气深重，社交媒体日益挤占众生生活、沦为人际沟壑，绑架时间、冷落情感、懈怠思想。不以手机为娱乐，尽量多过少"低头"之简约且奢侈日子。

2021 年 1 月 8 日

生命如歌运动不已

——

"文武之道，一张一弛。"运动是一切生命源泉，科学运动既令肌体久葆青春，又可清晰思维、矫健身手。有些运动可以部分代替药物，所有药物永远不能替代运动。

养成自主健身好习惯。毅力和坚持最重要，再奢华健身房和器械不及"冬练三九，夏练三伏"之"贵有恒"。每天运动一小时，健康快乐一辈子。有氧运动、积极心态、饮食平衡是公认之健康三大因素。健康是财富之首，无以终身体育难以成就健壮体魄、"抗压"本钱。司马懿终究以健康赢了诸葛亮。

以危机意识管理健康。体育无性别，锻炼有男女。"闻铃"起床，晨练成习。运动是美好生活推动力，和谐家庭活化剂。充分利用身边体育资源塑身材、控体重。当你精力充沛走出健身房、运动场，最是感觉良好、信心满满。周末或早晚约三五知己登山、远足或小赛热身远较"吃鸡"快乐且有品位。

以运动为最美"抗疫"勋章。停课不停学，锻炼不停滞。不因"封校"、"伙食太好"、卧榻舒适退化"动力"。运动与健康深度融合。不轻率挑战极限，不盲目涉险。在"抗疫"前提下健身，运动适量、方法科学。做"别人眼中"体育达人。比赛有输赢，爱拼才会赢。公平竞争、尊重对手，既为英雄又不"气短"。

自主健身是少年成长蜕变。健身是大学良好开端，发现或培养一两项体育特长文武兼修。热爱健身者更有展示舞台，运动附带收获自信心、自制力及战胜困难勇气。不辜负体育课程，跟随老师系统训练不走弯路、杜绝"野路子"。做绅士、为淑女，杜绝"二手烟"伤害。养成正确输赢观，运动场同样有发展和进步"机遇"。

2021 年 1 月 20 日

健康唯"1"其ta归"0"

——

健康是"1"、是生命之"皮"，财富、地位等身家为"0"、是生命之"毛"。"0"因"1"而具价值，"1"因"0"而具几何倍幸福蕴藉。决胜当前"抗疫"，无论其谁，必须关爱生命、善待身体，健康活着、不累别人。

健康是一种责任。世上病床"最贵"。全球每年有三百余万人殁于缺乏锻炼，锻炼缺乏是人类第四致死原因。中老年擘画健康是"亡羊补牢"，青少年是当前锻炼率最低人群。每周锻炼三次以上、每次不少于半小时是健康运动量底线。锻炼最能保持肌肉力量、延缓衰老。网络数据显示，目前国内锻炼人群中运动量符合科学要求者仅为少数。

你距健康只差一个好习惯。提升工作效率、改进工作方法非是玩命。"日落而息，日出而作"，对照"合理膳食、适量运动，戒烟限酒、心理平衡"国际健康生活方式循序渐进为牢固习惯。谨防"病从口入"，守住嘴而守护人生未来。无节制求得口腹之欲最终吞噬自己。健壮非是健康，锻炼不止于朋友圈"打卡"。

不以"英年早逝"被惋惜。爱自己就是爱家人，健康是幸福也是"单行线"。努力将收入主要用于享受生活而非求医问药，放纵"欲望"之"过劳死"轻于鸿毛。健康是一种能力和智慧，控制体重，活得长、活得好。拥有健康非是有了一切，没有健康失去一切，健康者有能力追寻爱情、守护梦想。

吸烟是生活恶习"世界之最"。细烟、电子烟实质自欺欺人。不要等着医生发"禁烟令"为生命敲警钟。"道路千万条，安全第一条"，预防永远大于治疗。世卫组织早已给出权威结论，国民健康促进和维护中，医疗贡献不足10%，主要取决于民众生活方式和生活环境。从"无烟"中国迈进健康中国、"复兴"中国。

2021年2月18日

愿你像花儿一样幸福

——

　　快乐源于本能，是肉体满足及短暂愉悦获得；幸福是快乐之有意义，源于信仰、心态和灵魂慰藉。人生不如意十之八九，多想"一二"，心态平和是最好自渡和修行。

　　身心健康是"幸福"前提。痛苦和无聊是幸福天敌，愉快而豁达心态是幸福良药。不只热衷于财富、荣誉等"虚名"。欲望不等同理想。生命只有一次，生命高于一切，许多放纵是提前"支取"。当前常态化"抗疫"，具备条件者"宅"着既是"听话"又欣享"岁月静好"。

　　"幸福"非仅仅"快乐"。快乐属浅层感受，幸福是深层体会；快乐不一定幸福，幸福一定快乐。烦恼和痛苦永远与金钱、地位、颜值等物欲"孪生"，"尸位素餐"本义是顶级分工角色。专注于工作很幸福：肉眼凡胎只见诸葛亮"事无巨细，事必躬亲"，其实在"鞠躬尽瘁，死而后已"中他早已脱离"苟全性命于乱世""不求闻达于诸侯"低级趣味。

　　在价值和意义感中幸福。"苟利国家生死以，岂因祸福避趋之。"国好、家好、人好，关心别人者自有开心。所有舍弃万家灯火、今夜出发，在戍边和"抗疫"中义无反顾、挺身而出者皆是以一己之力守土有责、守土负责、守土尽责，为守护万家团圆、一方健康必须有人最美"逆行"。

　　自尊最关联幸福感。"莫将闲事挂心头，便是人间好时节。"接受自己所有不完美。最大化发挥天赋做爱做事情，在学习中年轻有活力。要么选择孤独，要么选择庸俗，所有荣耀、地位、头衔、名声背后有"担当"。照顾好身体、大脑和精神。猪只知吃喝很快乐，思考人生之哲学家或许有痛苦。

2021 年 2 月 21 日

早睡早起人生多赚

"东方欲晓，莫道君行早。"黎明属于所有人。早睡早起是高级别人生自律。早起一小时，一天多从容。早睡早起最可历练毅力、做成事。

一日之计在于晨。"贵有恒何必三更眠五更起？最无益只怕一日曝十日寒。"在正确时间做正确事情。遵守作息时间，按时吃饭、到点睡觉，尽量不熬夜挑战"生物钟"、碾压健康、透支精力。"互联网＋"最大副作用在于"怂恿"全民熬夜。我国有 31% 人群睡眠严重不足、22% 人群 24 点后仍不睡、43% 人群因玩手机、玩电脑晚睡。

严谨支配"独处"时间。熬夜不体现价值只博得同情，早睡早起者才是时间主人。工作学习之外"独处"时间于人生成败至关重要。熬夜伤害长期潜伏体内，永远不知道什么时候爆发。人没了，所有功成名不过一抔黄土。作息像老人，行动做年轻人。没有什么事不可以按"暂停键"。上苍最终"打赏"敬重生物钟人群。

以健康为前提"可持续"努力。健康管理是人生至要"理财"，人丑既要多读书又要多睡觉。永远不能小瞧坚持早起者。非是身体或其他特殊情况长年坚持"朝六晚十"起居。及时休养气血、按时"激活"肌体，适量户外运动。有些黑白颠倒是"自毁式勤奋"非是"鸡血"是"狗血"。身心健康者最终拥有"选举权"和被"选举权"。

规律作息是最好自我成长。"早起三光，晚起三慌"。连早起都做不到者无以奢谈把握人生。早起的鸟儿有虫吃，生活态度制约人生模式。修炼"学霸""闻鸡起舞"做宿舍每天起床第一人，将朝气和活力传给室友，久而久之，小团队自然满溢活力。每天早起一小时，一辈子能多做多少实事？每天都有改变命运机遇。

2021 年 3 月 12 日

好身材也是职场"硬实力"

——

（本话题绝无身材歧视）运动很美很有趣。职场如"丛林"，最终拼的是"终极"财富健康和身体，除了"天生丽质"，后天"塑形"之亭亭玉立、旭日阳刚身材同样是实力和资本。

自律是好身材重要前提。多数后天好身材虽与时间、金钱相关，更主要在于意志力。健康、阳光、有力量是好身材"标配"，三高和肥胖是亚健康。管住自己天下无敌，拥有"魔鬼身材"者一定有着超乎你想象力之健身房挥汗如雨、节制饮食等超强意志，而非"吃饱了有力气减肥"之自欺欺人。

好身材是靓丽名片。鹤立鸡群、翩若惊鸿的身材永远惊艳，能管好身材从而管理好生活和工作。身材反映身份，好体型是奢侈品。人生怎么过，你说了算；身材如何，也是你说了算。饥馑年代，肥胖标志成功；"互联网+"今天，肥胖与欠缺自制力关联，其次是"过劳"人群之无可奈何。从放弃身材开始认命。肥胖体型中，绝大多数为少有时间、精力顾惜体型之"过劳肥"人群。

"秀肌肉"者有"实力"。好身材里藏有自律。身材就是你之阶层，身材折射内在品质、性格、习惯……25岁前相貌、身材靠爹妈，25岁之后外观、颜值靠自己。肥胖绝非成功标志，瘦很昂贵，胖代表很穷。食欲随性波及生活和学习，"油腻"非是中年代名词。"脑袋大、脖子粗"也包括所有无梦想、不修边幅、不注重体重管理之青年群体。

美丽绝不存在于侥幸。时因身材被"看扁了"，少有人刻意透过糟糕身材发现你之优秀内在。"发福"最后一击压死青少年美好记忆。虽则古训"以貌取人，失之子羽"，"快餐"社会确有"靠脸"吃饭者。除了衣着，好身材直接反映你之品位、性格、生活习惯。忙碌只是借口，"吃啥没够，干啥不成"才是生活状态。减肥都做不到，谈何优秀？连身材都控制不了，何以掌控人生？

2021年7月8日

敬畏规则非是人生"认怂"

———

目前已确知 8 月 13 日四川彭州龙漕沟突发山洪致河道内未及撤离者 7 人死亡、数人受伤。"亲戚或余悲，他人亦已歌"，悲剧发生以来党政顾恤、各界发声，可是问责也好悼念善后也罢以及批评当事人群无视天灾、无畏规则一律于事无补，有负生命之重。

张扬"个性"止于"任性"。不伤害自己、不打扰他人、不破坏环境。敬畏规则是重要教养，身心与敬畏意识俱成长。"慎独"功夫是镜头和他人视野之外严格自律、表里如一人品。时有学校、家庭教育缺失干规则意识，追求过度自由而致失去基本自由。"肇事"之龙漕沟本是未开发景区、无配套旅游设施，主要因一众"驴友"和平台"炒作"而为"野生"之徒步、露营、玩水"网红打卡地"夺人性命。

敬畏非是"认怂"是行稳致远。每一起严重事故背后必有 29 次轻微事故、300 起未遂先兆、1000 起事故隐患。于自己负责者具给别人安全感资格，敬畏规则不矛盾于将鸡蛋放在多个筐里规避风险。中华文化素有"君子之心，常存敬畏"传统。冒生命之险贪图一时之快出事只是时间问题——2017 年初宁波一动物园一老虎因伤人惨遭击毙，真相是被伤者不守规矩逃票潜入且"偏向虎山行"连累老虎出乎天性捍卫领地丢了"卿卿虎命"。

"法不责众"往往结局打脸。古今中外"法不责众"多与道德法治背道而驰侵害公私权益、引发恶劣或群体事件，其"众"即《伤仲永》"泯然众人矣"一般认知之谓。"人有所不为也，而后可以有为也"。于自己负责于人生感恩，即便一时犯错不"破罐破摔"不"越雷池一步"。风筝断了线一时冲高随之跌落，于青少年之不懂不敬畏规则者眼前或为"熊孩子"明天则为"败家子"。

冲动是魔鬼谁犯谁后悔。学会冷静是智慧，越是危急时刻越需冷静选择。不急着下判断，很多事情并非以为的那样。"匹夫之勇"无撼山岳、脱缰野马漫无目的：221 年，刘备建立蜀汉政权不到一年因"怂"孙权袭夺荆州、杀死关羽以举国之力与东吴全面开战且一再犯忌致"彝陵之战"惨败遗恨千古，之后223年春"白帝城托孤"留下"勿以善小而不为"诫子且自责名言至今令人唏嘘。

规则最"针对"违反者制定。主流规则之最用于公平正义表达，文明社会必需规则、较真执行。放飞风筝不必追风、培养怀疑精神不废敬畏约束。时有极个别人于了解之下突破乃至改变规则做成大事修成大人物，时有人群置若罔闻规则、放纵性格生生"以身试纪"：当前"抗疫"第一成本在于措施落实；每期末考试各高校时有个别人不顾禁令将手机带至考场被记零分同时受到严厉处罚。

敬畏意识靠谱人品。万事万物皆有规则，规则成全成就每个人。做懂规则者且与懂规则人群同行。敬畏规则而有公平正义，遵守规则尊重自我。教育不缺失于一味予以自由，仁爱不失衡于迁就强权特权意识。"不是不报，时候未到"，真爱既非放纵又非妥协是宽严相济、奖惩分明。无自由之秩序与无秩序之自由具有同等破坏性。寻常所见交通事故大多起于各类违章之"人祸"：全世界每年死亡近50万人、伤残近1300万人。

"防患于未然"从不只是说来头头是道。除了铭记"危邦莫入，乱邦不居""君子不立危墙之下"，关键还在于"他们"做到、"我们"做到、大家一起做到。

2022 年 8 月 20 日

自按时早餐而"一日之计"

——

又是一轮大一新生军训季，教官和一线辅导员照旧因上午时段时有人晕倒而犯难，问及原因近百分之百"未吃早餐"加之稍大运动量导致低血糖。虽因处置及时、周密预案未引发后果，于学校、家长却是周而复始地无奈于严重影响大学生身心健康之问题"冰山"。

不吃早餐非是宣示成熟。调查数据：相当比例年轻人群"放飞"早餐、"彰显"自我。他们6成以上忽视早餐或暴饮暴食，超3成偏食挑食"想吃什么就吃什么"，近8成饭后不运动、近4成因饮食不规律患有轻重肠胃疾病。更有甚者吃早餐频率比"偶尔"还低，有40%以上人群从不吃早餐。主要原因是"没有人督促"，其实"懒"字当头，也有人每天发生吃早餐与睡懒觉"斗争"。

早餐问题严重掏空青年一代身体。早餐吃得好青春不显老，不吃早餐既不减肥甚至生病。依照中医养生理论，每天7:00—9:00为"辰时"，其间"胃经当令"，宜吃饱、吃好早餐且最易消化；9:00—11:00为"巳时"，其间"脾经当令"，肌体运化吸收早餐营养。每一次错过早餐皆致"胃""脾"空转，习惯性不吃直接自毁生物钟，于眼前是易发低血糖致脑供血不足一天反应迟钝，于长远恶果是易患胆囊结石等消化系统疾病未老先衰影响健康。

无好身体之学霸不是好学霸。早餐最赋予每一天"食力"，是对新一天美好之期许。明明是三餐之缺一不可，却被一些大学生人群于个性张扬中屡屡怠慢、饥肠辘辘，且振振有词"不是不想吃是起不来"，终究因"来不及了"饿着肚子上课，也有个别人匆匆提上一袋快餐踩着上课铃声溜进教室后排狼吞虎咽播撒满场"烟火味"扰民。"人生有度，过则为灾"，虽然明知不吃早餐与游戏成瘾之毁人"猛于虎"，但是依旧有无数人在"作"。

重视早餐是第一"一日之计"。健康是自己的，不吃早餐绝非"我的早餐我做主"。最是早餐多"赋能"：从坚持一份营养早餐开启一生健康，以按时早餐为一天"最初期待"。早餐规律者最归属家庭，在家吃早餐是成年人"高级"炫耀。早知今日，何必当初？"懒癌"并发症是焦虑、迷茫及毕业时追悔，却已经没有一个称之为"学校"去处再可以接纳你放纵。

认真吃早餐是重要成熟。成熟最与经历相关，真正成熟者既能做大人又能当孩子。"仁者爱人"，爱他人之前好好爱自己，不懂得为自己负责者难以为他人负责。网络消息：中小学生军训晕倒率低于1%，或因体质或因家长"缺位"；大学生人群晕倒率近10%，近百分之百是自己"饿的"。权威研究表明，青年人群不吃早餐恶习与性别、学校、年级、母亲职业以及其他健康危机如抑郁乃至不健康减肥、缺乏锻炼有关。

成功人生始自早餐"常态化"。认真对待生活而被生活认真对待。能控制早晨的人，方可控制人生。真想改变自己从坚持早餐开始。天大地大吃饭最大：早餐是美好一天"活力"之基，好好早餐是成熟之高级感。热爱生命者一定早起，能常年吃早餐人群生活一定不差。依据大数据：于大学生人群吃早餐越正常、出入图书馆次数越多者成绩越好，而待在寝室越久、出入图书馆次数越少者成绩越差。

身体是革命本钱，成长比成功更重要。自坚持正常早餐开始成熟。坚持正常早餐最是积攒人生"原始股"。务必每天吃了早餐再去上课，务必不要将食物带进课堂——香水再名贵永远不敌韭菜盒子。

2023 年 9 月 23 日

不要等到医生说你

——

人生苦短，戒烟趁早。没有全民健康无以伟大复兴。吸烟有百弊而无一利，尤其于无固定收入之在校学生人群，抽烟之害尽可以"坑爹"二字"一言以蔽之"。

校园内吸烟违纪违法。校园属于《公共场所卫生管理条例实施细则》明文禁止之禁烟场所。抽烟者"自作"害己、"成心"害人。最悲催是个别师生烟民于卫生间、楼梯角等处尴尬偶遇且"互通有无"。所谓"吸烟场所"非是包容是假以关怀、照顾之名纵容烟民。或许有一天于公共场所吸烟被"喊打"就是"说你"。乘电梯吸烟者一律归属"垃圾人"之列。

室内吸烟者"缺德冒烟"。空气清新，身心愉悦。健康权是大众人权，吸烟权是部分人"特权"。室内二手烟害人尤甚，室内吸烟者"草菅"人权。二手烟隐性刺激眼睛、鼻子和咽喉，长远戕害吸入者未来加大罹患肺癌、心脏疾病概率，于老弱妇孺之虐害最不容小觑。容忍室内吸烟者或麻木不仁"哀其不幸"或同流合污"咎由自取"。

烟害之夺命"猛于虎"。吸烟居致人短命八大因素第三，烟草也是目前人类健康面临唯一之最大且又最可以避免危害之可控因子。目前已知吸烟会引发肺病、心脏病、哮喘以及中年男性阳萎、女性过早停经等 40 种致命疾病。吸烟益处只有1%，而死亡可能性增加100倍。全球每年死于因吸烟而致病者250万，我国为 100 万。来自医生之"禁烟令"多数是"亡羊补牢"。

自"拒烟"而为文明人。90% 国家征收香烟消费税，烟民于政府"贡献"巨额税收同时耗费社会海量医保资源、烧毁无尽物质财富。"文明""吸烟"连用是自欺欺人伪命题，有似电子烟是烟、细烟短烟还是烟。文明环境从不放任吸烟，"象牙塔"魅力无须烟霾营造。于女生吸烟既非"精致"更非"女权"。

网络数据·目前国人中烟民已逾 3 亿，尤其不乏因各种"教唆"而"后起"青少年。"烟害"肆虐理由并不复杂，只因报应来得太慢，以致有活得久远之个案调侃"劝我戒烟的医生早就不在了"。

没有吸过烟的孩子，或者还有。救救孩子！

2023 年 12 月 16 日

别在吃饭时玩手机

——

边吃饭边刷手机最为大学食堂学生人群司空见惯（也含少数师者）。许多孩子由于中学阶段兼被家长、老师"控机"，于相对宽松之大学时光"报复性"放纵，以手机为"体外器官"，上课、走路、睡前甚至连"人之大欲"三餐时间都要刷，全然不顾健康危险、卫生警示，现实版的以戕害青春"赌明天"。

边吃饭边玩手机者行为"逆天"。人吃饭是为了活着，但活着不是为了吃饭。"民以食为天"既强调食物及三餐于人之存活至关重要，又主张朵颐美食是美好人生有机成分、人间烟火厚重滋味。边吃饭边玩手机者严重不敬畏食物、现实版轻视三餐，主要因为"不饿"，实质等同"舌尖上的浪费"。

唯有美食与爱不可辜负。"人间有味是清欢。"没有什么问题不可以为一顿美食所解决。自动物本性而言，进食最令身心愉悦。专心吃饭最是人寰美事：谈笑志同道合、悦目雅室美器、嚼品珍馐美味、浑身新鲜血液、满满活力细胞。除了"鸿门宴"，吃饭期间适当交流最可以舒展五体、通泰心情、化解冲突。

好好吃饭是重要人际。聚会绝非一帮人换个地方玩手机，而是大家都放下手机"真吃""真玩"，你帮我布菜、我帮你盛汤，欣享人间烟火、欢愉美好时光。"我有嘉宾，鼓瑟吹笙。"明明坐在一起吃饭，你却格格不入一直玩手机无视他人，非常不礼貌、明目张胆不尊重，活该被他人孤立！还有一种庸俗叫作饭前"手机消毒"。

你有多久没"好好"吃饭了。于某些"社恐"人群而言，手机重要之用是一群人吃饭记录者、两人吃饭尴尬气氛化解者、一人吃饭之孤独无聊排遣者。总之，很多人连吃饭也各种花式不"放过"手机：有人自上桌等饭菜开始玩手机一直到吃完下桌几乎不正眼"盘中餐"；有人一心二用、"猪八戒吃人参果"，或许真的吞了几只苍蝇都不察觉。虽然大家坐在一起，你之"精力在桌外"，既容易发生意外，更不利于身心健康——影响消化易患胃病。吃饭时玩手机注意力不在食物上，导致大脑和消化系统"抢血"，严重弱化"条件反射"，抑制消化液分泌和胃肠蠕动，久之减退消化功能，引发消化道疾病。另外，盯着手机用餐完全是填鸭式囫囵吞枣、机械性味同嚼蜡，既不知吃了多少又无法均衡饮食结构久之造成营养不良或肥胖或"三高"。尤其于消化吸收功能偏弱人群，"全心全意"吃饭最有助于消化和吸收。

增加细菌性食物中毒风险。网络数据显示，由于人们干什么都离不开手机，所以其上菌落数目大约为公厕马桶之18倍。如此细思极恐：即便你已饭前洗手，一旦拿起手机前功尽弃，也即"吃饭玩手机＝吃细菌"者有坐在马桶上进食之"惊悚"。所以，除了定期清洗手机，就餐期间不碰手机最是养生"硬道理"。

易发生如烫伤等意外。边玩手机边吃饭，因为"用心不专"没有好好看食物、好好咀嚼，往往发生如硌了牙齿、划伤、咬伤舌头和两腮，或食物呛入气管、卡刺、烫伤等意外伤害。尤其是食用较坚硬或大块食物，甚至发生噎食窒息，如此即便想"废食"都来不及。同时，颈椎长时间顶着巨大压力，加重弯曲程度及发病频率。再就是长时间盯着手机还导致眼睛干涩、重影、视力模糊甚至偏头疼等"老年病"提前。

"食不言，寝不语"本义为祖先祭祀礼节、养生智慧，当前看来依然富于科学依据："食不言"要求就餐时专心致志享受食物，"寝不语"即就寝时保持安静以便充分休息。

千万警惕病从"机"入！

2024 年 1 月 20 日

费钱费命之垃圾快乐

——

微短剧即单集时长几十秒至十来分钟且有主题、有情节之网络视频剧，大多来自快餐文化，正充斥某手、某音等 App 平台，往往剧情高潮时戛然停下必须充值才能解锁续看，老少咸宜、催生浅薄，既费钱又"费命"。

微短剧之乐是"嗑瓜子效应"。大多微短剧"套路"15 秒一热梗、30 秒一反转、4 分钟一故事，动辄百万量级收看量，其兴起既是网络游戏功成转型，更是众生人性深处"浅薄"被激活，收看之乐如嗑瓜了之易得又似"口红效应"——兼备廉价、粉饰及心理慰藉，虽非生活必需，却致无数年轻人及其爹妈深陷其中。"男剧"多战神、穿越、赘婿，"女剧"多复仇、上位、甜宠，其他如"霸道总裁爱上我""董事长微服私访""拜金女打脸"之类俗套，同样是极尽勾出众生心中隐衷，唯剧情反转或"扮猪吃老虎"之能事，同时佐以大数据手段"看人下菜碟"，旨在吸引有闲或低定力人群沉迷其中，"毁人"巨效不容小觑。

"奶头乐"实质为所有人群需求。"奶头乐"即能轻易获得之快乐，如婴儿之张嘴就能吃到母乳：门槛低、易获得因而沉浸其中、丧失思考。诸多微短剧漏洞百出、逻辑打架，却让无数人欲罢不能，主要原因如下：首先是替大家自嗨，其次是极短时间内"暴爽"，兼之画面刺激、剧情无脑，令看客兼得发泄、满足体验，上瘾者烧钱也要追，全然不顾身体弱化、脑子僵化、人际矮化、雄心退化，其"祸国殃民"在于吞噬青壮年人群壮志雄心、未来理想。

"轻佻文化"最饲养无知无畏。受时限制约，大多微短剧极尽压缩、删减矛盾，其题材或一夜暴富、天赋异能、速成神功，或宣扬不正当两性关系、非主流婚恋观，不是渲染以暴制暴混淆视听，就是离奇夸张、叫板公序良俗，一切非黑即白、非对即错，典型"二极管"式浅薄轻佻。人人于物质需求同时渴望社交认同、娱乐享受、拥有美好。娱乐至死可怕之处最在于当事人日渐失去严肃思考和理智判断能力因而最是"穷人陷阱"。

每一爆火剧背后必有商家作妖。微短剧完全抄袭"战神、霸总、穿越、重生"等网络小说套路，商家于其中或霸道或拙劣植入产品广告"9块9包邮"，于平台只在乎内容不侵权、广告"擦边"法律以及有钱任性、智力碾压，其他效应一律无视。"十年复仇，一朝成王"，因其内核与现实两极反差最给无数人白日梦体验，像极了泡面之虽好吃无营养，每一看客只能停靠于瞬间"码头"，从不能抵达永恒"彼岸"，过了那股劲还要回到现实：所有的欲罢不能换来的只能是高潮后精神愈发空虚、长时间无法专注。

碎片化内容最是时间粉碎利器。每一时代都有一小撮聪明人坏透了：一边帮着富人挣热钱，一边狠赚穷人辛苦钱。微短剧兴起于网络社交平台，不仅节奏符合当代人消遣需求，更是以斯文方式使人沉沦，只求抓住用户稀缺之注意力，大量侵占执迷者碎片化时间，于"沉浸"体验中上瘾成癖。每一国家活力、竞争力从来与国民总体时间支配关系密切，如果国民大量时间用于关注低俗庸俗内容，必然导致关键领域投入不足。

微短剧可以生长但不可以野蛮。优秀文艺作品大多具有门槛，检验受众耐心和才情。偏爱微短剧者也有出于对"注水剧""肥皂剧"抛弃之考虑。"内容为王"永不过时。微短剧本身无害，根治其乱象不能一下架了之，关键在于监管跟上步伐，自源头杜绝"精神鸦片"，尤其于立法层面管束平台和渠道端正"三观"、及时迭代，同时警惕"时间战场"各方厮杀，尤其避免微短剧消亡了，"浅薄"思维依然盛行。

2024 年 1 月 20 日

真的可以把自己"懒死"

——

本文内容来自 5 月 2 日下午四时许，加班后乘坐公交车回家，途中听到两位中年妇女交谈并与别人通话内容"还原"，若有雷同纯属巧合。

当事人为一位 29 岁男性，家住抚顺某钢铁公司附近，毕业于沈抚新区某高校，好像学的是计算机专业。毕业后找了几份工作都嫌累没干多久，然后就待在家里整天躺在床上玩游戏，谁也说不动。他家里条件还非常不好，父母单位早年倒闭"买断"，父亲现在一单位当夜班守卫，下了班回家除了喝酒就是睡觉；母亲平时捡些破烂，多数时间玩麻将打发时间，有一哥哥读书不多在外地工作，嫌家里条件不好极少回来，并多次严厉要求父母将弟弟"赶出去"。

迫于来自哥哥的"血脉压制"和家庭状况，该男子终于走了出去在家附近租了个单间"谋生"。每月房租 300 元，父母给了他 1000 元"启动资金"后真的没有再管他。爸爸依旧下班喝酒、上班守夜，妈妈捡破烂累了玩麻将，还结交了几位"麻友"，一来二去处成了"姐妹"，不时得到他们少量衣物、米面粮油等接济，并且还有人热心地为这一家的两个儿子成家操心。

5 月 2 日下午，正当妈妈又与几位"麻友"切磋正酣时手机突然响了。由于是"老年机"动静大，吓了另外 3 人一跳。因为是陌生号码，一开始以为是诈骗电话没有接，因为对方不依不饶地拨打就接通了。来电者自称是 110 警察，问她是不是"有个很胖的孩子"。妇人很是诧异，就说你 110 找我干啥，我玩"小麻将"不犯法啊。警察一听嗓门马上高了，说你儿子快不行了，你赶紧过来一趟。

妇人不信，旁边的麻友一看情况不对抢过了电话，这才大致清楚了事情经过。

原来这位在附近"谋生"的孩子已欠3个月房租，今天房东打电话催交，虽然手机接通就是不接听，正好离得不远就找上门来了。来到门口敲门没动静，打电话听到铃响还是不接听。他就用手里的钥匙开了门，结果看到男子躺在床上处于半昏迷状态，屋子里扔满了泡面碗、饮料瓶子和外卖包装等，除了地面难以下脚，气味还令人作呕。房东一看家里出了"命案"马上报了警，于是有了前面的警察来电。

妇人这才慌了神，幸亏警察和房东告诉了具体位置。有两位要好的"麻友"也跟了去，她们到的时候120救护车也来了，不知道什么原因是位于城东的中心医院的车。好在医生经验丰富，家人赶到时男子已被"弄醒"了，正在往担架上抬，男子身高1米8，体重100余公斤，大家一起使劲才抬了上去。妇人才知道此前儿子其实没有上班，就靠着1000元"启动资金"活到现在。每天黑白颠倒地玩游戏，饿了就点外卖，再后来一天一餐都不能维持，就饿得起不来了，多亏了房东"救人一命"。

妇人赶紧给丈夫打电话，却被气愤地告知"回不来，没有钱"；给大儿子打电话同样被告知"没有钱""饿死活该"。但是"120"需要交400元费用才能开车，她兜里钱不够，多亏了"麻友"加上房东给凑齐了，然后妇人跟着"120"去了医院。上车时她手里还提着两个捡来的瓶子，被一位"麻友"夺过来扔了，"啥时候了还舍不得两个破瓶子？"

两位"麻友"因为不是家属不允许随救护车同行，出于好朋友和放心不下她们就赶紧乘坐公交车赶着去医院"搭把手"，因为"孩子太可怜了"。在车上她俩还找家里要钱，同时给别的"麻友"通报情况央求大家"一起凑点"……

因为到站了下车后面的情况就不清楚了。欣慰的是"催租"的房东、及时出现的"110"和"120"们，再就是热心的"麻友"们。也不知道她们最终"凑"了多少，好在那个"孩子"已经被医生们给"弄醒"了，也但愿这一次他是真的"醒了"。

2024年5月25日

第五章

慎独静思，有理性有认知

『君子曰三省吾身』，人人于不断自省认识自己。人人独特如世上没有一模一样之两片树叶。

做最好自己，优秀是理性之自我认知，既非享乐主义，也非犬儒主义。

不要苦行僧生活，但求内心安定、内心强大。我们需要有多少才华才足以支撑起骄傲此生？

说语

师新

有些"喜欢"由不得你我

——

"不是我不行只是不喜欢"是伪命题。从不喜欢到坚持了、适应了，抗拒心理逐渐转化为乐在其中。整天"心动"想着做事不如立即行动，一边后悔一边生活却不做任何改变之人生最悲催。

许多事情非是喜欢是必需。做好、做极致喜欢事情效果天壤之别。做实、做成不喜欢事情者真正厉害。有一众人群习惯于不用脑即能机械完成事情。人生"大数据"，一辈子所做事情有 60% 为自己不喜。多数"有钱难买我乐意"其实无需坚持水到渠成。无做好不喜欢之事能力，"喜欢"只是弱爆借口空有一腔志气。工作推介或宣传多如屏保画面之选择性忽略，往往过程平淡、寂寞，无"鸡汤"、少段子、不励志。"既来之则安之"，职场空间多桎梏于不喜欢事情。无心仪工作代替现岗，善待当下是最好善待自己，做多了、做好了自然"峰回路转"。

强者多坚持弱者唯喜欢。爱好是一方面，谋生是另一方面。"不喜欢"事情多制约职场能走多远，大多不成功因为做了太多"喜欢"事情。许多人因走投无路而改变，许多事非是有兴趣才能做好，而是做好了才有兴趣。因为不擅长，所以不喜欢。"喜欢"仅为某一时间节点短暂情绪，易变多变、易燃易爆。无论工作还是人、物，相处久之皆有诸多"不喜欢"，再光鲜之人、事总会有一时刻审美疲劳、心生厌倦甚至生无可恋。幸福既是做喜欢事情，更是喜欢自己做的事情。"不喜欢"甩锅不了所有不努力、不作为、不坚持。

接受"不喜欢"也是人生。打好"差牌"而具竞争力。非是所有人生由自己做主，谁也不可始终以一味"喜欢"抵达彼岸。承认幼稚是成熟开始，硬着头皮解决问题及如何看待"不喜欢"是成熟标志。欲戴王冠，必承其重。做喜欢做的事，做好不喜欢做的事。如果现在没有资本追梦，就先做好不喜欢的。欲望最是千万小人物"救命稻草"。从诸多"不喜欢"到越来越"喜欢"，"成就感"同样可为信念。成事多在"喜欢"、厌倦间螺旋式上升至柳暗花明，创业谈梦想、工作谈喜欢者多半不靠谱。

硬着头皮做事是成长成熟。看破红尘、淡泊名利永远是成功者谈资。视工作为乐趣，人生是天堂；视工作为义务，人生是地狱。人人与工作、作品互相成就。人人需要成就感刺激而不放弃，尝试才知道喜欢与否。小事不肯干、大事轮不着，多数迷茫是才华配不上梦想。先演好"别人"而有机会做自己，"喜欢"既是信念又是某些见异思迁遮羞布。"喜新厌旧"是人之本能，敢于作死也是勇气。幼稚者奢谈喜欢，成熟者多谈责任。

2021 年 1 月 8 日

聪明是聪明，懒惰是懒惰

———

"勤"与"懒、惰"相对，《说文》解释"劳也"，指尽力多做或不断做事。以勤治惰、以勤治庸，无论修身自律还是为人处世，一勤天下无难事，没有人可以凭着聪明一路领先、永远领先。

懒惰者必然平庸。曾国藩谓之"天下古今之庸人，皆以一'惰'字致败"。人生非是为了比较，人生从来充满比较。"一懒天下万事休"，梁启超所谓"万恶懒为首，百善勤为先"。上苍予人以天赋，勤奋令天赋为天才。你是天才，勤勉会令你更完美；你是常人，勤勉会弥补不足。包括艺术在内，所有"灵光一现"皆缘于长期涵养功夫。

许多聪明只是一时错觉。不变等死，乱变找死。努力面前聪明不值一提。将知识提升至信念、见识高度而一通百通。不使天才输于狂傲，以有效努力放大核心优势。南朝萧子显平生学问很好，然自负才气，周围几无入其法眼者，平常见同仁从不答言，只举扇一挥而已，身后被简文帝谥为"恃才傲物，宜谥曰'骄'"而遗笑柄千古。

天赋助勤奋者一臂之力。致力于将见识变成胆识。成就伟业者未必有过人聪慧，但必有过人勤奋。"民生在勤，勤则不匮"，努力是奇迹之别名。大脑如同肢体，多用则灵、不用则废。才华是刀刃，勤奋是磨刀石。心动不如行动，勤奋非是口头禅，不以"伪勤奋"为人处世。天才之每一进步无不诉诸通宵达旦劳动及霜晨雨夜思虑。

许多人"低品质勤奋"。使命感是最强劲执行力，患得患失者少有付诸行动勇气。要自己会"走"，不"啃老"、不"倚老"。父母之财富和成功属于上一辈，可以之为榜样、楷模、"前浪"，并将其"拍死在沙滩上"。自勤奋开始担当，创造己辈财富、证明己辈价值。自早起做起，任何天气和环境都"闻鸡起读"、经营学业，天赋于懒惰者只用来浪费。

2021 年 4 月 16 日

事事难如意，业业皆辛苦

——

休息是为了再次出发。没有一件工作不辛苦，只是有些人不喊苦。努力而不费力，今天失败多缘于昨天不够努力。风光背后多艰辛，所有被艳慕之收入、地位及安逸绝大多数拜之前"经受"所赐。

成年人世界尤谷易可言。有人帮你是人生幸运，无人帮你是命运公平。有些人生非是太难是不够努力。下坡路好走又轻松。我的人生我的舞台我是导演，自生自灭是对懒人最狠报复。不随意轻慢他人，遇事多些包容理解，或许你根本不知道他刚刚经历了什么。每个职业都值得尊敬，劳动既为自己也为他人。方便时请在接到热乎饭菜时向外卖小哥说声"谢谢"。

生活是日复一日轮回。苦难非是生活目的，熬过苦难生活一定精彩。工作就是遇见问题、解决问题，多熟悉做事要求、多掌握成事技巧。"了却君王天下事"

和"锄禾日当午"都是做事。人人首先是为自己工作，包括"鞠躬尽瘁，死而后已"。读书既风雅又改进和丰富生活，知识最是不为轻易"取而代之"财富。不甘平庸者终究与想要生活撞个满怀，认真对待每一天是给未来最好交代。

忙碌是最便宜良药。适度忙碌之生活有滋有味，无聊是生活最沉重负担。没有糟糕工作，只有糟糕态度。让自己爱上工作，打工至极致也是境界。得不到想要结果因为问题没有解决。私下诋毁集体是出卖身体灵魂及贬低自己。敬业是履职尽责而非离开工作寻找热爱。古人"点卯"更辛苦，早上鸡叫就得起床，5:00—7:00 就要赶到单位"打卡"签到。

自律是最难做事情。自律是有所为有所不为，是"辜负香衾事早朝"。以自律成就大业，放纵是灭亡"前奏"，是"今朝有酒今朝醉"。人生是一连串难题，失去对别人指望而成熟。唐僧历经八十一难取回"真经"在于超强自律。太闲着是一场灾难。自律者可怕又可敬，若为伙伴以之为师可律己，若为对手以之为鉴可警醒。最快废掉一个人是让 ta 闲着。

2021 年 5 月 10 日

抓住职业生涯转折点

——

面试、签约、第一天上班、第一次主持重要会议、第一次处理危机等皆是人生和职场重要转折点，往往或时间或对手不允许犹豫不决、须周密决策。"一失足成千古恨"，干就对了为牛人。大多"泯然众人"者一生想得太多做得太少。

人之天性趋利避害。炼成把握每一十字路口勇气智慧。个人、单位及业界皆可引发职业动荡，清楚职业必需能力，具备抓住机遇实力。关键时刻不糊涂，挣扎中知道适合什么、想要什么。30 岁以前不要怕，30 岁以后不要悔。胜负无定数、敢搏七分成，宁可碰壁也不面壁。缺失核心能力，贬低职场价值。不怕遇见问题，就怕既不懂又解决不了；越会处理问题收入越高，自然炼成中流砥柱。

果断取舍几近于天赋。胸怀使命感，遇工作抢着干。"现在"最可以有所作为。凡选择必有机会成本。摒弃打工仔心态，早晚升职加薪。单位不养闲人，聘你旨在解决问题。要么不做，做就做到最好。勇气、智慧皆重要。勇气应对恐惧和对手，智慧基于知识、常识、良好判断。想象须狂野，预言要自证。和高手一起成为高手。以"外人"自居者难成气候。霍去病"匈奴未灭，何以为家"既是胸怀更是肺腑之言。

有目的、有计划辞职。不唯"跳槽"转折职业，职场也"逆水行舟"不进则退。许多单位每三年重塑一次自己。实在不爱就别干，转折点太多致人生蹉跎，航船无目标任何方向都是逆风。以正确方法和练习积累成长。工作和生活有其平衡，解决问题提高自己。必要"断舍离"令职业生涯行稳致远，人类历史就是"吃一堑，长一智"。高情商者即便输了几个节点也不会输掉人生。

投资未来令自己"值钱"。薪水由市场决定，权衡利弊是人生之最消耗。求职是以合理价格出售知识、技能、三观。干一行爱一行专一行。结合专长专业设计职业生涯。在干中产生兴趣，成长为专家。追梦而不为梦左右。无智慧制衡之勇气多为鲁莽，想入非非是青春标志。人生遗憾非是坚持不该坚持，而是放弃不该放弃。有些人在转折点成为可怜虫，有些人明智把握"峰回路转"。

2021 年 6 月 2 日

最怕你碌碌无为还自诩平淡是真

——

平凡不丢人，动辄以"平凡可贵"为遮羞布者丢人，司马迁谓之"无岩处奇士之行，而长贫贱，好语仁义，亦足羞也"，意即无大隐操行、长期贫困，还张口闭口狡辩和侈谈"仁义""清高"者其实可悲可怜。

唯父母与前途不可辜负。不只是活成别人喜欢的样子。趁年轻精力充沛多做、做好喜欢且值得的事情，人生不怕失败就怕习惯性堕落。"平淡是真"专属成功者生活境界。天分不等于成功，勤奋而"天才"为"人才"。人生前期怕麻烦、怕累、懒学习，后期平庸、苟且、少精彩。科技令生活日益便捷同时使人越来越懒惰。全球每年有 320 万人死于懒症。史上统治者曾数次打压佛门，主要在于其"无后"及不事生产，于家、国物质财富无济。

努力是最好的贵人。没有实力，多多努力。可以平平淡淡活着，活着不只是平平淡淡。时间如药，把握好了是补药，恣意挥霍是毒药。"君子求诸己，小人求诸人。"人生最大失败非是跌倒是从来不敢奔跑。"退而求其次"既是生活智慧，又导致许多人生命"成色"不足。不要觉得熬几次夜就是鞠躬尽瘁，坐过几站地铁就是颠沛流离，几次三餐不应时就是"一九四二"，几天没人理会就是百年孤独。努力至少让想拉你一把者能找到你的手。

"闲的"最毁人于无形。美好人生须懂得享受，人生主题不仅只有享受。努力不是给别人看的，任何无方向之努力不过自欺欺人。读书偷懒、赚钱矫情是人生悲剧，没什么拿手成绩就以勤奋标榜。年轻真好，好在来日方长、好在能图强图变。忙碌者没有时间沉湎忧伤。凡是廉价让你爽的，日后必然令你痛苦。放纵青春既错过世面也没有世面。熬夜追剧、沉溺"网游"者爽在一时、悔在一世，眼前饮鸩止渴，长远愧对先人、有负后人。

许多职业之苦远甚于读书。生活之苦不请自来，学习是自讨苦吃。人生努力苦半辈子，不努力人生一辈子苦。社会不歧视任何合法职业，大学允许挂科但绝不可以破罐破摔。真有许多人在意你成绩。高学历、高水平、高薪酬，学历搭建跨越阶层阶梯。当下拥有是曾经努力之代名词。有些自诩"平凡可贵"是为不努力、不愿跳出眼前安乐找借口。喜过安稳舒适生活没有错，错在你还没熬成"大爷""大妈"广场舞不接纳。

2021 年 8 月 4 日

好奇心是重要执行力

——

好奇心是人类本能和冲动，于学业、事业效用等同能力。一类好奇心消遣性"喜新厌旧"，仅对表面信息有兴趣、在意"发生了什么"；一类渴求真相，既想知道"发生什么"又想知道"为什么会这样"。

好奇心是中国"智造"之"刚需"。越博学，越好奇。迥异人生差别于执行力而非高谈阔论。好奇心与智商情商同等重要，博学最可扩大知识缺口而致好奇心愈加充沛。保持"主动"好奇心，"学而后知不足"。爱因斯坦自诩除了好奇心特别旺盛并无所长。"三无"科学家屠呦呦 85 岁"大器晚成"获诺贝尔生理学或医学奖既水到渠成且因幼学厚重、好奇心强劲。

因好奇心驻颜有术。好奇心之用如肌肉力量用进废退，"年轻"非仅年龄、生理状态也是心态。思考者灵魂不疲沓、精神不懈怠、身体少退化。好奇心令事业行稳致远、生活有趣。人类生而具有好奇心，于满足好奇心中被时间遗忘。凡不因年龄影响术业功力之"大咖"多兼具好奇心和未泯童心。贝聿铭 85 岁上设计苏州博物馆新馆，心理学谓之"多巴胺"越多精神状态越好。

质疑令无聊变为有趣。好奇心令每一天崭新，无好奇心"失去"学习动力。许多快乐源于"没用"东西。"好吃"是兴趣、"懒做"是病态，好奇心强者多有综合背景。身体懒惰必然思想懈怠，过于自信、妄自菲薄是好奇心最大阻碍。创造力为各业最具人气价值，好奇心与创造力永远成正比。教育第一任务是保持好奇心而非以题海战术、标准答案摧毁诸多强烈好奇心和旖旎想象力。

AI 时代唯一不变是变化。从无到有、从入门到精通，充分发酵、拓展每一份"好奇"。不一味被他人教条束缚思想、嘈杂遮蔽心声。创新无论大小来自好奇心。"有趣"与"有料"、"抖机灵"与"讲故事"、"干货"与"理性"自有知识平衡点。努力做思想"工匠"，好奇心"跑偏"为各种功利心：许多个人和集体为了效率牺牲了好奇心，大多数创业者至少在雇员期间即以好奇心孵化了一己创业规划。

2021 年 8 月 30 日

所有假装努力都是自欺欺人

———

肢体、思维皆有懒惰。每一领域多有低品质勤奋者，许多人以假装勤奋掩盖懒惰。成事取决于努力之时间、方向正确。结局终究不会为假装努力买单，"南辕北辙"者越努力离目标越远。

有些努力是"行为艺术"。剥开忙碌表皮，找到做事规律，发现成事捷径。大多领导都很聪明，总"演戏"者早晚砸锅。努力样子绝非加一次班熬一次夜就能自我感动至哭泣。不为失败找借口、只为成功找方法，除了爹妈、自己，别人没必要为你幸福负责。"追剧"成不了导演，胡萝卜再多钓不了鱼。优秀非仅是受表扬、被"点赞"。不是井里没有水而是你挖掘不够深，碎片时间利用好了一样"集腋成裘"。

刻苦踏实是职场真"绝招"。许多人都在加班或者前往加班、加班回家路上，不要只将努力停留于口头。想得到回报之前问问自己付出多少。在足够勤奋之前根本谈不上天赋。间歇性踌躇满志、持续性浑浑噩噩一事无成。磨刀不误砍柴工，越渴望竭尽全力越需注意努力足够聚焦和专注。偷师而为高手者只存在于某些国产影片，"师出名门"系统学习较自己摸索效果不可同日而语。

以勇气为努力脚注。正确选择令成功之路平坦，方向不对即便不白费力但效果事倍功半。力气和努力皆随价值而变化，扛 100 斤大米和 100 斤人民币行走距离绝对不一样。今天总比明天开始早一点。路再长只要不停脚一定能走完，再短的路不迈步也是枉然。总犯"低级"错误者基础薄弱、态度敷衍。坐等条件成熟时你头发白了、心老了、懒得干、干不动了。尽量远离"负能量"者，"朋友圈"如果多混混你也一样混账。

努力非是将自己虐惨虐残。死读书"百无一用"。瞎忙配不上野心但辜负所累，实践是检验努力效果唯一标准。学问最怕光说不练，不可灵活运用之知识不属于自己。读书非在于"高大上"，而在于为人处世、做事成事，将别人的坑填平、经验吸收。不总是羡慕别人生活，因为不属于你；别总是抱怨自己生活，因为别人不在乎。嘴上说忙手中同时玩手机者属"长得丑且不努力"最无可救药。

2021 年 9 月 12 日

有些怀才不遇是怀才不够

——

人人都渴望被理解赏识，但没有人会青睐"朽木"。该磨刀时不要着急去砍柴。职场多竞争，要机遇、争发展首要凭实力，许多"不遇"或许因为"不才"。

态度诚恳非是能力出众。爷爷是孙子"炼成的"。整理文件、打印文件乃至跑腿打杂为职场常见经历，是工作起步。失败孕育抱怨、抱怨孵化失败，失业者普遍充满抱怨。得不到认可感觉有似被风刺伤，疼痛难忍却找不到凶手。辩解和开脱是人之天性。多读几本书、会些理论术语不代表就是人才。是金子总会发光，你之未发光因为纯度不够；有态度无实力，你之"横溢"或许只是年龄、赘肉。

你是否属于"怀才不遇"？人人怀疑别人，很少怀疑自己。少构筑梦想，多"卧薪尝胆"才华。深埋才华之不自我推销极有别于不优秀、不努力且自我感觉良好。自己是对的，别人怎么说无关紧要；自己是错的，怎么说也没什么用。抱怨代替不了"充电"和"增值"，不自欺不欺人是智慧源头。优秀者因本领恐慌更努力。总被质疑、被否定者非是"怀才不遇"而是"怀才"不够或眼高手低。

重复力量即习惯力量。一天改变不了世界，一步登不了人生天。认真做好小事，慢慢凸显才华。活到老，学到老。在青春之后，在认输之前。为梦想找问题，因才华卧薪尝胆。学业可以中断，学习不能终止。"明星煌煌"必定成于黑暗之能量蓄积。萝卜价钱难以买来人参效果。先经千万年"日月精华""天地灵气"，后有孙悟空石破天惊、横空出世。你选择偷懒耍奸，必定有人替你挨累背锅。

足够努力而有实力。人人是盏灯，瓦数即实力。你不发光或不够亮，怎么在人海里被关注到？所有不放弃之"死磕"皆为成事筹码，总被别人忽略令自尊心受挫。想活得特立独行、别具一格必然直面世俗舆论。给奋斗找时间，别给空虚留机会。世界只在乎你之高度，少有人在意你是踩着巨人肩膀或垃圾堆上位。不要动辄"让时间证明一切"，时间才懒得帮你收拾烂摊子。早上见不到乞讨是因为能够早起者不会沦为乞丐。

2021 年 10 月 22 日

长期主义打造你之"影响力"

——

　　人人自有影响力。影响力是以乐于接受方式改变他人思想、行动且面向未来能力。人际交往时有意志力交融、碰撞，非是你影响 ta、便是 ta 影响你。

　　影响力是"吸引"而非"管控"。影响力非是表演，既是解决问题能力又是令人钦佩品格。人之常情接受"被影响"而非"被告知""被控制"。影响力产生"聚合效应"，没有变革单纯通过语言或争论实现。人际关系影响"口碑"，好形象靠自己塑造。职场挑战时有发生，实力决定话语权。"话语权"是做出来的，没有"力"何以"影响"？具广博知识而具专业影响力，具独立思考、缜密逻辑及解决问题能力打造卓越团队。提升影响力可自感染、说服、学习、情商等方面入手。

　　提升演讲水平塑造影响力。说话有艺术，辩论须慎重。表达能力是职场最要素之一，能对多少人说话具多大影响力。少说为佳，最可避免自相矛盾杜绝后悔；言简意赅，最被视为权威赢得敬重。看清而不看轻，口舌之利非是赢得尊重最好方式。即便你口才犀利，不如保持缄默。思想为王，思想造就人之伟大。具影响力者极具影响力。"枪杆子里面出政权，笔杆子里面出思想。"发挥群体作用，团结一切可以团结力量。你之成就终究制约影响人群半径。

越早具个人影响力受益越大。影响力关乎人生幸福，大多生活问题关乎人际。"匿病者，不得良医。"不掩饰过失，不耻下问、不会就学。新观点令人耳目一新，脑洞大开、不胫而走。朋友圈是塑造个人影响力及声誉品牌重要平台，有些"网红"非是榜样是隐形教唆。做什么很重要，"什么时候"做是关键。"高手"掌控变化于手心，总能在落子前想好后几步。如班超之出使鄯善遭遇匈奴使团险象环生，终以"不入虎穴，焉得虎子"勇气火攻强敌扭转局面，41岁赢得留名青史判断力、影响力。

被信任成就个人影响力。奋斗本质是结合长处，不断借力致资源"变现"。影响力本质是别人认同你之独特人格。打好基础，长期主义，慢慢深耕。主动以特长和优势方便他人，真心教人、给人赋能是有效输出。以原则为中心、以品德为基础，惠及他人是高尚人格。努力成效至"有目共睹"，有"拿得出手"技能和高人一筹业绩。有些避免冲突是拒绝合作。点兵"多多益善"之韩信始终被刘邦"耍流氓"掌控，除了其人关键时刻以小人之心做人做事，更在于刘邦同样身经百战、深得军界信赖而具影响力。

2021 年 10 月 30 日

你混日子日子混你

———

靠谱和不混日子是职场最强操守。挥霍钱财是败物，虚度光阴是败家。混日子者终究是对自己"不狠"。"学不可以已"旨在明天更美好，混的日子终究为日子所"混"。

年轻就混日子者不想好。收入与投入成正比，混日子者晚上想想路千条，早上起来走老路。"出来混，迟早要还的。"打拼的生活眼前累却越来越轻松，混的日子眼前惬意但越来越难。蠢才在成长年龄沉迷于垃圾娱乐。除了非职业人群，许多自诩"简单而快乐生活"就是混日子而且历来"所混略同"：得过且过、安于现状、平庸卑微。闲人无乐趣，忙人无是非。"专业""不混"是职场最"好评"。别耍小伎俩，领导者多数冰雪聪明，看破不说破。

"能力"是最"私房"财富。实力说话，学霸当道。多数本事是以功夫堆出来之"笨事"。人生不可以重来，努力可以预见未来。谦虚一些，多数人不眼瞎。视平台资源、位子"光环"为能力是"狐假虎威"。为别人打工、给自己学习，将每一普通事做得好于预期。不喜欢可以离开，"做一天和尚撞一天钟"。历练之财富别人夺不去，持续成长是雄辩之不"混"。尘埃未落，人人是黑马。不令你持续成长之工作即便待遇优渥也该考虑"乌鹊南飞"。

不喜欢的工作趁早走。躲过奋斗，憋屈生活。"负能量"爆棚者"混在江湖"。除了性别因素，有无抱怨是强者、庸者重要区别。工作自带幸福感，热爱之工作最具"升值"空间。一时强大非是东方不败，终了强大才是众王之王。对危机无动于衷较之危机更可怕。下坡路越走越舒服，有些稳固工作如专线司机一开始想象力就被锁死。做喜欢的事，做擅长的事。"我乐意"既有收入且有快乐。如果不当皇帝，或许明熹宗朱由校的木匠造诣更深厚。

岁月不能重来可以绸缪未来。人生有"茧"，突破自缚。读书不是混日子，青春不是走红地毯。今天"闺蜜""死党"，明天于混中被甩 N 条街形同陌路。父母遮风挡雨，换你岁月静好。猴子爬树、老虎巡山，教育为社会"分层"；专精学业、德才双修，"双减"政策倒逼着学校日益为人生角力"主场"。时间无价、成本昂贵、给予公平。将梦想装入书包：学习好不只是为了考试，是为了优先拥有更多优质人生选项。"逝者如斯"，混完了就晚了。

2021 年 11 月 18 日

"长大成人"与"长成大人"

具法律赋予行为行事能力而"长成大人"，做好道德心理准备"长大成人"。"有志不在年高"，成长成人成熟之路并非一帆风顺，所有无忧无虑、岁月静好只是另有其人负重前行。"长大""长成"重要之别于见识阅历、自立担当。

成人之路非是成功之路。"博览广识见，寡交少是非"，接受失去、缜密思考成长长大。心智随着身体、知识、阅历与时俱进。小时候词不达意，长大了"言不由衷"，长大成人既是挣钱有钱又是心性成熟。甜蜜日子多了难免腻腻，成长进步化郁解腻。没有人永远十八岁，也有人永远十八岁。可以没长大，不能不成长。种瓜得豆，时有结局事与愿违。青少年所盼长大多在于不受师长管束。丢三落四不丢人。所谓"巨婴"于鸡毛蒜皮、"天下兴亡"一律无视。

青春期最具"升值"空间。儿童非只是尚未长成大人。长大既是成长又是炼成各种应对能力。不将年龄焦虑挂在嘴上，年龄只可衡量外表沧桑而非心智成熟标准。不断告别人群，不断加入人群。"无志空活百岁"，成长过程无止境。有时我们脆弱得泪流满面，有时我们咬着牙走了很远。途经或见证有些"得不到"也是得到。"成名每在穷苦日，败事多因得志时"。穿起盔甲保护自己，不轻率表达喜怒哀乐。内心满足是快乐第一真谛，以童心思考令很多问题易解。

成长实质美丽伤痛。"为赋新词强说愁"，爱和尊重靠自己争取。幸运儿一生被童年治愈，倒霉蛋一生治愈童年。生活非是林黛玉，从不以忧伤风情万状。穷人因为孩子不能出去挣钱，富人因为孩了必须出去挣钱。每个孩子都盼着快点长大，然后怀念美好童年。18岁意味成年不代表"成人"。每个年龄段都被别人的眼光压得死死的。尽量不麻烦别人，尽量少被别人麻烦。越年轻越享有编织梦想特权。任何理论皆无法令猪不是猪。成长实质是以无邪童真、未经人事交易人情世故、市井江湖。

生活主要是自己事情。热爱每一天：光阴可以过期，童趣永不过期。给孩子饭吃令其长成大人，给孩子榜样思想令其长大成人。逃避问题上瘾，你给世界什么态度，世界还你什么样人生。被成长"克服"之童趣童心其实令生活多元美丽。"伏久者飞必高，开先者谢独早。"奋斗积累成长，成长凝聚成功。解决不了问题释放别人、解放自己。有钱不一定好办事，凡是钱能解决的都不叫事。人生难事非是装忧郁而是装轻松。被动长成大人，主动长大成人。多有人体谅体衰年老，少有人原谅穷困潦倒。

2022 年 1 月 6 日

做对的事情把事情做对

——

男怕入错行，女怕嫁错郎。"做对的事"方向正确，"把事做对"达到目的。目标过于远大有"毒性"，最大损失是时间，最惨教训是失败。方向错了，走出每一步都是负数。

努力做好擅长事情。做事境界有二：其一做正确事情，其二将事情做对。磨刀赢得砍柴工，多几分钟准备少几多麻烦。成功考验奋斗，态度决定输赢。"对的事情"多能长久，错事做得越漂亮越是浪费时间。少以自己时间见证别人成功，"把事情做对"需要学习、付出代价。多次错过令遗憾成为永恒。真正强者是具悲悯情怀狮子。在被抛弃前练就对抗"金钟罩""铁布衫"，没有哪种教育比得上逆境。用心而令普通事情与众不同，"躺平"者自己不学习还怕被洗脑。

车良马壮不如方向正确。把人做好，将事做对。只有伟大精神没有正确方向或许换来死亡。英雄征服天下，圣贤征服自己。许多事情你不做、他不做、总得有人做。也许你对单位有用但不一定对所有人有用。即便"半途而废"强似"从未出发"，远甚"背道而驰"。谁也不能阻挡社会进步，古来圣贤皆寂寞。读书先是做人后是谋生。文学是学问，做人好、做事对也是学问。同样驾牛车出行，帅哥潘安常常满载美女们所赠鲜花瓜果而归，大才子左思则"收获"

满车砖头和垃圾。

尽量不让机会死在别人嘴里。第一次就把事情做对。人之能力重要有别于把握机会。总走前面多有遇见，成长阶段可以多尝试尽量少犯错。像竹笋蛰伏一样蓄积突破，出类拔萃。长得漂亮是优势活得漂亮是能力。世界属于能经受嘲笑者。创造性模仿也是创新，等来等去失去机会等成人生最悲哀。以信仰约束自己。盲目从众徒留笑柄，"洗脑"重要，被谁洗更重要。智慧因一再见诸行动而伟大。职场被淘汰主要在于学习能力下降。蠢材总是为昨天悔恨、为明天祈祷、缺今天努力。

不以战术勤奋掩盖战略懒惰。吃得了苦，享得了福。成功法则或许简单但非是容易。社会从不缺少"忙人"，忙之要义在于创造价值而非制造或修正错误。做正确事情即便速度不够快也有收获。"草船借箭"是顶级高明，造船过河不如借船过河。方向正确顺水推舟、行云流水。选择旨在于被选择，hold 住、多理解。战略性忽略低价值事情，正确时赚多少、错误时赔多少同等重要。好的生活非是拼命透支而是款款前行。只顾在某一时间内把事情做对或许南辕北辙。

2022 年 1 月 10 日

想不努力毫不费力自不量力

喜欢靠冲动，热爱拼韧劲。触屏时代，时有人"点击"成习、"红包"思维，日益浮躁，排斥努力，完全忽视成功背后兼备付出、拼搏及诸多"天时，地利，人和"链接。

无有"煎熬"无以伟大。许多向往消弭于寻常生活，很多事情非是你做不到而是你习惯性逃避。人生有似鸡蛋，自外面打破是损毁、从内突破是成长。

今天永远是明天起跑线。每一条路都不可以随心所欲地走。所谓牛气都是苦熬堆砌。"差劲"非只是贬义而是了解能力后及时悬崖勒马，是"知道吃几碗干饭"。成人世界很残酷，有时候你哭了都会被责备吵到别人。趁着年富力强排除他日后悔机会，不将"贫富差距"延续给子孙。无序和放纵缩短职业生涯，多年后你还是你，别人却是今非昔比。

争做"No.1"不当倒第一。能力是修来的，懂得将就和屈伸是成熟。很努力了还是很吃力说明努力不够。没有努力之现在，没有选择之未来。十年前你是谁不重要，今天你是谁最重要。以少年之名为梦想拼尽全力。年少时之不累皆是长大后负担。"葛优躺"很安逸，葛优其人很打拼。时有颜值、学历不如你者在领域内风生水起、令你感叹。结局若非如愿，就在尘埃落定前奋力一搏。实在撑不住也要输个"死而无憾"。"有心杀贼，无力回天"，许多人拼了一生也不尽成功，何况你不拼？

有些人之"尽力"只是偶尔努力。没有天生"大咖"，只是厚积薄发。"达人"们都在大众视野外拼命努力。选择滚烫人生，"拼多多"改变命运第一步。优秀者更懂得处理"短板"，有些克服不了弱点干脆接受，留作日后成功者"个性"。没遇到最好自己前不轻易放弃糟糕之旧我。平等非只是公平，不争取永远得不到想要"公平"。失败表象下多有不一样努力，被嘲笑之梦想往往具未来价值。坚持非只是说说而已。智者都在下笨功夫，蠢才多在找捷径。我穷非是没有钱而是没有赚钱脑袋、挣钱定力。

不被自己的恐惧杀死。不在"考虑考虑"中机会尽失。不因太多"如果"耽误果断。一味活在别人眼里者不自爱。生活无标准答案，人人皆有自己故事。20岁不努力，30岁举步维艰。在该折腾年纪"躺平"提前"退休"了欲望，人生是一场追求也是一场领悟。人生败笔一半毁于不努力一半败于不当选择。没有赶上的路要致力于缩短距离。努力了时间自然给你答案。无高考之人生不完整，高考了人生也不一定完整。你距想要的生活并不远，只要不总是在紧要关口松懈。

2022 年 1 月 20 日

非是社会残酷只是不惯着你

——

时有人将"凭什么"挂嘴边、动辄甩锅"社会不公",似乎错的永远是社会。其实非是社会残酷,只是谁也不惯着谁也不偏袒。步入社会,必须知晓"责任"而非只是认识和会写。

为错误买单是社会规则。你有一千条理由,或许社会只有一记耳光。"惯子即杀子",家庭一味"宽容"将许多孩子推向深渊。如若"熊孩子"是一汪污水,"熊家长"才是污染源。除了至亲至爱,毕业了再没人会惯着你我"任性"。摒弃"差生"思维,工作后再如当"学渣"之"坐后排,不主动"是懒、是不要强。不要抱怨没有"伯乐",或许伯乐压根看不上你;也非你不成熟,或许是你之成熟不过如此。生活之鞭专门抽打不奔跑者。即便社会是你家的你也要尽早独立、自食其力,你弱你惨非是你有理。

许多机会是自己放弃的。不要轻易嫉妒和否定富二代,至少是人家先人为子孙后代多有打拼储蓄优势。没有哪个成功者是惯出来的。"一个萝卜一个坑",于职场"小白"最要紧修炼是不折不扣执行、少问几个为什么。单位规章制度许多人不知道更多人做不到。绝不要上司还在奋斗你却提前下班。与同仁聚餐直接获得是增进了解、增加认可。执行前、执行中多动脑子而有机会成为佼佼者,否则就是廉价劳动力。越是没理者越喋喋不休、理屈"词富",社会真要绝对公平许多人连一分钟都活不下去。

既羡慕别人更做好自己。知道规则、顺应规则,创造规则。无实力颠覆规则之前先默默为目标努力。最想要的是最重要的、最需努力改变的。你有多努力就有多特殊成为VIP。想要变成强者先练就强者之心。社会不是后妈也不是干妈,不会时时惯着你。身无一技之长天天想着发财是痴人说梦。谦虚是长久成长、结交良友关键品格。好"虐杀"别人想法者非常不受待见。"脾气不好"是负面标签,一旦贴上难以洗掉。没长出牙齿之善良是软弱,随大溜做沉默"大多数"终究害了自己。世界不欠你的，一味抱怨是矫情。

生活有无奈依旧去热爱。"熊家长"永远有 N 种理由为"熊孩子"开脱。家里很温暖社会有风雨，谁都想要被迁就，少有人想到有无被迁就理由。"年龄还小"绝非可以"大事化小小事化了"。人非生来公平，许多事情在公平范围内努力可以达到。有违规勇气就得有承担后果胆量。做事看效果，总不能干事、成事只有吃"炒鱿鱼"。"活"成职场"三头六臂"虽然累但较别人多收获了技能。相处需真诚，相知需包容。不要见谁都掏心，有些人见不得你好。内心强大过程：被小人伤害过、被朋友背叛过、许多次被拒绝过。

2022 年 1 月 28 日

别总将压力挂在嘴边

——

非物理学之"压力"多为社会人群遇有挑战时应接不暇感觉。许多人经常且喜欢"言必称压力"，唯恐别人不压抑，尤其兜售相关"减压"说教者，最拿个案说事、混淆视听、危言耸听。

不总将"压力"挂嘴边自我暗示。淡然处之顺境，坦然接受逆境。弱者总将命运不济挂在嘴上。多数不快乐非是不幸福而是你不"比别人幸福"。所谓执行力就是说到做到、不找借口地完成都能完成应该完成之事，90% 好运背后是 200% 努力。既要等待机会又要创造机会，问题及解决办法从来相生相克，不以压力为意识布满雅致心间。沉下心做事，静下心学习：所有人每天都被事情追着跑。设定自我能力界限，别人意见可以参考不可以赖之。不轻信"减压"说教，不令无谓责任和愧疚感超出身心承受，总把压力挂在嘴边者明显智慧不足。

不努力者过年空长一岁。压力不会消失，情绪可以控制。要么好好干活要么另谋出路。既庆幸做了什么又庆幸什么都没做。成年人别总将幸福挂在嘴上"晒"在朋友圈，"人出名""猪显壮"。越没本事者越对自己宽容，小事不愿干大事干不了。犹豫拖延只会滋生恐惧症懒病。孜孜不倦赋予每一人做强者资本。不打拼你怎么知道自己行不行？"世上本无事，庸人自扰之"，很多压力是生活本色而非自我暗示、别人强加，少数居心叵测者将"压力"内涵诠释至极致而令人人自危、惶惶终日。"怀旧"要义非是那一时代有多好而是那时你正年轻、不"无为"。

每一时代只承认强者。将面子放下，把幸福藏起。压力无处不在无所不能，习惯性泰然处之堆积为骄傲资本。将容易事情做满，将重要事情做好。执行力就是态度和能力。多数未通过面试者非是能力而是人品和性格不济。以热望提升热忱、以毅力磨平高山，让肾上腺素和理智一起发挥作用。生活本是一场未知旅行，人人在跌倒和爬起之间坚强。绝望是所有人生最大破产。成人之"含糊"多意味侥幸、自欺乃至自我感觉良好，年轻人潜力主要体现于周末几点起床及周末和下班后干什么。

明智放弃胜过盲目执着。命运好坏不取决于某一次成败。欲望太强时易短视，太自我时多盲目。所谓输赢皆是暂时状态，强者从不会被生活牵着鼻子走。含泪播种，含笑收获。口碑很重要，人品更重要。永远不要停下学习思考，鲜有成功者不极长时间工作。上坡时不高看自己，下坡时不低看自己。别执着于你之优越感：恨你者越少，帮你者越多。真诚最可以降低沟通成本，修炼实质就是克服惰性。人生云泥之别主要差别于业余时间支配。"积极主动"是广泛之优秀素质。学业生涯主要差距于每天 20:00—22:00 点之间活动内容。

2022 年 2 月 4 日

有爹"拼"也是硬道理

———

向来有人以"葡萄酸"心理诟病"拼爹"，悲观于学得好、能力强不抵有一好爸爸，真正"拼爹"其实在于初始受诸父母之学识、眼界、人品等培养和影响领先"起跑线"。

最牛家教本质"拼爹"。近朱者赤，多数"富二代"于家风家教先胜一等。"富爸爸"还在打拼，子女没理由不坚持。社会繁衍是接力赛而非马拉松。"拼爹"与"坑爹"仅一步之遥，有些"拼爹"故事是舆论极端放大之个案。大禹终结"禅让制"传位于启是史上最早"拼爹"之"世袭"特权先河。"富二代"非都是混吃等死人群。"王侯将相，宁有种乎"最怒怼"拼爹"。李世民靠着老爹家底和自己996敬业精神开启贞观之治、做到"天可汗"。梁启超先生虽育有九名儿女却是"一门三院士，满庭皆才俊"。

别人有钱非是你不上进理由。赘肉再多不代表真正强壮。抱怨别人撑伞淋雨就自己打伞。乱花爹钱、广刷存在感是玩世不恭而非"老子天下第一"。多数不如意非是你"上辈子做错了什么"而是这辈子还什么都没做。即便命运安排仍有漏网之鱼："将权力关进制度笼子"致许多"拼爹"典型打回"坑爹"原形；读书上进是寒门子弟最低成本逆袭。有文凭不一定能登顶但一定可以不跌入谷底，读书即便一时不能自食其力至少不为手机世界草履虫、父母钱包寄生虫。名校之"名"在于更能于获得文凭同时遇见更多优秀者。

改变现状之努力最值得膜拜。有黑暗就有光明，有堕落就有拯救。"拼爹"非是"一人得道，鸡犬升天"。谁也不是孙悟空生自石头缝，诋毁、诟病"富二代"改变不了穷命。较之某些"富二代"之纨绔，"仇富"人群同样以不厚道、非正直令人嗤之以鼻。不将失败一律归结于爹，诚然如手机核心之用只是通信工具而非个别人群之消磨时间精神鸦片。健康最重要，在保持健康前提下尽力打拼更重要。"维鹊有巢，维鸠居之"，祖先时代男性已以自己之力盖房娶妻，至少说明于子女成家立业非得父母负"全责"。

心态不好"优先"逼死自己。你今年多大爹妈就为你拼了多少年。焦虑不代表努力且不可与之相提并论。理想年轻时不坚持老了力不从心，青春无敌绝非课堂睡觉、梦"想"人生、天天"向下"。"爹"与能力、业绩、文凭同属竞争资源。牛人家长帮助孩子圆梦，糊涂爹妈左右子女理想。抛弃自己较之时代抛弃你更可怕。拼自己，做有人模样青年、有书卷气学生。世上本无"风口"，踏实干事自己成为"风口"。工作足够努力且非特别蠢，你之成就一定明显高于其他人并且被赏识。

2022 年 2 月 8 日

"抗挫力"与"钻牛角尖"

——

"抗挫力"即应对逆境能力，强悍者往往逆风翻盘、否极泰来；死抠无实际意义琐碎问题且固执至无以复加者谓之"钻牛角尖"。知道越多越能走出小"我"，反之则固执己见、拒绝反省，时有人因认知水平有限"不知有汉，无论魏晋"地闹笑话。

自以为是是对自己最大误解。凡事太过聪明未必好事，"天不语自高，地不语自厚。"认知失调导致一意孤行、拒绝改变。固执非是倔强，是认死理之一味自信自负。"钻牛角尖"者"退一步"越想越气、"忍一时"越想越亏。许多人犯有只知推门不知拉门而"进不去""出不来"错误。有些事其实无关紧要，想多了头疼、想少了心疼，想通了是天堂、想不通是地狱。

"好事尽从难处得，少年无向易中轻"。"大道至简"，大学问必备"明了""简单"之一通百通大道理。极个别"钻牛角尖"也可能是悟透大学问前之"黎明黑暗"。熬得住出彩，熬不住出局。没有一个冬天不寒冷，就看你以什么方式去温暖。

多说无益时沉默是最好注释。不与不同认知者无谓争辩，与之争辩是无益损耗，既罔费口舌又败坏好心情。强词夺理非是"子非鱼"换位思考，时时崩塌和谐人际。真正的泪水来自心底而非出口其一之眼睛。生活中人人是演员，个别人是鳄鱼。持"读书无用论"者永远不知道能过上体面生活之读书人数远甚于暴富土豪，更不理解学习之获得远非薪酬可比。

固执至一定"段位"人格偏执。拐弯处并非终点，拐不过去就是终点。"强迫症"是内心强迫，禁闭自己于烦恼牢笼。"钻牛角尖"者片面抓住某些表面相似，以偶然巧合为必然联系，偷换概念、混淆是非，将简单问题复杂化，复杂问题无解化，越陷越深、不能自拔。"穷则变，变则通，通则久"，"恒学"而尽量少固执。《孔乙己》之以"回字有四种写法"为学问是典型"钻牛角尖"。

"变通"是天地之间大智慧。有自我"颠覆"魄力，多给明天预留空间。有些直率其实轻率，有些执着实则偏执。活如井，认知是直径。兼顾"读书""行路"，不只接收符合自己"三观"新知识。与陌生人、高人交流或有"胜读十年书"功效。善待"不喜欢"非是虚伪而是内心成熟。做事勤奋执着是进取，"过犹不及"则为固执、是斤斤计较，将自己逼向人生死角。

有些"听劝"有效提升认知。培养一个好习惯，戒除一个坏习惯。世界"很可能和自己所想不一样"。"借脑"与"借东风"皆可走出岔路。"事非经过不知难"，年轻人因钻过"牛角尖"脱离肤浅思维。痛苦本身最令"抗挫肌肉"成长强壮乃至百毒不侵。不急于做"杠精"，见了"棺材""掉泪"于事无济。打翻的牛奶如"覆水"之难收。

"听人劝，吃饱饭"，豁达非是心大，是及时善后和止损。"痞子"刘邦因优点"知言""听劝"而为西汉"高祖"；诸葛亮听从马谡"攻心为上"建议"七擒孟获"稳定伐魏大后方，后者则因死守"置之死地而后生"兵法教条"失街亭"被诸葛亮"挥泪"斩首。

决策实质是朝向未来之冒险。多数破坏性冲突起于根深蒂固习惯反应。坚持是不伤害别人之固执而非是"钻牛角尖"之遇事思维僵化、办事不知变通。聪明人于失败挫折中看到机遇，糊涂虫于顺境得意中迷失方向。

2022 年 2 月 26 日

工作岂只是为了薪水

人类必需以职业与社会链接确认存在价值、人生意义。好好工作最不被时代抛下。谈钱伤感情，越为社会创造价值越有人生认同感、成就感。工作除了做和做好，还有不同层次精通。美好人生必备热爱事业而非只是挣钱工作。

工作只为薪水者亏大了。金钱既非万能也非"权力"，只是达到人生目的工具之一。因为薪水高，有人选择大单位；因为多安逸，有人选择四五线城市；因为前景好，有人努力高攀大平台；因为离父母近，有人"衰归"故里小单位。除了有钱之"豪横"，还有被社会需要之"任性"。做事既可换取"几两碎银"更可以增值身价地位。扬长避短、积累经验，工作是为现在和将来努力；不计报酬，报酬更多，只为薪酬而工作者是卑微人群。

工作年限与薪酬无太大关联。不了解上司之前不要轻率抱怨集体决策能力不足、视野狭窄，不能为上级分忧者不要动辄抱怨少"伯乐"赏识、不被慧眼提拔。每一集体其实只为"岗位职责"价值支付薪酬，若想成为赛车手其实与开多少年出租车并无关联。许多人多年工作所用知识、思维、技能只是"原地踏步"，与刚入职之"小白"并无实质区别。

职场最需对"身价"提高和成长负责。"锻炼锻炼"工作心态最损耗无价且再也不能回头美好青春。非是每一份工作都是追梦奠基石，有的甚至是绊脚石。想找借口几乎皆可以不费吹灰之力证明其合理且不乏与之共鸣者。不断行动，行动再行动，经验能力升值至一定"段位"薪水自然水涨船高、水到渠成。许多人第一份工作干不了一辈子。人类真正缺少的不是钱而是适应世界。荣誉感、使命感可有效消除工作之不如意。

实力最令成长之路具安全感。工作能力停滞不前态度再好、人缘再广也不会受到由衷爱戴。做什么事都需要别人告诉竞争完败。既然站立枝头鸟儿就不担心树梢断裂，因为它相信翅膀。老板与员工最差别于前者创业后者就业。领导伟大最在于"弹尽粮绝"时会安慰员工"面包会有的"。连起码工作都做不好者没有诗和远方。

频繁"跳槽"失去较之薪水更宝贵东西。8小时内求生存,8小时之外谋发展。不视工作为一种等价交换,薪酬只是劳动回报之一不代表你之全部价值。财富自由非是不工作,而是减少或阻止你创造价值之对外依赖性。专业能力是做好任何工作的基础。职业技能70%来自努力后得,30%拜同仁所赐。既关注薪酬又珍视工作价值,工作最可以发现崭新人生意义。

　　为薪水和抱负认真工作。薪水只是工作报酬之一。当你不再只为薪水工作时候离成功也越来越近。许多工作既挣钱还有荣耀,以只对得起薪水心态做事干不好做不长。生活质量反映工作质量,本职工作得过且过者难以在其他领域出奇制胜、异军突起。不为了眼前薪水放弃宝贵未来。想要被更高层面认可必须有多方面工作阅历支撑。更高更远职业目标必备更强更广专业能力。

　　找不到高薪工作恰恰是现在薪水太低。挣不到钱就先学知识,学不到知识就先攒经历,攒不到经历就先赚阅历。工作是另一所大学:丰富经验,增长智慧。较之薪酬,高且广阔平台更重要。令自己更加值钱较之挣钱更紧迫。于年轻人群,年龄、薪资及社会地位难以"兼得"。你追着钱跑挣钱,钱追着你跑值钱。以工作为饭碗者全力应付,视工作为事业者全力以赴。不只为薪水工作至少超越众生且迈出成功第一步。

2022 年 2 月 28 日

"人"字就是站直了别趴下

　　先人也有"躺平"一族,谓之"归隐"或"隐士"。万物皆有定数,人生少有一帆风顺。因下而上、因低而高、因苦而甜。每一人生各有精彩故事。生而为人必须担当,站立之人生伟岸、尊贵、值得。

　　既向往"罗马"且不惧怕危途。没有几人衔金钥匙而生。决定不了太阳几点升起但可以约束自己几点起床。教育和成才皆需"文火"出细活。变着法子激励自己，不要指望某一次刺激"脱胎换骨"。多次跌倒而学会站起来。没有人属"孙悟空"生自石头缝子然一身，人人身后都有爱我和我爱之家庭、亲朋。儿童最具资格欣享安逸快乐、开怀大笑，成年人更多"苦笑""假笑"。昨天你是谁不重要，明天成为谁最重要。

成年人世界不都是"容易"。真正坦荡者很少，多数人戴着面具生活。时光如泥淖，许多人沉溺其中不能自拔自己逗自己玩。发脾气是本能，压回脾气为本事。不优秀只能被淘汰。失败者也可以哭和伤心但其实不具资格。生活将你我磨圆，只是为了能滚得更远。鸡蛋从外打破是食物，从内突破是"开天辟地"。现实非是偶像剧。"领袖气质"之一就是所有人都被打趴下时你还强站着。有些"躺平"实质是"向下突破天花板"。

世界由不得谁愿不愿意。幸福像花儿一样：总有人欣赏你，也总有人厌烦你。帮你一阵子者谓之"贵人"。佛祖也合掌自省：谁帮你都是暂时的。不以居高临下、幸灾乐祸心态睥睨别人糗事。做人一辈子，人品是底子。爱情和友情皆需经营。"站直"动力终究来源于自己。梦想一开始可以是灰色，假以时日五彩斑斓。与聪明人交往、和靠谱者恋爱，与乐观者共事、和幽默者同行。多会一样本事少说许多求人小话。人生歧路众多所遇各色，谁停下谁同行非由你我意志。

少计较态度多在乎做事。"天上掉馅饼"违背常理。人人迷恋舒适，家是避风港而非安乐窝。人生经历有似"茶叶蛋"之裂缝，挫折愈多、愈有味道。烦恼不断说明你有必要再见见世面。只记住他人之坏是以别人过错惩罚自己。看清现实，在人缝中艰难站直。"增强做中国人的志气、骨气、底气"。既然躲无可躲、避无可避干脆就不要扮演弱者。

慎重选择忠于选择。人人不缺乏梦想，只是有些人经常忘记。人生痛苦有奋斗之苦和后悔之苦。积极心态灿如阳光，"照到哪里哪里亮"。消极心态如月亮，上、中、下旬总不一样。很多人擅长找借口浪费时间、消耗生命。人生99%事情与目标无关，1%事情与目标有关。中华先贤从来执着"站立人生"为"富贵不能淫，贫贱不能移，威武不能屈"。

公平公正首先自斗争中得来。"勇敢"就是他人站出来争取你也想得到却无勇气去做之事。有决心不一定有力量，坚定决心才有力量。"月有阴晴圆缺"，人生有成功有失败。道德可弥补智慧不足，智慧弥补不了道德欠缺。"敬他人，即是敬自己；靠自己，胜于靠他人。"人分三六九等，不奢望人人想法一致、步调一致。

2022 年 4 月 23 日

懒惰是人生第一"天花板"

偷懒和逃避是人类天性之一。懒惰是贫穷孪生兄弟。懒惰是具毁灭性之堕落、是成功人生最大障碍，根本原因在于逃避现实、积习成性。"万恶懒为首"，懒惰者一事无成。

一懒世间万事休。生活不容易，人生不容易。万病疴于懒，万事败于懒，万恶成于懒。闲人愁多，懒惰如利刃之生锈、轴承之凝滞，较之操劳更能消耗精神意志。一个人懒惰，毁掉家庭；一群人懒惰，毁掉集体；无数人懒惰，毁掉国家。适当放松不可或缺，无休止放纵是岁月毒瘤。全球每年 320 万人死于懒病，身体懒惰致肥胖、三高接踵而来。

好吃懒做必然投机取巧。懒惰是终极之精神颓废、负面情绪，成功之路最大绊脚石是懒惰。生活勤快学业勤奋，你现在偷的每一次懒都是给未来挖的坑。懒惰者不能享受劳动乐趣、收获成就及生活幸福。成大事者皆为与懒惰抗争且取胜者。贪图安乐、享受直接副作用是耽于不劳而获。"三个和尚"渴死于懒病。

过早"享福"因福得祸。谁也不是忽然之间废掉，是一点点将生活过得日益干瘪。所有踩过的坑皆为生活经验，越早知道要走的弯路越少。"活在当下"非是工作"钱多活少离家近，位高权重责任轻"，更非懒于用脑、饱于口福或每天大部时间在沙发、床上度过之"花样作死"。现代科技尤其互联网之迭代进步便捷生活同时催生很多"懒虫"：个别在校大学生玩游戏连饭都懒得吃，只抱怨外卖小哥只管送不管喂未服务好"最后一公分"。

低效率勤奋也是懒惰。将每一份精力用于事业"刀刃"。忙碌与效率极其有别。"哪壶不开提哪壶"也是懒惰。较之不努力可怕的是自以为"已经很努力了"却没有任何实质进展。别让"等明天"之拖延找上你，《三国演义》第十九回曹操攻打吕布，后者因轻信妻、妾之言一再贻误军机兵败被擒命殒白门楼。

开始做事就是最好理由。做事旨在接近目标，做学问永远是成就与劳动成正比。如若你起跑线不高、天赋非秉异只能以勤补拙。有些"慢工"实质"怠工"不一定"出细活"，总是"做不完"某件事是没有真心实意"想做完"。"忙碌"而没有"成绩"者需培养选择性忽视能力，"无计划地加班""看几集肥皂剧""无聊刷朋友圈"是多数"有付出没收获"者最主要懒惰。

专注手中事远离分心事。不怕你不会，就怕你不学。人类于尝试和失败中学习进步。对目标最有帮助的事最具价值，读书之苦在于一时之间看不到出路。习惯在最有精力时做最重要的事，早起、勤奋、谨慎、诚实者从不抱怨命运不好。一味抛开环境谈努力也是一种"耍流氓"。"孟母三迁"是借力"偷懒"上上策。英国《每日邮报》报道的一项研究指出，每天运动可有效提升工作效率。

勤劳生富贵，懒惰出贫穷。懒惰是一切苟且者墓碑。

2022 年 4 月 26 日

不平凡是每一凡人平凡想法

——

平庸者主要在于担责不够。平凡本义看淡得失、笃定心态。平庸一半指向生活态度，另一半指向自我认知。平庸平凡状态迥异、境界云泥，突破知识、资源、能力边界而由平凡不甘平庸。

"钢铁"炼成于"平凡的世界"。不因家庭背景影响前进步伐,不以"任性"为生活"惯性"。回忆"想当年,金戈铁马"是生活非是人生。美好青春平庸于"按部就班"。庸人多因欲望缠绕、意志软弱压抑潜能发挥"昏睡百年"。精神倦怠身体慵懒,"天下古今之庸人,皆以一惰字致败"。即便是一粒尘埃也要随风"扶摇直上"去看世界。

"平庸之恶"无思考不担责。为人可平凡,为事不平庸。平凡者可将小事做成伟大,平庸者致伟大堕落至卑微。世事如棋从来平凡不平庸,风沙再大心灵干净真正快乐。或可以做不成伟大事业,却可以伟大方式做好小微事情。奋斗之别名是时间、精力在哪里结果就在哪里。故事精彩于情节跌宕起伏,人生精彩于永远不知道下一秒发生什么。宁可真实而平凡,也不窝囊且平庸。

庸人以消极心态应对平凡。平凡是生活本色,平凡不意味平庸。熬不下去也要熬,不事先试过谁也不了解自己有多强大。平凡是忠于职守,平庸是丧失功能作用。有"血性"地自我做思想斗争,最是心有不甘行无改变一事无成。无人生目标者时间浪费、自暴自弃。做事不为别人为自己非是自私是勇气,不为金钱为心情非是清高是清醒。

想要被刮目相看"你得是那块料"。着意塑造个人品牌,颠覆他人对你之固有认知。岗位平凡事不平庸,思考是一切成事基础。果断迈步、勇敢行动,即便不是决策者至少当个明白人。不总是将自己"安排"较低位置,做远方忠诚儿子和物欲正直情人。关键时刻"我能行",不甘心平庸可能过得悲惨但绝不悲哀。

人生除了活着还有不甘心。始终有反思和学习,做平凡而不平庸智者,"一根筋"勤奋、努力于成功人生远远不够。"破山中贼易,破心中贼难",心中欲望从来是阻挡众生前进之"贼"。大学时代成年开始,正好"打开"自己直面各种可能。

成功是优秀之"副产品"。生命无法定义,平凡无须摒弃。平凡不平庸,职场为先锋。人生在世先追求优秀而非成功。路有对错,且有相对容易和绝对难行。初始缝隙较之外部高压最是堤坝溃败深层危机。将每一天视为最后一天度过自然倍加珍惜和努力,一眼望穿结局之生活很奢侈。人生无最优解,生活就是不断选择答案叠加为各色结局。

以欲望为志气是许多人生最自欺。平凡往往真实，平庸从来窝囊。平庸平凡之别于心境、径庭于意境。平凡是生命底色，选择平凡非是平庸。平凡是人生起点和归属。人生真正的敌人非是别人是自己，正确认清自己是人生最智慧。尽力过好一生是为不平凡：苔花虽小如米粒也学牡丹秾艳绽放。

平凡是真正"造物主"。石子虽小，三峡工程可用；螺丝钉虽小，"天宫"空间站大用。

2022 年 5 月 14 日

深思熟虑还是坐失良机

——

每至 3 至 4 月、9 至 10 月，各高校就业市场如同大多江南天气一样火热，不断有一众应届毕业生适时抓住机遇、签约心仪职位后心无旁骛于后续学业。与此同时，也有不少毕业生徘徊于各优质单位前犹豫不决、坐失良机……"早就业快就业""先就业再择业"，老师和辅导员孜孜不倦之苦口婆心不时与一些毕业生及家长"再等等""不着急"截然碰撞。

年复一年一直"史上最难就业季"。教育部数据：2024 届毕业生 1179 万，人数再创历史新高。找工作不难、找好工作也不难，最难是好好找工作。时有应届生于踌躇满志中被各种求职面试"毒打"，时有毕业生求职"意气风发去，垂头丧气归"。职场模式迥异于预期样子，大学生活与社会实际极其反差。于学校和老师尽早结合毕业生专业、个性和特长定制"就业计划"之"有温度"指导是最好缓解。"早就业"是毕业生检验学业成效、尝试自我推介重要"试金石"。真正"待机族"或不忙于投递简历、草率签约但一定练就职场适应力。

大学生涯目标首要在于"出路"。以国家需要为第一追寻，按时毕业、就业或升学、创业最是大学生涯理想节点。多数大学生毕业出路或是升学或是找到一份社会评价意义之好工作。来自智联招聘数据：2024届毕业生约19.1%选择"慢就业"或"暂无具体就业打算"。早就业"厚积而薄发""蓄势而待发"，"慢就业"主要折射急功近利、挑肥拣瘦多样社会焦虑。于打算就业毕业生最应该在离校前充分发挥"应届生"身份优势通过校招进入相关体制。

第一份工作于年轻人事业起点影响至深。人才从不饱和也不过剩，每一时代皆是最好。就业难主要在于科技迭代导致部分人群社会"阵痛"。人工智能、元宇宙等前沿领域科技一时抬高了准入门槛，导致就业市场供需不平衡，"关上了一扇门同时打开了一扇窗"。面对新一轮科技革命先就业人群"先知先觉"，成功就业秘籍非是找工作而是找事做。最理想就业是找到一份既愿意干又能干好还能赚钱的事。个别"00后"臆测"不加班、不团建、顶撞老板"其实"整顿"不了职场。

既不想"啃老"也拒绝"颓废"。"慢就业"即毕业后并未立即步入职场，获得初职耗时更长社会现象。可以"慢下来"不超"保质期"，可以不上班必须有收入。合理之"慢就业"至少以自食其力为前提。还是来自智联招聘数据："慢就业""缓就业"现象是当下大学生就业状态一体两面，归根于高质量就业期待，第一原因是生计无忧、有老可啃，其次是个别人"高不成、低不就"。新时代青年最应该投身"新赛道"，有些"缓""慢"就业是"不鸣则已"之不轻率不自私蓄积坚定和勇气。

找到好工作≠出人头地。真正生存法则并非苛求十全十美，理想工作和成功创业务必尊重市场、能攻能守。毕业生创业风险不容小觑，还是网络数据，三年内有一半以上创业者退出。大部分职业兴趣于实践中培养。人在江湖飘，哪有不挨刀；只有挨了刀，才会努力跑。眼前失败或是弯路更是历练，无兴趣之工作等同于苦役，有些"狗屁工作"只能带来一时虚荣其实没有发自内心自豪感。青年最具创造热情，青春最具创新动力。"身价"选择和人生规划倒逼高校唯"毕业出路"规划生涯，践行毕业生高质量充分就业初心使命且"扶上马送一程"。

职场吐故纳新从未止步。不能"躺平"更不能"随波逐流"，"史上最难就业季"之说年年刷新。从琐碎小事做起积攒资历、奔赴光荣、梦想远征。面试失败非是人生失败，心态、交往能力是职场发展必备能力。新时代"青春之歌"皆有价值，职场故事从来刚刚开始！

2023 年 11 月 25 日

离开平台谁也不是谁

——

平台造就人才，人才成就平台。许多人离开了平台什么也不是。"人多力量大"，上学读书于眼前融入新集体，未来赢得新平台。尺有所短、寸有所长，理论层面人人皆可扬长避短、抓住机遇成为集体中流砥柱。

人人置身于各种关系。集体利益非是成员利益简单叠加，"个人"与"集体"不是非此即彼、截然对立。集体主义是情感"亲民"，你中有我、我中有你、大众一体。集体愿景经营全体利益，不排斥不否认个人正当利益。"大公无私""先公后私"既是美德要求又是利益准则。"把朋友搞得多多的，把敌人搞得少少的。""君子和而不同""求同存异"。

个体与集体荣损与共。大河涨水小河满，锅里有肉碗里不空。集体是个人"位置"，个人是集体分子。水滴因汇入大海永不干涸。大多数人离开单位或许从零开始。"人以群分"，一流团队必有一流"高人"。你阳光集体灿烂。"朋友圈"质量层次关联个人前途命运。"人民至上，生命至上"造就中国温度、中国人情，"人类命运共同体"彰显中华气度、大国风范。

有为集体必须约束力。与团队脉搏"共振"。"跳槽"不慎穷三年。"千军易得，一将难求"，力量不一定与人数成正比，即便有人比团队更聪明。能力适合于集体而发扬光大，交响华章魅力在于协调一致。螺丝钉虽小作用不可估量，AI 技术是无数成功智慧叠加。做好事不辞细微。尽力不一定"死而后已"。

"令行禁止"，利己者最先灭亡。集体失败个人难辞其咎、无功劳可言。"三个和尚"典型悲剧于"小肚鸡肠"。

"集体荣誉"非是道德绑架。帮助弱者成为强者。许多"经验"是共同感悟，许多规矩是教训顿悟，许多真理产生于友好争论。"君子爱财，取之有道。"集体利益不排斥个人自由和选择。宁在扯皮中做事，不在做事中扯皮。"拥护"是油门，"反对"是刹车。真相往往在你失去位置后呈现。道歉可以消除90%误会和怒气。服从而不盲从是合格员工"标备"素质。

不为集体"木桶"之"短板"。珍惜大学短暂光阴：认知"真我""小我"，实现"自我""他我"。入室即静、入室即学，学校和学子互为自豪。财富、权力、颜值皆有"保质期"。集体令人强大。项羽"力拔山兮"不过一己之力，远不及其"妇人之仁"而致众叛亲离"无颜见江东父老"。"螺蛳壳里做道场。"平台再小也能施展威力。"小微"、民营从来是具活力集体。

"别人家的孩子"领先于起跑线、成就于集体、脱颖于平台。

2024 年 3 月 16 日

第六章

执子之手，关心粮食蔬菜

『执子之手，与子偕老。』恋爱可以随意，婚姻非是儿戏。不以结婚为目的之恋爱有『耍流氓』成分。

恋爱模式不只是化前月下、卿卿我我，过程诗情画意、结局皆大欢喜。大多恋爱其实是『凡夫』找『俗子』而非『彩蝶双双』。婚姻样子既非『七仙女』下嫁董永，也非白素贞报恩许仙，想什么来什么，要什么有什么。爱情的远方是衣食住行、柴米油盐，是城市乡村『烟火气』。『人间有味是清欢』，恋人们，『从明天起，关心粮食和蔬菜』，过有诗意的生活。

说语
师新

真的爱情是一场灵魂盛宴

——

"愛"字本义为承受者以"手"捧住发出者之"心"互动，需发现、培育、感知而享有。真爱"有时是用一生等待一个人。……有时是刻骨铭心的相逢，有时是心花碎裂的别离"。

恋爱是场精神门当户对 party。"好"之"女""子"是中华传统理想婚恋标准，本义是"淑女"得配"君子"而且"执子之手，与子偕老"，"灰姑娘"与"白马王子"其实出身、阅历极其不匹配。婚姻为适龄两性依法结合，且以道德、伦理、法律认可为前提，同时双方尊长祝福及公序良俗认同尤为"充要"。

好的婚姻都很贵。"婚姻者，将合二姓之好"，所有遇到之"爱情"必须归宿"婚姻"，对两个家族（庭）负责。爱情成本或许很低，仅需身体力行、灵魂承诺；婚姻则不然，既要以心血滋润"有情人终成眷属"，更要以一辈子精神和物质维系"关心粮食和蔬菜"而且灵魂相濡以沫"做一个幸福的人"。

越爱恋越要理智。"维鹊有巢，维鸠居之"，物质终究是"爱"之土壤，爱情归宿"婚姻"既需责任又需要面包、牛奶喂养。相爱不意味着就有缘相守。于男子而言，求婚必须虑及经济，于双方、爱、人生负责；"于嗟女兮，无与士耽"，即便山盟海誓，相爱双方尤其女性必须持有理智，不被"爱"焰灼伤。

爱到极致是"放手"。婚姻制度时时与人性相悖，爱情之最痛苦是在错的时间遇见对的人。"放手"是对你之爱人说"你可以离开，也可以继续"，实则心中"除却巫山不是云"；"放下"则是对感情明确了断，结束之前关系另有开始"众里寻他千百度"。放手不放下是爱情最高境界，轻易撒手者没爱过或不爱了。

2021 年 1 月 31 日

"爱"到极致是包容

————

"爱"是温馨互动，训诂义为承受者以双"手"捧住发出者之"心"。一厢情愿"爱"不了，其对立面非是"恨"是冷漠和忽视；非是彻底"心死"，父母和老师绝不放弃孩子、无视学生。

百善孝为先。"孝"道是"老猫房上睡，一辈传一辈"，是"人老了靠子女"，尽孝是子女本分，有养父母之身、之心、之志三个层次量力回报父母。父母或有过错，子女必须担待。有似春秋时郑庄公"掘地见母"，终究以宽容化解之前母亲姜氏偏爱弟弟共叔段纵容其"谋逆"过错。

亲其师信其道。"以孝为文"谓之"教"，"捧着一颗心来，不带半根草去"乃师表天职，非是无可挽回，师生情感不轻易对立。学生被老师"边缘化"是悲哀，老师放弃学生是失败。孔子批评宰予"朽木不可雕也"，先是当事人大白天睡懒觉，再就是其人平素言行不一并多有忤逆，致使夫子阅人自此"听其言，观其行"。

努力避免"不合群"。与友朋相处无违失，即便"世人皆醉我独醒"也不轻易道破；重视学业、全面发展，不因老师因素怠慢某门课程自误；不做别人眼里特立独行者，即便心智超群也不似杨修般小聪明毕露、匪夷所思地殒命于"鸡肋"，也不似祢衡恃才傲物"姥姥不疼，舅舅不爱"，终致被"遣送"而招灭顶之灾。

真的爱包括对方全部。真爱是此生最好时光。情感是人类独一无二财富。都希望被懂得，都希望被呵护。情到深处是心疼，爱到极致恨不起。即便一方强大还是选择留下来，既是誓言太美又是情难自禁。爱情不允许廉价检讨，越爱者越怕你而为负担。"上邪，我欲与君长相知"既是爱情出发点又是至臻情感归宿。

2021 年 2 月 24 日

既要长相知又要共白头

——

愿得一心人，白首不相离。"爱"与"合适"皆为好婚姻"刚需"。男女相识、相知、相悦而相爱，海誓山盟后水到渠成、谈婚论嫁。为了兼顾爱情面包、避免遇人不淑，走进婚姻前务必边恋爱边用心自若干关键处考察 ta 之"德智体美劳"。

自"圈子"审视 ta。"物以类聚，人以群分"，朋友圈层次就是 ta 之品位。恋爱前或恋爱中务必设法参加几次 ta 之同学、朋友及家庭聚会，既"旁观"其人又察其"圈子"人、事，再决定"进退"。对待家人、陌生人态度尤其能体现人品。"情人眼里出西施"，热恋者常常爱屋及乌、因喜欢而"逆向合理化"对方行为。

"不速"住所认知 ta。旁观者永远"福尔摩斯"，当局者永远迷惑不清。少有诚信者于爱情难以担当。了解某人真实生活状况，最有效方法之一是查看其住处。如若井然有序、整洁优雅，其"扫一屋"态度、能力及"慎独"功夫不言而喻。否则，既可以离开也可以包容、原谅、坚持和相守。

自近两年"心情"查看 ta。多有人以发朋友圈记录和感悟生活点滴。用心察之，大约可知其生活态度、人品等"三观"态势或颓废或向上或矫情。如若激起"共鸣"，下一步"有戏"，包括限期"合拍"。否则，最好没有下一步。感情不受控制，选择可以受控。"因误会而结合，因了解而分手"。感情中最可怕非是 ta 骗而是帮助 ta 人自骗。

自日常开销了解 ta。恋爱既是选"爱的人"又是选"合适的人"。"吃不穷，穿不穷，算计不到一世穷"，冷眼 ta 每月支出，了解其消费观及途径。如若"月光族"，道行浅者责其"积谷防饥"、来日方长，"坑爹"及得过且过者最好"短痛"甚于"长痛"，免得曾经有多感动如今就有多唏嘘；若有节余或理财惊喜，可以再约"月上柳梢头"无须"众里寻 ta 千百度"。

2021 年 4 月 20 日

绝不以婚姻为儿戏

古今婚姻不慎者酿成无数悲剧。中华传统理想婚姻是美丽贤惠女子匹配品德高尚男子而"窈窕淑女，君子好逑"。随着"文化"日益"自信"，"好逑"理念越来越回归国人婚恋伦理。

随随便便的婚姻都死了。任何人都需要伴侣，在正确时间与合适者结婚。婚姻既非儿戏也非恋爱。"好"之本义"淑女"匹配"君子"，也是中华祖先为后人划定婚姻底线。中华儿女婚恋崇尚门当户对、鄙夷嫌贫爱富，"天仙配""牛郎织女""梁祝化蝶"皆为"棒打鸳鸯"悲剧。"灰姑娘"可以"上嫁"白马王子一时风光无限，细究其婚后生活、夫妇落差很令人捏一把汗。

不草率结婚是常人应有自觉。婚姻事关"二姓之好"、子孙繁衍，既需爱情也要面包，必需"明媒正娶"，既庄重且尊重。合情合理合法缔结婚姻。"之子于归，百辆御之"，男婚女嫁除了物资齐备、气氛隆重还应"程序"臻美。"昏以为期，明星煌煌"，将青春托付、终身为你"主内"之伊人男子必须"钟鼓乐之""琴瑟友之"娶回家。"妻者，齐也"，婚后夫妇相敬如宾、平起平坐。

爱情表达"发乎情，止乎礼"。人生唯有入行、婚姻、投资不能出错。婚姻幸福前提是爱情，爱情甜蜜前提是"相悦"。爱情天平不能长期倾斜。明星婚变与凡人无半毛钱关系。相思至"悠哉悠哉，辗转反侧"也不能"霸王硬上弓"。"癞蛤蟆吃天鹅肉"是"跨界"、第一头猪拱了好白菜是死缠烂打，癞蛤蟆和猪爽了，天鹅和白菜什么感受？"生米"成为"熟饭"是必然，无规矩乱来而"夹生"前功尽弃。

2021 年 5 月 22 日

爱情和面包须兼得

——

爱情追得，面包买来。爱情、婚姻非仅以面子维持。"贫贱夫妻百事哀"，鸡零狗碎断送爱情和婚姻。爱情不能当饭吃，无面包之爱情会"挨饿"。"面包"不能一时左右婚姻能否相爱，一定能一世左右两人能否走到头。

婚姻是爱情最高礼遇。爱情是纸上谈兵，婚姻是柴米油盐。生活龃龉多源于"面包"，爱情终究落实到穿衣、吃饭、睡觉、数钱实在生活。"何以结恩情？美玉缀罗缨"，真爱一个人就是要将最好的东西给 ta。史上其实没有发生几起婆媳"同时落水"事件。爱情之理想状态是既"很开心"且有"美好未来"。许多校园爱情虽纯粹但过于"空中楼阁"。

爱情幸福者非仅运气好。自己努力，从心而选。爱情支撑不起生活，面包替代不了爱情。生命是一场漫长等待。失恋了非就是没有好人，非是倾尽所有爱情就有好结局。爱情如罐头有其"保鲜期"。爱一个人既需挽留资本更要"倾心"缘分。选择想要的生活、和爱人去想去的地方，即便喂马、劈柴、周游世界，仍可以和美至所有旁观者都认为是一段佳话。

感情物质合体为理想婚姻。钱在我兜里，你在我心中。经济独立，"高攀"爱情。只要有爱，"面包"没有想象那么难。努力而拥有追求权。我在搬砖，无法抱你；我不搬砖，无法养你。自己不强大少指望被别人主动尊重。面包令爱情有力气对抗风雨，当 ta 出现时候有能力"配得上"。

努力至足够好留住喜欢的 ta。人生不可避免"走麦城"，努力是为了有资格不做厌恶事情。再炽热爱情也捱不过时间、越不过生活。爱情非是"占便宜"，是通过"另一半"改善生活、升华生命。足够强大而撑得起想要生活。嫁得好、娶得好未必过得好，祖先之理想婚姻模式是"君子""淑女"结合，是"维鹊有巢，维鸠居之""之子于归，百辆御之""以尔车来，以我贿迁"，并且因为爱情在一起。

2021 年 6 月 6 日

早知今日何必当初

——

　　"马有前悔，人有后悔。"题句初出宋人《五灯会元》，意即现在后悔了当初为什么还要做。千金难买后悔药，万金买不来早知道。结局不理想从头再来谓之负面情绪，不能摆脱而痛苦且恶性循环。

　　不努力也别后悔。做人光明磊落问心无愧，92%人群后悔年轻时不努力。后悔是良知唤醒，前悔是未雨绸缪。"前悔"容易后悔难，活着非是为过去只为将来。在给不了理由之前不下手。不在该奋斗年龄茫然幻想、颓废感情。缺什么补什么，成长难免"阵痛"，无思考之"后悔"欲罢不能、屡犯屡错。不放弃不该之放弃是执着，"想不干就不干"是境界更是实力。

　　所有后悔都是心病。人生无后悔药有"预防针"。人人经常做错了事错过了人。痛定思痛亡羊补牢，疾病和死神会光顾所有人。眼泪于职场懦弱成分居多。幸运可以经营，积极挽救是最有效"后悔"、最积极纠错。能坚持之自律而为习惯，进而为蜕变契机。努力、乐观且善良者运气都不会太差。每一优点至少包含一种缺陷，如项羽虽具"力拔山兮"禀赋却不知"卷土重来"而"不肯过江东"。

　　敞开心扉寻求帮助。一无所知和无所不知者常常破产。"狼来了"主角最终下场或是一命呜呼绝无再悔。人人有理，各说各理。君子"善假于物"，"感情动物"以理性竞争。持续较长时间"后悔"不利身心，须向专业人士求助尽快走出阴影，不要"所有的问题都自己扛"。大学生之为成绩、时间、人际、恋爱及专业等后悔纠结可以"求助"脱困。

　　今天懒明天难。枷锁往往开始难以察觉后来无法摆脱。可以经济窘迫绝不精神贫乏，混吃等死连累别人。意志力是防范后悔之盾，决策力是避免后悔之矛。青春资本极其有限，知识极其有别于经验。择业多看梦想少看积淀，面试多看积淀少看梦想。"覆水不可收，行云难重寻。"高估"恶小"严重性，避免"一失足成千古恨"。"做了后悔"和"不做后悔"皆无药可医。

2021年6月20日

第七章

自知知他，真的友谊很贵

很高兴遇见亲爱的你。

友情非是理所当然索取，是且行且珍惜之付出。

千里马不常有，伯乐也不常有。『人生得一知己足矣，斯世，当同怀视之。』

友情的源头是真诚、是信任、是鼓励。

患难之交弥足珍贵。遇有志同道合者好好珍惜。

说语师新

读书交友"学长"可期

——

"学长"一词文雅浪漫。据南宋《能改斋漫录》载，最初"学长"主持书院学习事务，有身份有实权。与学长交友，眼前学业受益，长远成长成才。

"导生"是最可亲近之"学长"。顾名思义，"导生"由辅导员遴选委派之"全优"生，既为"学霸"又不"书呆"，旨在以"朋辈"身份帮助新生学业、提升班级学风，亦师亦友、平等友爱，属未来"人脉"初始积淀。生有涯学无涯，求职路上多交朋友。学长可有效缩短你与心动 Offer 距离。

多参加社团扩大"学长"圈。"学长"或非"同门"，但其先"入道"资历自有值得学习处；或许因"志趣相投"、专业迥异以及向上氛围令你惺惺相惜、相见恨晚而义结一批"铁子"。学长兼而有之志趣相投、利益相关。"五四"时期文学研究会"跨界"吸纳和锤炼了冰心、朱自清、老舍等近二百名文坛"大咖"。

"学长"有施以援手道义。同门情谊、不逊手足，助你脱困是"学长"职责之一。学长是重要生涯资源，于"兴趣"和"规划"更有体悟。学长既顾及面子更需要"帮学相长"。当年黄埔军校、国立西南联大"学长"风范至今仍为学界美谈。学长最有发言权告诉你高中老师"上了大学就轻松了"有多骗人。

学长以经验教你成长。以凑数、空洞、平庸简历求职是空手套白狼。学长最可现身说法学有余力者如何多"充电"。学长多于"敲黑板"中和你共同领悟家国情怀及"道路千万条，学习第一条"。学长告诉你"学好英语最重要，英语不是万能的，没有英语是万万不能的"最是肺腑之言。

2021 年 1 月 23 日

做有"影响力"之校园达人

——

"达人"即某领域高手。校园"达人"既品行端正、形象阳光，又无不良嗜好，且兼备一项或几项过人"绝活"，以今日严谨卓越积淀明天脱颖而出。

以过硬学业"鹤立学群"。没有最好，只有更好。用好琐碎时间最强劲未来"出口"。铭记学生"初心"，以不输高考劲头用心向学，以淡定心态问鼎高等级奖学金、囊括业内顶级荣誉。多想想"明天"要走的路。青春形象既是唇红齿白又是奋发拼搏。今日之懒、"宅"或为终身难以痊愈之痛。

以骄人才艺"称雄一方"。自知渴望，强大热爱。以学为主，兼学别样。或是出神入化乐器演奏，或是不绝如缕天籁歌声；或是洋洋洒洒锦绣文章，或是所向披靡专业实力；或是翩若惊鸿妙曼舞姿，或是口吐莲花主持风范等。无论"是骡子是马"，敢于"拉出来遛遛"。

优秀意味着付出更多。敢想敢做，驰而不息。大学期间"试错"成本最低。许多"想要"其实努力即可无需拼天赋。"好事尽从难处得，少年无向易中轻"，心态像个大人物。闻过则喜、虚怀若谷；不以己长骄人、不因己短自弃，"三人行，必有我师"。不患得患失，自己为太阳不仰仗他人光芒。

与强者为伍出类拔萃。努力"演奏"人生每一乐曲，做自己命运建造师。向阳而立，向善而行。岁月是一次次选择之叠加。"读好书，交高人"皆为人生幸事，社团和公益最积累人脉。与谁同行之如"孟母三迁"很重要，宁愿与狼共舞知晓"狼性"也不和猪厮混做"猪队友"。

2021 年 2 月 16 日

身份即身价人品乃人脉

——

"人"字一撇一捺相互支撑、相互依存，完美象形人际哲学。"人脉"即人际关系脉络，行行业业、人人必需使用。古今成大事者无不以人品拼得强劲人脉。

人品是生活通行证。人以群分、物以类聚，你怎么样，交际圈即怎样。与其羡慕、逢迎远较你之优秀者，不如精心修炼得出众"像样"。战国时魏之隐士侯嬴为"大梁夷门监者"而"贫居闹市"，贵族信陵君闻其"贤"专程"往请"，被其刻意以"小人"形象回报成全"能下士长者"之名，后助其"窃符救赵"名垂《史记》。

"跨越"阶层为友很辛苦。社交遵循"对等"。你有多牛，你之人脉就多畅通。认识谁不重要，实力高低才重要。人情似纸薄较黄金贵，如《聊斋》猎户"田七郎"无功受禄，无奈与梦中得到神人指点、一心与其交往而"免灾"的乡绅武承休为友属典型"不对等"交往，最终上演一出凡人保命与报恩、自尊与卑微沉重故事。

行有不得反求诸己。专业决定存在，人品决定人脉。一味抱怨社会现实或遇人不淑不妨反省自己。只想着挤进优秀圈子，不想着使自己也优秀，别人凭什么 care 你？学历低、成绩差，硬件"软"、软件"松"，何以抱怨社会"有眼无珠"、学历歧视？姜太公先是足够强大才垂钓渭水，坐等周文王"愿者上钩"。

关键人脉决胜成功。喜欢一个人，始于共鸣、陷于才华、忠于人品。身价之后是长长影子和深深足迹。如无"八千子弟兵"戮力同心，项羽难以获胜"巨鹿之战"，成就西楚霸业；若非李公朴所谓"子弟兵是老百姓的儿子，是在晋察冀生了根的抗日军"，就不会有八路军与人民和民族同呼吸、共命运，中国人民赶走日本鬼子、建立新中国。

2021 年 3 月 26 日

做领导在乎之好员工

—

　　"业精于勤"是职场基本法则，"靠谱"是领导"为我所用"下属基本原则。于"小白"能效力于对职业生涯有帮助之上司是大"确幸"。有些员工辞职非是放弃工作而是因领导为人与管理。

　　"抓落实"最为领导青睐。热爱工作，知道领导心思，贯彻领导意志，结果不惹麻烦。理解能力差者历来不受待见，能力强且不斤斤计较之员工最入领导"法眼"。请示工作是一门学问，将领导交办的事做好到出乎意料。多动腿、管住嘴既是职场修养又是生存法则。正直正派、自带激情，珍惜每个工作突破。无论别人混日子还是"有门子"，你在其位谋其政，职业生涯自然行稳致远。

　　以成果为工作努力导向。善于合作共事，以创业要求、标准、状态规划自己。"巧言令色，鲜矣仁"，汇报说成果、请示说方案，让领导做"选择题"决策，不将问题踢给领导。无论他人是性子急毛糙还是慢吞吞磨叽，你工作拿得起放得下，周密有规矩、谨慎有魄力。即便离职给予正当理由，且在离开之前一刻仍努力工作。

　　养成"没事找事"工作习惯。领导非常看重"听话"能力，成功者往往主动热情做事。摆正位置，主动帮助领导解困，争名利而"不夺"。不论他人或城府深或牢骚盛或拈轻怕重，你始终持中、敬业，为整体、大局考量而工作，乐于和善于建言献策、建功出力，小火烧温水、常烧不断火。提升格局是逆袭寻常人生有效途径。

　　做错事"挨批"是职场常态。能直面批评者看得远走得更远，真正高人一定虚怀若谷。批评是一种在乎，从不被批评者或超级优秀或被领导"边缘化"。锤炼强悍执行力，以有所成就直面自尊。落实任务多走一步。工作勤快而不瞎忙，始终"屁股决定脑袋"。肯吃亏是人品、态度也是方法、途径。有些不懂就问非是好学是依赖和懒惰。做事只想着省事省时间者多数欲速则不达。

2021 年 4 月 28 日

今人古人人无完人

——

《三国演义》常读常新。诸葛亮、司马懿皆为其时如云谋士阵列智囊翘楚，却因当事人形象契合百姓"正统"意愿云泥之别。"贤相"诸葛亮光明磊落，"出师未捷"令人扼腕；"老贼"司马懿猥琐奸诈，虽"三国归晋"并不为后人称道。

"诸葛大名垂宇宙。"诸葛亮羽扇纶巾、挥斥方遒、壮志未酬"军神"形象深入民心，"鞠躬尽瘁，死而后已"人品连对手都敬重，碾压得司马懿渣都不剩，致其后人司马炎都是"亮粉"，司马懿本人也曾以"天下奇才"评价诸葛亮；诸葛亮虽多年用兵但不嗜血、不滥杀，令司马懿等自惭形秽。天眼未必真可信、民心褒贬不可销，秦皇汉武、唐宗宋祖祠堂庙宇远不及各地百姓自发所建武侯祠数量。

"尊刘贬曹"伤及司马。"三国"群雄辈出，诸葛亮赢在"阳谋"输在健康，司马懿赢在寿命输在名声，其父子长期为后人诟病"狐媚取天下"。因曹操"挟天子以令诸侯""名为汉相实为汉贼"，司马懿"站错队"属"反派"跟班角色形象"受伤"；他为了保全而装瘫、扮女人、装死皆为"阴谋"；马谡"失街亭"后，他听任诸葛亮装神弄鬼得逞"空城计"，是避免被曹叡卸磨杀驴而"纵敌"；其生前之未称王、称帝，其实无别于曹操独大。

真正"狠角"不急不躁。智慧本质谓之"舍得"，对手破绽谓之机遇。"忍"是一种既需定力又需代价的高端智慧。无能耐之"忍"需"吞声"，有能耐之"忍"必"负重"。"既生瑜，何生亮"是周瑜没有 hold 住脾气"赔了夫人又折兵"，被"三气"而殁；阵营内司马懿忍了父辈曹操、同辈曹丕，又忍了子辈曹叡、熬倒孙辈曹芳；阵营对面他熬得诸葛亮"六出祁山"无功而返，五丈原一战油尽灯枯。"死诸葛走生仲达"虽为笑柄，也只是蜀军逃命升天。

诸葛亮事业后继无人。诸葛亮之团队其实无人才梯队，一人"独能"导致组织青黄不接，连累了儿孙平庸寻常。因"事必躬亲"深陷"用错人""无人用"恶性循环而"蜀中无大将，廖化作先锋"。《诫子书》虽千古流传，其实并未予子实战乃至存活历练。司马懿反之，其家风虽差却培养了郭淮、邓艾等一批核心将领，更对继承人司马师、司马昭倾注心血，造就一流军政人才。

2021 年 5 月 12 日

最是淳朴动人心

不讲诚信者大多自诩聪明。"三观"谐振、一见如故是人际交往理想状态。"细节决定成败",恰到好处介绍自己,第一时间以契合之好恶缩短心理距离,赢得好感令人羡慕。

品牌是多年诚信声誉积累。信誉如镜,一旦有裂缝即永远伤疤。假真诚是真魔鬼,生命之花不能自谎言中永远灿烂。"投我以木桃,报之以琼瑶"。善于在 ta 人面前赞美 ta 人,由衷"抬高"对方、由别人"转达"之赞美最具"公关"效果。"士易得而难用。"刘备"三顾茅庐"之前诸葛亮已如雷贯耳,初见自然亲近接纳对方言行、观点、思想,进而延续话题、心理共鸣,共话"三分天下"大计如鱼得水。

避免粗言俗语和肉麻恭维。你真我就真,你假我转身。亲近有共同点者人之常情。以"名片效应"契合"三观",得体寒暄有助于表达敬意、打破僵局。符合他人审美如孔雀之适当"开屏"留下第一美好印象,一味附和交往对象或逐渐被忽略感受。每一信用受损皆可能引发人品危机。以诚待人者,邻居亦诚而应。不干涉别人选择避免愉快开始、糟糕结尾。避免平庸非是一言不合、一味挑剔,总做"杠精"批评反驳最不受待见。

努力记住交往对象。小信诚、大信立,言无常信、行无常贞。真诚最可于竞争中脱颖而出。待人如待己,交友须交心。人人对姓名敏感而关心,被人记住名字多有被接受之愉悦和成就感。"敬其名也",以如沐春风态度记住别人姓名含有微妙恭维、赞赏,既是礼貌又是一种情感投资。诸葛亮"舌战群儒"中认出对阵之东吴名士陆绩立即呼其"怀橘陆郎"雅号,令对方于愧疚兼理亏中"辩志"涣散。

"交心"是交往成功第一秘籍。英雄所见略同,傻瓜所见各异。恰当致谢可有效融洽感情,以真诚代替套路,越聪明者越注重诚信。分享秘密最可赢得认同,情感骗子多"自我曝光"赢得好感。职务交往外之私人接触也可加深了解成为朋友。真话不全说，假话全不说。世无完人，发现他人长处较之不足更具慧眼。职场"小圈子"最为上司忌惮。对等、同等价值赢得上司好感而有足够晋升空间。

2021 年 9 月 10 日

只要你过得比我好

——

今天是传统中秋和第 38 个教师节双瑞临门，谨祝桃李、亲朋们花好月圆，祈祝园丁同仁们事业祺顺。"国将兴，必贵师而重傅。"从懵懂幼童到鲲鹏展翅，正是无数教师仁心"育人"、学问"育才"，成就济济学子抵达理想彼岸，有尊严、有事业、生活比老师"过得好"。

教师最直接系牢人生第一粒扣子。四年教诲，一生导航；经师易遇，人师难遇。尊师是为人底线，不尊师者"病入膏肓"，尊师重教者最终受益。学生多自喜欢教师而热爱课程。"严师出高徒"，教师"不敢管"学生是悲剧。"风以动之，教以化之。"优秀师生共同之处多在于事业心强烈、"三观"纯正。

教师是造就孩子美好明天的关键。教师"立"，则学校"立"；学校"立"，则教育"立"。民族兴衰系于教育，拥有好老师民族有希望。教其不知、解其所困是为"解惑"。跪着的教师培养不了站着的学生，有知识者卑贱是亵渎知识和文明、是本末倒置。不以日前部分小学教材"毒插图"之极个别"害群之马"数典忘祖菲薄教育，不以一筐鲜桃之极个别霉烂现象诋毁"桃之夭夭"。

从事教育首先是精神追求。源源不断的好老师是"中华之崛起"的根本依靠、强劲依托。初始光明磊落、坦白纯洁心理状况谓之"初心"。初心是立业始基，初心和兴趣决定人生方向和前行路程。坚守最诠释"忠诚党的教育事业"之不平凡：如张桂梅老师之初心纯粹，以教书育人"为人民服务"。

教育是灵魂和灵魂相遇。心如花木，向阳而生。教师是"阳光下最光辉的职业"：有理想信念、有道德情操，有扎实知识、有仁爱之心。教师之本在于学习，打铁需得自身硬，既做"大先生"也为"小学生"。教师更需要时常反躬自省，读书增长知识、滋养精神、安顿灵魂。没有爱就没有教育。

为师责任永远重于泰山。因材施教，鼓之励之，以至成业，是为"授业"。教师是善之使者、美之化身，守住良心真正获得幸福安宁；"教师"虽为职业称谓，必须"太阳底下最光辉"，以"顺人善性，扬其善而抑其恶"为天职。"不患寡而患不均"，对学生无以爱心者与教育绝缘，令爱之阳光普照每一学生是育人前提。教师荣耀来自学生成长幸福感，与集体荣辱与共归属感。

教师"一视同仁"取信学生。"言传身教"为师根本：其身不正则不能得敬，不能敬则不能得信。成长非一朝一夕、一蹴而就，"成人子弟则天下至德，误人子弟则天下大失也"。教育是慢工细活，是"问学穿石"。弯腰倾听细嗅、心有猛虎威凛，教师既仰头看蓝天也俯首观白水。不争勇斗狠，不沽名钓誉。俯下身子说话，走下讲台授课。

做受学生欢迎老师虽难且酷。教育是传承和奉献，是"以心换心"。"教师重要，就在于教师的工作是塑造灵魂、塑造生命、塑造人的工作。一个人遇到好老师是人生的幸运，一个学校拥有好老师是学校的光荣，一个民族源源不断涌现出一批又一批好老师则是民族的希望。"教师引领价值与信仰、传播文化与文明、示范学习与修身、践行爱心与责任。为师初心是"戴着镣铐跳舞"，是敬畏捍卫教育底线。

只要心不苦就不辛苦。我思故我在，我教故我在，我干故我在。令自己快乐也是能力，精神快乐于灵魂丰富、内心充盈。教师精神富有学生茁壮成长，教育"落脚"于培养每一个完人。志存高远起步于教育，受益终身萌芽于教育。职业是社会劳动，事业是精神追求。每一参天大树始于微小种子破土而出，"成就感"最令为人师表者欲罢不能，共同成就永远是师生共同生命课题。

爱心和责任是人类道德基点，教学生会做人会学习是教育原点。

为师不易师者可敬。

2022 年 9 月 10 日

第八章

做成熟者，进入人品『圈子』

成熟是『明白』非是『拒绝』，不是摆脱『圈子』是融入『圈子』。

『圈子』讲究等价交换。跨越『阶层』或努力融入更高层『圈子』，或者努力于在当下获得更多『人脉』。『闻道有先后，术业有专攻。』技多不压身，出类拔萃者水到渠成受人尊敬、被『礼贤下士』，假以时日『一言九鼎』『左右逢源』。

与你的集体休戚与共

——

一滴水因汇入大海永不干涸。平台造就人才，人才成就平台。尺有所短、寸有所长，人人皆可扬长避短、抓住机遇成为集体骄傲。

个体与平台共生共荣。集体令人强大。大河涨水小河满，你怎样集体就怎样。集体是个人"位置"，个人是集体分子，离开单位或许从零开始。一流团队多有"高人"。个人前途终究取决于直接、间接交往者发展。做好事不辞细微，利己者最先灭亡。"人民至上，生命至上"造就了2020"抗疫"英雄。

没有人比团队更聪明。与团队脉搏"共振"，有为集体必须有约束力。力量不一定与人数成正比。交响华章魅力在于协调一致，能力终究适合于集体发扬光大。"跳槽"不慎穷三年。螺丝钉虽小作用不可估量，集体失败个人无功劳可言。"三个和尚"典型悲剧于"小肚鸡肠"。

"集体荣誉"非是道德绑架。服从且不盲从是合格员工必备素质，集体利益不排斥个人自由和选择。许多"经验"是共同感悟，许多真理产生于友好争论。宁在扯皮中做事，不在做事中扯皮。帮助弱者成为强者。真相往往在你失去位置后呈现。道歉可以消除90%误会和怒气。

不为集体"木桶"之"短板"。珍惜大学光阴，入室即静、入室即学。财富、权力、颜值皆有"保质期"。项羽"力能拔山"不过一己之力。学校和学子互为自豪。"拥护"是油门，"反对"是刹车。尽力不一定"死而后已"。平台再小也能施展威力。常做、多做好小事同样可成为"别人家的孩子"。

2020年12月28日

不拿"高分低能"说事

——

除了人品，人生往往先拼学习后拼能力。成绩是学习效果最雄辩展示，大学生务必如爱美者之注重仪表形象、在意各科成绩。

好成绩多意味好机遇。"慈恩塔下题名处，十七人中最少年。"读大学最终在于就业，分数最是优劣评价指标。多数好成绩等同学习及专业领悟能力，最可证明渊博学识。评优、考研主要凭成绩，考公务员、进顶级单位同样唯成绩论伯仲。社会不先看到辉煌成绩怎么承认你是未来天才？

好"抗挫"能力也是一种成绩。成绩就是硬道理，"刘项原来不读书"只是历史，"学渣"成大气候者极其个案。成绩最是评价掌握某一特定知识体系尺码。于你而言，努力成为"学霸"是给未来最好承诺。平时成绩不佳无以"量变"，仅掌握大纲知识点只能及格难以"质变"、无以"万岁"。

好成绩非一日之功。"临阵磨枪"只能"光""亮"少有"锋芒"。付诸"问学穿石"功夫对待每一科平时作业。学历是敲门砖，成绩是"砖"之"硬"指标。努力、自律最可避免"才华支离破碎地挥霍"。穷孩子大概率还是穷，富孩子大概率还是富。学渣、学霸主要有别于"好好学习，分分向上"。

唯好成绩"方得始终"。成绩非"好"与"不好""一言以蔽之"。不做"分数控"，不因一次考"砸"否定长期努力。每期末尽快查阅各科成绩及位次，有不合格或重修及时与老师沟通，确认原因所在、设法"亡羊补牢"，不"欠债"至快毕业再读"大五"或"大六"，原地踏步、浪费青春。

2021 年 1 月 3 日

精英有"道"，君子之道

——

事物之最精粹、最美好者《阿房宫赋》谓之"精英"。精英与凡人先有别于业绩思维后有别于财富、地位和评价，多数于持续修炼中展露天才。

提升能力是成本最低投资。"朝为田舍郎，暮登天子堂。"没钱时读书，有钱时去诗和远方。未来与他人评价无关，或与今天决策一定有关。学而优则仕，打铁自身硬。"精英"作为造化精选之少数"优秀人物"，既需"万卷诗书事业"，又具"论事惊人胆满躯"，能力、性格于未来社会发挥重要影响、作用。

在工作中成熟和无私。精英注重效率，普通人强调公平；精英将自由时间用诸学习，凡人用诸娱乐。无论"90后""00后"，终究为"前浪"拍死于"后浪"。作为未来社会决策或管理者，"精英"之"为人民服务"须全心全意并兼备"良医"情怀，"先天下之忧而忧，后天下之乐而乐"，如鸟之爱惜羽毛珍惜声望。

少被"舒适区"吞噬意志。择业既重视当下，更在意未来。安乐从来以牺牲肉体或灵魂活力为代价。忧危启人智，厄穷见人杰。精英必具"忧患意识"，于社会多有参与精神、高度责任感。当年吴王夫差为报父仇处心击败强楚，却不敌安乐亡国亡身于越王勾践"卧薪尝胆"。"靖康之难"之最"一声叹息"在于"不才者进，则有才之路塞"。

有些强者成于"逼上梁山"。学问是生活，生活是学问。一万小时足以锤炼许多凡人为顶级大师。时间给空想者以痛苦，给创造者以成就。"一篙松劲退千寻"，工作多年仍在"折腾"者仍有未来。世界那么大非是你想看就看，实力足够出众是"潇洒"前提。不经"胯下之辱"无以"萧何追还""登台拜帅"，更无"韩信点兵，多多益善"。

2021 年 2 月 8 日

自当好学生干部开始进步

——

"知行合一"人才绝非考试机器。学生干部是"学生 + 干部",是每一学业阶段融汇"读书""行路"有效途径,是"德智体美劳"全面发展之"学""做"结合。

勇敢推销自己。独学而无友,孤陋则寡闻。当学生干部是追求进步、服务奉献,非是"讨好"老师、体验"官瘾"。下定决心后大胆竞聘,真诚说出自己服务大家意愿请求支持,失败了下次再来。因为成长而承担,因为承担而成长。不要大学啥也不做只是浑噩四年拿获文凭。刘强东、马云等"大咖"均有学生会任职经历。

责任是第一道德。在其位,谋其政,有担当。就任后认真想事做事、履职尽责。学会"弹钢琴",高效利用课堂时间。避免"逃课"换取"工作时间"。当学生干部与学习可以"兼得"。学有余力,不自欺欺人。同学口碑是最好"奖杯","实干"是称职学生干部可贵品质,假装努力较之懒惰更要不得。

培养良好沟通能力。上情下达、下情上达,人际交往是大学必修课。平衡学习工作,做学生干部是最好历练。以积极态度"经营"自己,诅咒黑暗不如点亮蜡烛。甘于做"一根线",串起你的集体。有高度、有温度、有态度,炼成"登高一呼,应者云集"理想境界、达成"以学为主,兼学别样"优秀模样。

在委屈中"撑大"胸怀。无委屈,不干部。有些"牺牲"是人生"加分",有些批评者其实甘于平庸、不求上进。学生是身份、干部是责任,过于安逸令人颓废。学生时代之委屈多为未来谈笑资本。"宰相必起于州部,猛将必发于卒伍",没有谁天生就是当官材料。指挥若定、运筹帷幄领导力必须"接地气",有基层阅历。

2021 年 2 月 9 日

不固执不放弃

———

"固执"原指坚持不懈,后多指坚持成见。通常认知水平越低下想法越单一、判断力缺乏,如《庄子》所谓"夏虫不可以语冰",夜郎自大至不可理喻。

固执非是独特个性。有底线不固执。生活非是比赛,无需事事有对错输赢。"但责己,不责人,此远怨之道也。"你之"性格"里也许藏着低水平认知。真正优秀者多虚怀若谷、有自知之明,因见多识广思考能力独立,于同一问题不执着于唯一答案或"择善固执",善于自实践及挫折积累知识和经验。唐人娄师德之"唾面自干"处世是超级坚韧。

固执者屏蔽学习拒绝反省。认知水平有限而致想法和判断力单一,对不同意见异常敏感、自尊心超强,拒绝反省倾听。因过分坚持将自己逼上绝路,有似握着红烙铁不撒手、撞了南墙不回头,民谚谓之"宁和明白人打一架,不与糊涂人说句话"。如项羽不听亚父之劝坐失"鸿门宴"优势良机,一再兵败以"天亡我也"为由自刎乌江。

明智放弃胜过盲目执着。固执非是个性张扬,人因为有所依赖而不自由。执着与固执是性格天平两端,执着是品德、固执是弊病。固执既非"棱角"又非个性,更非有所坚持不被同化。为了成长有些"棱角"须磨平,有些坚持须圆融。包公铡驸马、海瑞骂皇帝皆为掂量君心民意后之"舍得一身剐"。

读书最能化解"固执"。随和非是唯唯诺诺、人云亦云,而是"一点浩然气"、是"风物长宜放眼量"。客观了解事物本身少有是非之争,认清生活真相后依然热爱。路之尽头或许是拐弯。无知或不可怕,可怕在于"无知者无畏"且无所谓。"书犹药也,善读之可以医愚",多读名著经典如与高人对话,自然"抱道不曲,拥书自雄",认知能力提升,固执有所改善。

2021 年 3 月 22 日

你也可以像大人物

—

除了出身和家教，大人物叱咤风云、担责作为之魄力多经"大风起兮"后天成器。同样，庸人之得过且过、无所用心或颓于"一代不如一代"窘迫环境，或如阿斗"此间乐，不思蜀"之后天优渥"扶不起"。

有信仰而有力量。"天下为公，唯有德者居之。"投入担当、履职尽责，以国运为我运，没有最好、只有更好。怪天怪地怪社会不如怪自己不够奋发图强。既具"乖巧"人际、"能干"实力，又兼备处变不惊能力。由"像大人物"而成为大人物。人人都是生活演员，以德配位，用心演好亲人、同仁和朋友眼中不同"角色"。历史非是伟人设计，是一系列机缘巧合惊人上演。

"针眼里"走不出大人物。主动与陌生人打招呼并保持联系，大人物朋友圈一定比小人物大。有规则意识，即便无人监管依然自律，不反被聪明耽误。上坡路不好走，下坡路更容易摔倒。卖乖不如卖力，一味卖乖取巧不如真心实意付诸行动。团队涣散且员工责任心不强或为领导欠缺公允、屁股坐偏谓之"下梁歪"。

做人如山做事似水。大人物做人，小人物做事。"将相本无种"，个人能力、素质与责任心极具相关性。冷静是你的最强武器，克制较之冲动决杀更具勇气和智慧。遇事不逃避、不诡辩、不推卸，贯通多领域阅历、创造力。霸气、傲气、神气是职场折戟沉沙"滑铁卢"。"三国"杨修下场在于一味"秀"小聪明、胡乱站队而"死得快"。

强过竞争对手而获胜。用感情笼络感情，以利益赢得利益。来一次有人格魅力演讲，每与陌生人握手就埋下一粒友谊种子，发芽、开花、结果与否在于日后培养。勇于脱颖而出，该拒绝时就坚决说"不"。没遭受背后偷袭者从没跑在前头。自身有价值比靠山更可靠。关羽"过五关斩六将"兼备说"不"实力和勇气成就千古忠义。

2021 年 6 月 4 日

你在观望中坐失多少良机

——

又是新一学年伊始。各高校除了喜迎生力军，同时面临若干本专科学子"延长学时"、一批研究生学业年限超期被"劝退"尴尬。"六十分万岁""进了大学就好了"早已老黄历，"严进严出"日益新常态。

大学靠"读"而非"混"。与其自律、不如自驱，"在其位，谋其政"是生存法则。读书本质在于来日拥有"议价"能力而非一味被迫谋生。人人都想争取完满人生，最好成长方式非是自律是自驱。为者常成，行者常至。"不问学问之有无，惟争分数之多寡"非是读大学是混文凭。间歇性踌躇满志，持续性混吃等死是"白废"青春、行尸走肉，祈祷父母长命百岁或可保一生无虞。

既求文凭必备水平。少花点时间玩游戏，那东西代替不了做人做事。极少有人能在某一天突然厉害起来，除了将精力用诸书本，许多能力无"证"可考。即便学校为提升学业质量淘汰"水课"培养"金课"不遗余力，你也不能以上课发呆、睡觉、玩手机，下课吃零食、追剧、看段子颓势逆行。许多今人三四十岁就不想折腾，刘备47岁还"三顾茅庐"放下身段向27岁的诸葛亮诉说"志犹未已"。

舒适圈少有真正进步。知道时不再来者众，做到当机立断者寡。处罚作弊者是给勤奋以公平公正。你现在偷的懒，将来都是打脸之巴掌。一辈子很快，尤其中年之后十年八年只是须臾功夫。努力之生活总会在意想不到时给你惊喜，"混"之恶果是舒适中"矮化成长"。元末朱元璋出身寒门、栖身寺庙，始终不易"驱逐胡虏，恢复中华"初心，强力拉高人生档次，成为超时代大人物，"珍珠翡翠白玉汤"警醒意味其实无几人读懂。

理想会在等待中垂老。平庸非是生来特质，辉煌也非"别人家"特权。不给青春"打折"，不刻意等待永远。现在做的就是永远，每一个瞬间就是永远。社会永远势利不读书和少读书者，人生读书与否天壤之别。每一"脱轨"人生必然缘起于"越轨"。得过且过是颓废开始，碌碌无为是懒之归宿。别人拼命奋斗，努力追赶时代潮流；你贪图安逸，生存能力日益退化，"苟富贵，无相忘"是奢谈，"燕雀安知鸿鹄之志"是矫情。

2021 年 8 月 10 日

男女虽平等，女生当自强

长得漂亮具优势，活得漂亮有本事。性别平等是社会进步及文明"红利"。规矩以内许多劳动不论男女只较强弱、优劣，尤其成人世界、职场规则，少有性别眷顾只有绩效竞争，适者生存、不适者 OUT。

社会不都是怜香惜玉。每个行业都挤满人，状元永远凤毛麟角。要么出众，要么出局，高手与低手以效果说话。职场少论绅士论能力，非论男女论业绩。能力有高低，努力无贵贱。多数职场形象欠佳原因在于用心不够。"颜值"不比学历，自立是最好"不动产"，谁也不能平白无故"横空出世"。生存能力是女生最强底气和铠甲。不介意偶尔请客，酒桌饭局满场飞既非交际能力也培养不了"人脉"。

不将"我是女生"总挂嘴边。不为女强人，必为强女人。有些"可爱""单纯""无辜"等于"傻白甜"。爱情非是救命稻草，婚姻非是灵丹妙药。先令自己幸福起来，积蓄力量、打败所有"怪兽"。不为面子而活，也不为"精致"绑架，真正精致即便潦倒也生活有滋有味。凡就做事成事给予指点、助我受益成长者皆为贵人。生活非是想象之美好，精神远较预料之强大。拿出拆快递劲头做事。尖叫前给自己一巴掌。

事业是女生恒久颜值。即便社会不爱你，至少自己爱自己。木兰从军巾帼豪情、家国担当，黛玉葬花小肚鸡肠、无病呻吟。可以不漂亮，不能无气质。人生终极乐境来自劳动，一切苦境解脱于劳动。无所畏惧，美丽地活着，自不贪睡、守时拒绝苟且。"优胜劣汰"无论其谁。"认真"是职场平庸与卓越分水岭，找大树乘凉不如自己栽树倚靠。美人从不败给岁月，真正魅力多大岁数依然迷倒众生。

男女平等仍在路上。互利互惠是职场恒久"秘籍"，单位用人必须计较"性价比"。主动而有目的之劳动谓之努力，缺乏兴趣之使劲和投入全多算是劳动而非努力。不依附、不盲从，有底线。"文艺范"非是懒散至五花八门，或辞职"世界这么大我想去看看"，或其实伪善豢养宠物。社会无义务惯谁养谁，追梦者身体灵魂"在路上"而非床上。精神不独立者往往物质也依附。某些行业"水深"，介入之女性除了勇敢还须"谨记"性别。

2021 年 8 月 26 日

要么奋斗要么走人

——

升职加薪，谁都不能免俗。因为不满足，所以干得好。越是辉煌业绩越日积月累、水滴石穿。优秀者从来积极向上、主动作为，"不用扬鞭自奋蹄"，做事绝不需要"盯着"。

工作首先是赚钱。读书一骑绝尘，做事一鸣惊人。无论创业领着别人做事还是上班挣钱首先是为自己。年轻没什么，实力硬道理。想要多赚钱，你之能力须匹配；想要工作时间自由，你之才华须足以"任性"。没有事情无端容易，没有人生无端惬意。忠诚是你于集体存在保命线，时间是逆袭唯一资本。"混得好"既能轻松自如和老大谈工作和发展，又能随心所欲做事和作秀。

积极主动是优秀品质。收获与投入成正比，热爱工作而为事业。一再失误者难以掌握优质资源，一再被淘汰置自尊心于何地。体制内是深井，体制外是江湖。"多面手"在于多干活、多思考、多交朋友，于业绩、能力、趣味有偏得。

绝对进步，相对稳定。你足够强大，工作少挨累。具备随时离开体制能力，能"扛事"是职场了不起才华。"不压身"之"技"既不可被剥夺且可令自己"增值"。

青春于混中一再"贬值"。"傻"之程度越深，进步可能越大。绝不可视上司之"容错"于你当傻子。思想竞争不等人，错过机遇是庸人，不争不抢是废人。别人懒你才有机会，精致利己主义者只将别人当"台阶"。才能和态度决定人生高度，不喜欢就赶紧去意已决。尸位素餐"混"的是日子，耽误的是事情。只有年龄和衰老唾手可得，多少年不好好工作就荒废多少年生命。

怨天尤人于事无济。舒适和成长不可得兼，奋斗而知道自己多强多弱。社会相对公正，机会很多。摒弃"穷人思维"，穷忙比贫穷更可怕：小钱斤斤计较，大钱挥金如土。不要到处诉说你有多苦，成功非是天降"馅饼"而是一点点积累。一味抱怨者机会和朋友越来越少，生活越来越不幸福。"正能量"激励别人完善自己。能力强者工作左右逢源、如鱼得水，能力低者做事存在感低、少骄傲"资本"。

2021 年 10 月 18 日

这个夏天你的角色

——

大学是人生重要整装待发期、青春"亮剑"期。小小少年自大学开始实习演习步入社会，上大学并不轻松，考上心仪大学既是阶段圆梦更是追梦。"准大学生"入学前之暑期最适宜"镀金""添彩"，"学渣""学霸"也自这个夏天拉开距离。

有板有眼像个"大人"。珍惜在家每一天，主动帮父母做些家务补足"生活课"。在保证安全前提下尝试打工挣些钱交给家长是一种提前"自食其力"；可以依据自身情况做好攻略、约上几名小伙伴背上行囊一起出去"看看"；不反对家人送你上学，提倡尽量自己到校报到。大学期间除了人身安全还有财产安全、心理健康，如果有人突然请你去"发大财"必须警惕传销。思想独立：不一味嫌弃学校条件，不一味嫌弃日常打扫。大学非是恋爱天堂，因为你是为了求学来的。"我爱你"不要轻率说出，尤其对不止一个人说。

从大一开始系牢"大学扣子"。收藏起升学喜悦，大学除了有大学问、大学者、大学堂还有一众考试。心中有数游刃有余，新的环境以新的优秀证明新的自己。人生关键既有起跑线又有转折点。尽快熟悉校园环境，提前了解将学专业内容轮廓。许多恐惧感源自陌生人际和环境。选择好大学更要读好大学，入学几周后或许你会有所失落是正常现象。大学生活不快也不慢、公平也公正。有些老乡会是"麻烦会"。别总抱怨，你之不公平很可能于别人恰恰公平。

大学其实不可以"喘口气"。继续保持高中学习习惯仍是大学"人间正道"。大学只是一个新起点，高考成绩已然成为往事。永远不要抛弃阅读习惯，读书既是获取知识也是解决问题，大量阅读既先进理念且睿智思想。试着读些未来将要涉足领域书籍，虽然这个假期无需紧盯考试大纲、标准答案。电脑是无辜的，网络只是了解时事、增加见识便捷载体。被窝固然舒适，每天睡到自然醒时反思一下良心有否不安。

从不轻易翘课做个好学生。别一到学校就惦记开通网络，不要一入学就以学习名义购置电脑其实致其沦为大多女生追剧机、大多男生游戏机。太多大学生人群因自制力欠缺沉迷游戏沦陷了自己。向着遇见更好自己出发，幸运只是努力代名词。大学明显区别于高中是一学期至多 300 节课，当前换算下来一节课至少 =15 元学费 +15 元生活费。永远尊重老师，多向优秀老师求教。每次上课前帮老师擦一下黑板没有人会笑话你。

一专多能"证多不压身"。找准目标、努力"充电"、不负韶华，根据自身情况选择加入一两个最喜欢的社团和项目并坚持下去。培养一至两项可以伴随终身之特长爱好，爱好特长可令平凡生活生动有趣。尽量让喜欢的、擅长的成为优势和完善点。培养一技之长，未来想做什么工作大学就往哪方面使劲。证不在多有用则灵，人生需要不停地打开一扇扇门、见识一个个世界。这个夏天之"空档期"还可以学车、学几种软件乃至某种乐器。

宿舍是我家室友是家人。"因地制宜"备好行囊，有些物品可通过网购邮到学校。尽量少带行李拥挤寝室公共空间。尊重、宽容、忍让、关心室友，培养良好人际关系，多与正能量人群交往。同学最是未来核心"人脉"。别嘲笑同学缺点如口音和长相。实在半夜要发信息、要通话请将手机按键设为静音或出去处理。宁愿不合群也不伪合群，允许自己做自己也允许别人做别人。

保持锻炼积蓄"革命本钱"。体力状态最是奠定未来之基础，以足够理由钦佩每天早起者，不服气的话你也去坚持试试。科学锻炼、挥洒汗水，与心灵对话，坚持运动最可治愈一切不良情绪。

2022 年 7 月 9 日

有些人一无所有还什么都想要

——

想拥有世界是"人类病"而非唯贪心。从"无"到"有"必须经历不同程度煎熬而非当下某些不更事少年眼中之潇洒"刷屏"、任性支付。成年人思想如此《红楼梦》谓之"心比天高，命比纸薄"，其实即抱负虽远大条件不具备只能"一枕黄粱"。

"一鸣惊人"是诸多不努力之遮羞布。少嫉妒"贼吃肉"，多警醒"贼挨打"。努力者从来以努力为生活本来样子。别人拥有或非你之所求，拥有得多或非拥有得对不见得多幸福。人人自有生活，绝大多数高收入者起早贪黑、早出晚归挣"辛苦钱"。警惕由"贪"而"贫"，拥有太多了三心二意。越不努力者往往越贪心。面对飞来横财、无数宝藏，家徒四壁的阿里巴巴点到为止、稍稍改善窘迫处境即知足全身而退，其兄戈西姆原本家财万贯、锦衣玉食，却出于贪欲什么都想要身首异处。

除了"理想"一无所有者不乏其人。人生各有意义，众生各有位置。努力是一生正事。"不想要"是许多活在自编谎言安逸度日而做不到者冠冕堂皇幌子。

"快乐每一天"有些自欺欺人，无支撑之"野心"自不量力。没"舍"没有"得"，牛人较之凡人差距在于"够狠"。"一只手只能按住一只鳖"，较你之多"得"者也较你多"舍"。

2001 年末有部贺岁片火爆一时，临近末尾有两位精神病患者在医院喝药前有一段关于房地产的精彩对话，今天看来超级前瞻、脑洞大开，在当时其实很被视为笑谈：……一定得选最好的黄金地段……建就得建最高档次的公寓，电梯直接入户，户型最小也得四百平米。……什么叫成功人士你知道吗？成功人士就是买什么东西都买最贵的，不买最好的。

没有谁惯着你什么都想要。自尊心如种子，揣在怀里枯死种入土中生长。不正视"一无所有"状态是"装"或"作"。辉煌而令缺点微不足道，越是一无所有者越在乎面子。不努力还什么都想要者耽误别人时间、浪费别人资源、扰乱社会公平。贪心之人和事从无高低贵贱之分，"奇葩"就在你我身边。

吕不韦虽权倾朝野、位极人臣，曾以"一字千金"之豪横为其《吕氏春秋》杀青"吸睛"，终因商人思维、"仲父"身份输于"铁血"嬴政误了卿卿性命。

信念融入血液成为习惯。少在乎别人说什么，多清楚自己想要什么。理想和现实有别至"天壤"而为空想。十年很长，于努力中改变一切；一生很短，于混吃等死中一事无成。"皇帝轮流做"，为怼不公命运"刑天舞干戚"。发现"奶酪"变少了及早做出反应，不要只是一味幼稚发问"谁动了""凭什么"。

"廉颇老矣，尚能饭否"除了道出"烈士暮年"凄凉晚景，同时表达"老骥伏枥，志在千里"之多有不甘。

一无所有者也自有尊严。不要只想着"一夜成名"、达到巅峰，缺点是"命"，不能克服就早点"认"，一辈子承受、面对。可以一路风霜但不可以一路认怂。走过辽阔世界评价风景好赖，铆足了劲拼搏站在梦想身边。命运令你起点比别人低的同时并不限制你绝地反击。孙悟空由拜师学艺时其实一无所有至学成七十二般变化也是"知识改变命运"。

于某些人而言，"生命诚可贵，尊严价更高"。"嗟来之食"主角黔敖其实第一时间意识到缺乏尊重而向饿汉子道歉，但其人还是坚守"唯不食嗟来之食"而饿死。

努力者最具危机感饥饿感。努力不一定就能成功，"平平淡淡"也不一定好。天才和庸人不仅仅区别于天分。抓了"烂牌"仍尽力拼搏者即便惨淡经营依然是英雄。生活因失去重新开始勇气"致命"，做不了自己主人者一无所有。有些人既不够努力还总爱自我麻痹，除了"有病"一无所有，尤其擅长自欺欺人。

没有认真努力过就不要抱怨。红尘历来在意胜券在握、有所成就者"自尊"。面子是别人给的更是自己挣来的，做想做且擅长事情不断实现小目标。许多人因有退路而平庸，因一无所有而什么都会了。

2022 年 8 月 27 日

大学之"大" 大学之"学"

——

"大学"深邃内涵远非"University"可以"一言以蔽之"。中华"大学"之谓即"大人之学"，"大人"主要称呼德高望重师长辈及官员，"大学生"是具"大学问"之后生。"功名看器宇，事业看精神。"读大学旨在"修身、齐家、治国、平天下"，知晓正确人生、实践成功路径，修成顶天立地"大人"。

大学非雄于"大"而尊于"学"。"大人之学"向来被理解为真正、彻底至理学问，"大学之道"蕴于识大、悟大、格局大。大学之"大"于使命、精神、胸怀、学问、仁爱、声望。读大学不可以"松口气""混日子"，政治定力、发展引力、人格魅力是人之有所成就核心要素，像具辩证性、智慧性学习思考之成年人，发挥聪明才智、推动社会发展。大学时光永远最无奈最美好。

读大学开启人生强劲成长。家国从不遥远，理想伴我前行。大学精神与时代精神、民族精神互相激荡、同构相谐。民族之强于青少年，自 2019 年我国高等教育进入普及化阶段，高校毛入学率超过 50%。"志不立，天下无可成之事"，"大学"学业不止于学，求知不可以过于工具化。当今世界正在经历百年未有之大变局，读大学是步入社会细胞之活跃、先进分子行列最捷径。

大学学问非囿于某一专业。"大学问"涵盖创新、合作多领域，专业之重要不比自己于某一领域贡献或价值体现。"以学为主，兼学别样"，大学学习之"刚需"在于方法。学精学透每一课程，大学每一课程是其学业"木桶"之每一木板。大学最有别于中小学阶段在于学习形式之沉潜、创造性，连表面知识点都不明白，何以奢谈融汇和贯通？

永远活出生命诗意与尊严。"大人者，不失其赤子之心者也"。读书之乐在于以婴儿般眼光去发现：弃燕雀之苟且，慕鸿鹄而高翔。将人人与生俱来、内在大智慧开发出来谓之"明明德"；去除"小我"以"为人民服务"为人生追求谓之"亲民"；"止于至善"过程持续迭代、永无止境。既来之则安之，爱我母校尊我师长，生命和灵魂因大学留下美好印记。

警惕象牙塔时有"自由陷阱"。"论天下之精微，理万物之是非"。学习是生命本能，人之存在就是不懈学习过程。大学生涯是生命之夏、人生高光、激情燃烧。大学广袤生存和精神空间永远活跃着一批酣畅、自由之生命。聪明非是智慧，知识分子不等同读书人。考入大学绝非理想暂停、学业中止，时有个别人心态积极向上、行动宛如废人。

大学无以藉更名脱胎换骨。当前语境"小学""大学"称谓皆与本义相去甚远。"大学之大，非谓有大名之谓"。大学之"大"于亦师亦友、益师益友之大师"大人"，同时造就一众具大理想、大格局、大情怀、大担当、大成就之芬芳桃李。读大学重在获得大智慧而非只进入一方很大、很漂亮教学校园区读书。大学传承创造文化，文化滋润振兴大学。名校最被敬重于精神与思想、学术与成果、觉醒与先驱。

读大学终究有所"得失"。"政治情怀、社会承担、学术抱负、远大志向"，大学文化与大学精神相互成全、交相辉映。大学生涯远非拿文凭、学专业之简单。大学最知道自己真正想要什么且尝试成本最低，许多想不明白问题非在于想而在于做。无论被动还是主动学习，大学生涯既关注学问对错更注重思维碰撞，至少敢于应对"是骡子是马，拉出来遛遛"。

大学永远有太多意外："优秀"不足以全面形容某人之好，即便顶级学府依然有人浑浑噩噩。

2022 年 9 月 3 日

让德行与学业齐飞

——

　　小事见格局，细节见人品。规矩是一种存在，守规矩是做人起码教养。人世间处处离不开规矩，"万物莫不有规矩"。不以小为卑贱，不以小为低下。人品德行终究承载财富、地位、荣誉。

　　修身及专业书籍一起读。不以"圣人"苛求别人，不以"贱人"纵容自己。教养和文化是两回事：有人很有知识没有教养，有人学历不高知书达理。德不配位，必有灾祸。他人待我三分，我敬他人三分。先选择正确方向，再考虑具体路线。不随波逐流，做不平凡普通人。明智之适可而止非是退步是另一方式"快进"。看时尚资讯非是时尚本身，一针见血冷静观点最令听众趋之若鹜。

　　占一次便宜失去一次好评。该感谢不拖泥带水，该"拎清"不模棱两可。人际交往必须彼此"记得我、在乎我、需要我"，既懂求人问路，也知投桃报李。所有便宜之后都有"坑"，每一被占"便宜"皆有价。"让利"是为自己铺路，精打细算同时为他人留有余地。贪欲如一粒火柴头，事虽小却极具毁灭力量。聪明人群分两类：其一置个人利益于首位，别人占不得分毫便宜；其二先考虑他人得失，根本不怕自己吃亏。曾国藩明确告诫家人"好占便宜者不交"。

　　向泛滥信息和无聊应酬说"不"。众声喧哗，我心安静；时代变迁，我心泰然。"遍地都是六便士，他却抬头看月亮。""主要看气质"，不做"空心人"。终结无限延伸浏览，越刷屏越有信息饥饿感，海量信息令内心充塞至迷茫，沉迷刷屏、游戏、消费……一步步掏空自己。人人不能脱离社会单独存在，"混圈子"其实不是社交。不因惧怕孤独广泛交友，每一段友谊弥足珍贵。提高社交质量，珍惜自己时间，不浪费别人时间。无聊社交摧毁灵魂，有效社交互帮共赢，许多人与无聊同归于尽。

　　"夹着尾巴"是做人智慧。可以狠狠抱怨，然后认真做事。有细水长流心态，在角色转换中不断成长。该低头时必须弯腰，该厉害时锋芒毕露。看得见别人好，"取悦"没有错，"失度"扭曲心态。不说过头话，祸从口出者屡见不鲜。

世间从无免费午餐，"礼尚往来"颠扑不破。底线比境界更重要，过于攀比令人生坎坷越来越多。虽然积贫，颜回极其有别于某些"低保户"；虽然富有，子贡迥异于所有"土豪"。

学识与气质相得益彰。饱读诗书不迷信、学习古人不拘泥。世界为每个人留有位置。天生我才必有用，好口才也是"颜值"。叠加天赋做独一无二之自己，以说到做到积累影响力。极度自我保护、害怕挫折是能力缺乏。"贫而乐、富而好礼"，由知识而看见更多"看不见"。好钢用在刀刃上：所谓核心竞争力就是独特能力优势，是某项经年累月于专注和经验叠加之不能被轻易替代强项。

与惰性较真，将事情做到极致。事业令你独一无二，成功之你令事业独一无二。人生无论走多远都是从"衣食住行"出发感受生命。没有工作不受委屈，工资之一部分就是为委屈买单的。几件、几十件如口做好做精做专一件事。认知局限多限制自我探索，让别人放心是做事最高境界及最强竞争力。年纪大可以转行，就是成本太高。拥有一种大部分人没有之核心竞争力永远有饭吃。

会给自己划定"止损线"。给他人留余地，给自己留退路。没有境界至多差劲一点，没有底线迟早出大问题。"别睡太晚，梦会变短；别爱太满，心会变暗"。厚道待人，自私自利者孤独终老。"中庸"非是退缩，是大事不糊涂、是聆听且不做别人情绪"垃圾桶"。对健康永远敬畏，身体是革命本钱：在小事上过于纠结是跟自己过不去。

放大欢喜、缩小悲伤。不唯别人眼里找快乐，不唯别人嘴里求尊严。不因为自己没胃口责备食物，无事献殷勤想占便宜。用心成长，真正厉害者不分台前幕后。在人多处拼命竞争，在无人处严格自律。

2022 年 11 月 19 日

第九章

思齐见贤，
人以德行群分

真正的朋友至少有共同兴趣爱好乃至理想追求，反之『道不同，不相为谋』，语言难以有交集、思想碰不出火花，寒暄片刻尚可，相处时间稍长则鸡同鸭讲、索然无味，甚至互相伤害。

『物以类聚，人以群分。』『三观』是人际最大障碍。如果一路同行，那便风雨同舟；如果只是彼此路过，那便淡淡一笑、无需多言。

你也可以"炼"成大师

——

大师是某一或若干领域顶尖专家。大师可遇不可求，受其耳提面命是人生幸事，不得衣钵自行修炼与之为伍谓之"成才"。

灵感不会源源不断。做大师"钢丝"，"骨灰级"关注"高山仰止"大师。"阅读点亮生活"，一看、二想、三模仿。大师已将你的路"走"了一遍，最明白你前行所需。水滴石穿，认真研究大师著作、作品及讲座、访谈、课题乃至社会及业界评价议论，于醍醐灌顶中领悟偶像智慧与心声。

"笃信"而不"迷信"。只看功力不认资历。"长江后浪推前浪"，大师非是全才也食人间烟火。深入大师学说，能提出若干一己观点。"迷信"是"精神空虚"别称。不在大师光芒中"洗澡搓背"。用书之智在书外。读书弥补先天不足，经验反哺读书浅薄。从来没有过着安逸生活名垂青史者。

大师不在"土""洋"。时间沉淀、专业执着谓之大师风范，"行行出状元"，每一领域皆有大师。"玉不琢不成器"，"工匠"精神最成就中华形象、人文景观、璀璨"非遗"。凡有所学，皆成性格。"入门"而"出门"，沐浴大师魅力和风采。凡精品必定是匠心、执着、酷爱堆砌。

自满是进步"平台期"。"天才"源于"正确练习，专注与否优秀与否"。长期坚持而具非凡魅力威力。避免"入错行"，"术不可不慎"，警惕职场"瓶颈病"。"智可及，愚不可及。"沿着大师足迹修炼，有一天"取而代之"。教育本质是灵魂唤醒灵魂。"惬意练习"是享受而非提高，勤奋"余额不足"是成功劲敌。

2021 年 1 月 9 日

人抬人高人踩人低

——

赞美是美德的影子。"会说话"是能力也是修养，由衷赞美他人也是美德。善于欣赏别人，你就不简单；由衷赞美别人，你会更优秀。

沟通让人际变得更好。心中有美，才能发现美。"见人减寿，见物添钱"，不可小看夸奖力量。微笑可以创造财富，发现他人之美者内心自美。赞美是心里有什么眼里就有什么。赞扬别人者，自然被报以赞许和感谢，并影响更多人传播美好而"明天会更好"。多数"刀子嘴"者少有"豆腐心"，或者是"冻豆腐"心。

过分赞美显得虚伪。在原则之内赞美，由衷赞美悦人利己。善于赞美是情商体现，如口吐莲花赞美他人、成就他人，自然积极向上、成就自己。挑你刺的也是朋友，"誉人之言太滥不可"。只赞美不批评是"乡愿"、是"德之贼"。"韩信点兵"是一次彻头彻尾失败赞美，远较诸葛亮"舌战群儒"之"崩溃疗法"坏事成效显著。

赞美别人正视自己。所谓"以利相交，利尽则散；以势相交，势败则倾；以权相交，权失则弃；以情相交，情断则伤；唯以心相交，方能成其久远"。善用批评和帮助、鼓励与赞美，既可提升他人进步意愿，又可发现己之不足、提升格局。肉麻恭维话令人心生轻蔑，越对你恭维不离口者越非患难之交。

赞美与奉承本质迥异。赞美别人非是贬低自己，是将自己置于同一水平。会赞美者也知晓谦逊，真正赞美非是"肉麻"吹捧，奉承只是债券、公正之赞扬乃是礼品。真诚是赞美前提，设身处地之赞美最能给人以温暖。之所以"邹忌讽齐王纳谏"，是因为前者之前遭遇太多言不由衷"赞美"被"惯坏了""赞腻了"。

2021 年 3 月 8 日

美在风骨美在得体

———

美是有追求之生活态度，是一种节制且不跟风。得体比美貌更重要，活得美而有意思。漂亮不止一种模样，好看非是最重要选择。"唯美"是不动声色，大美是"抱朴含真"。连生活都艺术谓之艺术家。

得体最是别样美丽。得体是对人对事基本态度，是个人"品格"输出。中华审美主张"巧笑倩兮，美目盼兮，素以为绚兮"。内心丰盈者"仁者爱人"，轻视外在浮华、遵从文明道德、自然清丽示人。衣着非在华美在得体，有些不得体之好看是"傻"。除非有特殊着装要求，于大学生群体平时得体十练最青春，奇装异服或被视为思考力欠缺。

不被赞美之漂亮多不得体。无雕琢之木谓"朴"、无染色之丝谓"素"。美态非是"媚态"，傲骨非是傲气，妆容非在浓艳在典雅。真正形象气质、内涵蕴藉从来静候时间"天然去雕饰，清水出芙蓉"。美好形象可以拯救人生，不为了好看丢了得体。朝气蓬勃、诗书才华是大学生最好装扮，男生没必要"个性"如动漫人物，女生没必要矫饰如王熙凤"未见其人，先闻其声"。

以最朴素感情做最用心事业。朴素感情最长久，牵挂最是人际质朴情感，被牵挂的感觉真好。套路不如真诚，遮掩不如坦荡。君子之交淡如水，小人之交甘若醴。人人都有朋友，真的朋友默默陪伴，不热烈、不张扬。朴素是人之底色，朴素做得真朋友。真情实感朴素而柔软，经得起平淡、打得败时间。恋爱自由非是感情放飞，许多感情始自如胶似漆、终于形同陌路。

简朴是顶级心灵治愈。追寻真实自己，盛开内心繁华。"一切美的东西都是强者，丑的东西都是弱者"。套路不如真诚，遮掩不如坦荡。朴素心灵最高贵，感官审美需要文化修养。借助修养而了解美、发现美。过最朴素生活，追最遥远梦想。性情朴素活得从容、无愧于心，心无杂念非是"心如止水"。将诗意融入生命，心灵富足也是一种美。不做《红楼梦》之宝钗，虽八面玲珑、好施小惠，久之并无知交、得意者。

2021 年 5 月 14 日

"网红"还是"往红"还是"罔红"

"网红"实为凡人某种特质经网络异常放大，其审美或为满足"审丑"、猎奇、喧嚣等看客心理。一些当事人形象"照骗"、外貌"美颜"，虽精致、好看，多数少美感、缺灵气，"撞脸"如"连连看"，时时致人"脸盲"症发作。

不被流量裹挟为一棵韭菜。短视频时代每一人都有十五分钟成名机会。走红没有免费午餐，以为钱好赚是许多年轻群体错觉。网红 53.9% 粉丝在 25 岁以下，"一夜成名"最致命青少年"三观"。有些"网红"不以"粉丝"为上帝，只待关注即收割，打着"真实见闻"旗号博眼球、增流量，玩弄同情、骗取钱财。《墨子》"楚王好细腰，宫中多饿死"是典型之网红毁了粉丝。

有些"网红"蛊惑"粉丝"作死。"羊大为美"有过程，"成人之美"有代价。命运每一馈赠皆有标价。爱美变美不要成为别人利益牺牲品，生命只一次，人体精密且娇贵。不可以"美不惊人死不休"，"刀兵相见"难以"从头再来"。人气不代表审美，不必羡慕谁、不必嫉妒谁，流量不代表优质，"美盲"较文盲更可怕。无内涵之美如塑料花艳丽而无灵魂。"东施"生不逢时，其"效颦"走红千年不衰，逾越"梁祝"化蝶苦修七世之功。

网红之底线系着饭碗。网红"蹿红"因果于凡人不明所以。点击率不代表一切，炒作之流量很可能"过火"。造假在人，媚假在心。环球网数据：有 54% 年轻群体最向往主播和网红，时代成就"网红"也终将弃之如吐出瓜子壳，狼藉于地、旋即遗忘，只能确定其曾"阔绰过"、有过鼎盛。红极一时随风而逝，"辞旧迎新"、无人问津较之万人唾骂更落寞。

不在人云亦云中"奶头乐"。令人变丑非是皱纹而是忧虑心理。"逆生长"是"地球梦"，无审美力是人生绝症。目前人类仍非岁月赢家，排除基因变故，长生不老、"童颜永驻"仍多为祝福，冰山真貌多在水面之下。内涵充盈、身德兼修是真正容颜静好。金字塔从来不是活人卧榻。秦始皇为了"驻龄"不遗余力，最终成全骗子、贻笑千古。

2021 年 5 月 18 日

"命好"就是持续努力

——

不努力不付出还想运气好、赚钱数到"手抽筋"是白日梦。运气不好或是努力不够或"跑偏"了，不怕晚，只怕懒。不以"运气不好"心安理得，懒是人格"癌症"，甘于懒惰而贫穷。

懒惰是人生第一原罪。世人做事分为两类：一类观望，一类行动。许多轻描淡写之成功是故为淡定，奋斗是最给力"三十年河东转河西"。能看到的好运多是一种能力，多数懒人患有"学渣综合征"。无努力之原始积累，机会来了也把握不住，"懒症"晚期是破罐子破摔，"眼见他起高楼，眼见他楼塌了"。"懒症自检"一下："万事起床难"，你有多长时间没正经吃过早餐了？

运气是因素但非为关键。弱者怨天尤人，强者事在人为。生活虽苦但也处处有光，"喝凉水塞牙"倒霉于心态。人生之难在于顺境时不骄纵自满，低谷时不弯腰低头。自己不改变，换环境"换汤不换药"。三年"楚汉之争"，刘邦屡败屡战，老父沦为人质被威胁剁成肉酱还喊出"分我一杯羹"；项羽刚愎自用、妇人之仁，一败至"四面楚歌"便以"天亡我也"霸王别姬。

读书之"用"非是立竿见影。有备而来容易胜出，不喜欢受制于人必然给别人带来麻烦。优秀者无一例外自省能力强，不抱怨不纠缠是对彼此最好成全。得意者自谦"碰巧"，失意者陈述"艰辛"。非是所有人都懒惰，运气或可以为尽力后不成功之说辞，但非永远借口。走上社会少有人会告诉你下一步考什么，真正于你之有价值恰恰少人告诉过。

牢骚太盛性情太懒。恒久努力最是"天赋"、运气，后悔、生气、抱怨其实于事无济。坚持自省，一天比一天进步。"山不过来，我就过去"，改变不了环境改变自己。小人无错，君子常过。不如意多是努力不够，运气不应该"背锅"。学习或暂时有痛苦，不学习终生痛苦。几分之差而就学 211、985 是运气也是实力。贪睡是第一懒惰，整天玩游戏、追剧而失去学习力是"重症"懒惰。

2021 年 6 月 22 日

你沉溺于游戏的样子真"丧"

——

无所寄托者最沉迷于游戏，游戏之最"魅力"在于予玩家以现实生活得不到之虚幻成就。所有荒废度过、颓废至斯日子补不回来，沉迷游戏者"执着"样子向来不被常人看好。

手机偷走越来越多人梦想。来自中国互联网络信息中心(CNNIC)保守数据：青少年网民占人群85.3%。"瘾君子"直接症状是眼镜度数越来越高，"点赞之交"越来越多，生活懒散、行为孤僻，难以融入现实生活。珍惜现在。读书真的可以改变命运，学校和人一样分三六九等。App本身无错，唯一在于个人使用。失去竞争力者必然置身职场食物链底端。沉迷于某种不上进者或因幼年时期少被关注，或为了逃避现实生活。

不能自拔者谓之重度"瘾君子"。大学之"突如其来"宽松管理令许多少男少女迷失于网游。资深"戏骨"被通知劝退是早晚问题、情理之中，只是自己不愿意正视。对照一下：有些大学生生活就是白天昏睡整日，黄昏兴奋来劲；一周七天，至少有四五天玩通宵；翘课不计其数，许多课程期末了都没和老师打过照面。警醒一下："低头族"日复一日看手机、打游戏，20年后会是怎样身心？

没有自律就没有自由。家长全方位呵护，社会弱肉强食。有些人在通宵游戏，父母在日以继夜工作。教育之最大骗局是鼓吹孩子"散养"，只"散"不养之父母其实是"放纵"。青少年时期之放纵开心是"透支"中、老年安逸幸福。大人物也有不能自拔之痴迷"玩物"，只是他们在此之外不"丧志"，同时做成更多重要事情，小人物则是将其作为全部身家寄托。

假装还能将就较之放弃更可怕。赢了还想赢、输了更想赢，越来越多青少年扑向游戏。自制力差、不顾消极影响持续玩家谓之"游戏障碍"，是严重影响身心健康之沉疴。游戏所得辉煌、付出汗水于现实一文不值。生活之成就感最可避免沉迷游戏。看直播是当下很多年轻群体"杀时间"超级手段。来自知乎数据："学渣"人群约占5%，但100%沉迷于手机、电脑游戏不能自拔。

2021年6月26日

像鸟之爱惜羽毛一样在乎名声

——

"雁过留声，人过留名"，名声是人品公众评价，于人生犹鸟之羽毛，损毁无以腾空扶摇、安身立命甚至众叛亲离，之前功劳、苦劳化为乌有。好名声令人向往，坏名声严重制约职业生涯高度宽度、品质内涵。

人怕出名猪怕壮。有人而有江湖，有江湖而有故事。树名声难、毁名声易，成也粉丝、败也粉丝。道德和绯闻是扳倒一个人最"利器"，坏名声似极蒲公英之花开，好事不出门、坏事传千里。"人活一张脸，树活一张皮。"珍惜名声，"设计"形象。名声标志着生命价值，"宁砸器，不砸名"是中华瓷器文化惜名核心理念。既爱惜名声且不为所累。有宋一代文宗及精神领袖欧阳修曾经两度遭政敌以绯闻攻击抹黑几乎毁了身家性命。

好名声非只是讨好和妥协。人人拥有不同名声，长相天注定，名声后修成。孔雀爱惜尾巴，好人爱惜名声。好名声可以"混个脸熟"，也可以"慕名而来"。人品和努力是如意人生"压舱石"，职场真正"救世主"是自己。立足岗位想干事、能成事，多琢磨没达到之工作如何提升、提升之工作如何做精。努力非是每天像老黄牛一样累死累活。不为名利所累、多为人民建功立业，好名声自然随之而来——"有的人死了，他还活着"。

慎交声名狼藉者。看人看主流，于局外人求真辨伪，怀揣悲悯善良、不做"随恶"稻草；于当局者，挺直腰杆、沉默是金，与其徒劳辩解不如摒弃虚名。贵不可易妻，富不可易友。名和誉不会不请自来。盛名之下，其实难副。近益友、远损友，臭名更易传播。交往低微者无害名声。"圣人"同样珍视名声，周游列国期间，孔子为了团队生计"私聊"拜会绯闻缠身卫灵公夫人南子而被子路责怪忘了名声，后赌咒发誓自证清白。

沽名钓誉不能一劳永逸。品德才情是名声重要组成，名声是人品外在反映而非人品本身。人品似枝叶、名声如树荫，不仅在意荫凉，更要珍惜根本。"虽不能至，心向往之"，有些名声如河面轻浮之物。好名声非是空中楼阁，是"高楼万丈平地起"之修身养德。花钱做广告是沽名，谋求获奖为钓誉。品牌和名誉犹如养花必需时时呵护、日日打理，像爱美女性护理脸面一样时常"擦洗"名声。

2021 年 8 月 12 日

好学生是这样"炼"成的

——

孔子也是"炼"成的。读大学非只为找到好工作，人缘好非是简单粗暴地被记住名、认出脸。"登高一呼，应者云集"感召力非一天"炼"成，不愁"前路无知己"关键还在于怎样待人而如何被待。

在外人眼中"像样子"。先扫宿舍一屋后扫职场天下；尽量不携三餐令教室"五味杂陈"，也不以占座致图书馆"座无虚席"。情智双修，高分不低能。男生不"娘"不弱，女生有"淑"且娴。先正衣冠，后明事理。穿戴整齐进课堂，"出门如见大宾"。衣着状况影响精神和心理，关乎个人尊严、有助进德修业、庄重公序良俗。非是经济或特殊情况，"容仪有整"进课堂是尊重知识、尊敬师长及必备斯文。

野蛮体魄文明精神。作息规律、不睡懒觉、杜绝"网癖"。寝室非是学习场所，学霸总不在寝室，"学渣"多为寝室常驻少年。学校优渥生活环境旨在助力学生成长成才，热爱就是动力。做事有条不紊、不一曝十寒，至少不当累赘。即便宅家网课也要精致。你沉溺"网游"的样子最丧，路上阳光正好，只要不"宅"就有更多收获。当积极阅读者，既要精读又要泛读。把别人"刷屏"时间用于读书，细节呈现教育品质，学以致用多在书本之外。

具强烈目标管控能力。有目标，努力实现；无目标，树一靠谱目标。不总为错误找借口，多与优秀者为伍。团队破冰，在挑战中取胜。不背道而驰，在合理时间做合理事情。看破不说破，不做"一根筋"。避免与非同一层次者无谓争论。外包大脑、群体协作、顺应规律，充分利用有效资源聪明地努力较之埋头苦干更具成效。恰如其分赞美和开玩笑，有自嘲勇气和实力。敬重前辈，避免与"老江湖"斗法"死"得难看。

不将师长教诲视为理所当然。"新竹高于旧竹枝，全凭老干为扶持。""乐多贤友"了解人情世故，努力与老师成为朋友。"经师易遇，人师难遭"，与师长为友兼得读万卷书、行万里路、交万位良友。学习成绩不同既是老师讲授有别更是学生恭敬心差异。心中有愉悦、社会自有序、国家多和谐。路是自己选的，既然过着悠哉生活就不要羡慕别人精彩。有提前"躺平"者甚至觉得晚上在宿舍熬到睡觉时间也是痛苦。

2021 年 8 月 24 日

好员工不一定非得是"老黄牛"

——

谋而后动，抬头巧干。职场时有得道升迁者能力尔尔、原地踏步者能力超群之"二律背反"。一味埋头职守、守摊工作或许走错方向、贻误发展，有如忠厚能干之老黄牛不敌灵鼠，屈居十二生肖次位。

能干实干会干巧干。既敏锐机智适者生存，又整合资源做工作多面手，做一只素质全面职场"狐狸"，且能"假虎威"创造性发挥。强大自己，解决问题。总哭的孩子没有糖吃。年轻吃亏是教训，年老吃亏是悲剧。顺市者昌、逆市者亡，市场不相信眼泪，有些"苦劳"不值钱。游手好闲者心智生锈。敬英雄，学模范。增进人民福祉，推动社会进步。有一种实干叫"攻坚克难"。发光并非太阳专利，你也可以。

既低头拉车又向前看路。方向不对，努力白费。"寻常看不见，偶尔露峥嵘"，于紧要关头"露一手"。以技能谋立足、以智慧求发展，借鉴非是照抄照搬。既可以当"老黄牛"，更要当"救火队长"。"老黄牛"踏实工作、不惹麻烦同时或无意遮掩一些"火山""管涌"，千里马既可以"屈尊"拉盐车更可以高就"踏破贺兰山阙"。有些埋头苦干是低级勤奋，如希腊神话之西西弗斯一生都在重复、无用工作中度日。

忙碌者不一定敬业。工作是工作，感情是感情。凡事有交代、件件有着落、事事有回音谓之靠谱。斩断"拖延症"，很多人死于"等"。没有功劳还有苦劳，没有苦劳还有疲劳是"井蛙"思维。只拉车不看路，力没少出、劲没少费，要么偏离要么倾覆。领先一步是先哲，领先一点是先驱。可学三国吴将周泰，临阵敢玩命、平时不炫耀，终究以卓著功勋赢得吴主孙权"数伤敬酒"。

耐心是一切聪明才智基础。"贪"是人性，不贪是经验。社会万象、人际如网，应付自如、开合有度是不二生存法则。时代是思想之母，实践是理论之源，工作不可投机取巧但需开动脑筋。非是看到希望坚持，是坚持中看到希望。不甘平庸却以平庸为归宿自欺者人生至悲。历久弥新，厚积薄发。若无"合纵"之虚实兼备，苏秦何以佩东方六国相印感慨"嫌贫爱富"？

2021 年 10 月 6 日

二十几岁其实不几年

——

二十几岁之珍贵无与伦比，"逝川与流光，飘忽不相待"。你修为足够，能 hold 时间、与自己较劲，会有十余年；你浑浑噩噩、得过且过，不过几年。

无雄心者"泯然众人"。二十岁后是绝大多数人生分水岭。销毁精神垃圾，塑造精神天花板，不在最有创造力年龄过着最少创造生活。20 岁上珍惜光阴，30 岁上不陷入中年危机。有些人二十几岁不过三年：第一年在大学无所事事，跟风游戏追剧睡懒觉；第二年在茫然惊醒中海投简历、租房上班、早八晚五挤地铁打卡；第三年待在不喜欢城市、做着不喜欢工作，且在七大姑八大姨催促中男婚女嫁，然后浑浑噩噩"奔三"。

二十岁后每一岁皆可轰轰烈烈。二十几岁应该很忙，少有感伤没空感伤。生活扑面而来，唯有当下看得见、抓得住。相信光明强于黑暗，在有些场所"装"气场、"挺"自信。"青春都一晌"，"害怕"犯错错过多多。别总是抱怨时光匆匆，却从不珍惜每一分钟；别总是对未来充满幻想，却从不逼自己一把。

有些人的血从未热过，很多人的血从未冷却。越努力越可掌控自己，越被夸赞之天赋越会成为不敢挑战之"绊脚石"。

大家都在玩你辛苦两年。父母伴我往昔，我陪父母变老。不要只是看上去过得好，只会感动自己很可怜。有时你不是无聊，只是没有目标。每一今天都是死去之昨天，曾经奢望之明天。如果过去很美，请好好珍藏且未来过得更好；如果过去不美，就好好努力，把现在和未来过好。许多错误选择是自找的，要么改变、要么安静接受。年轻不是健康本钱，好身体却是了不起才华。力所能及之单身生活也丰盛。有些"躺平"是以退为进。

向上生长是二十岁后唯一正事。具毅力和好习惯者多较别人混得好，无阅读习惯较之无学历更可悲。不令友谊的小船说翻就翻：太在意别人眼光会变傻，为了某段感情失去棱角是损失。除了消费，对许多新事物敏感。许多梦想是"懒"死的，许多人非是无梦想少天赋，只是缺少毅力半途而废。包括富二代、官二代，在该奋斗年龄安逸享乐皆自食苦果。"键盘侠"多是他人生活旁观者，或可谈资丰富终究只是"隔岸"别人成功失败。

2021 年 10 月 10 日

动辄抱怨者自贴无能标签

——

生不易活不易，成功更不易。人人或很难或很累；或因职责所在，或因不甘之薪水或人际应对。怨人者穷，怨天者弱。要么挥汗如雨，要么滚蛋回家。与生活较量，总有人能赢。

人人背负生命之重。"鸡头"有风光先睹为快，"凤尾"有尴尬露丑露怯。博得他人欢心是小聪明，令自己愉悦是大智慧。航行必然有风浪，是生活总有波折。一无所有，白手起家。没有河流不经拐弯流入大海。有些人既不难也不累，网络跟风多了为矫情所累。以你的步伐、节奏努力，慢一点没关系。乌龟虽然慢代表时间，坚持到终点收获掌声；兔子虽然快喻意人生，半途而废落下笑柄。

短跑之最后一步、跳高之最后一跃皆是最不可以放弃。

感到累是因为你在"上坡"。得意一时,失意一时。试试而知道斤两,遗憾令经历刻骨铭心。自我升级人生系统,"三省"修复生活 Bug。人脉是机会,抓住靠本事。有进取必然失误,还活着就有机会。避免"年度计划"沦为"年度笑话"。一堆稻草压垮骆驼,解决一个难题就是一次创新。名师教不会"装睡"朽木,许多失败非在于能力不济而是"坚持不屑"。"十年磨一剑"之极度孤寂当事人最清楚。

弱者怕"如果"强者想"如何"。没人扶就自己"站直了别趴下",挫折之积极意义在于跌倒后哪怕头破血流也要起来。生活需要逢山开路、遇水架桥,有些人难在于可以像猪一样懒却无法像猪一样心安理得。别人给不了想要的翅膀,一再放弃后习惯性知难而退。对他人无脑依赖是对自己无情弃绝。不在一件别扭事上纠缠太久,懂你者不需解释,不懂你者不必解释。没人知道"借东风"之前诸葛亮修炼了多少年。

在"熬"中得道多助。习惯不该习惯之习惯,执着不该执着之执着。撑过是天堂,放弃是地狱。生活有似骑平衡车,唯有运动前行保持平衡。总有一种坚持不被辜负,总有一粒种子因你发芽。今天不吃苦学习,未来多学习吃苦。时间是光芒媒介,努力是幸运伏笔。逆境反弹能力是成功第一潜质,即便你很累不想继续也回不到起点。九十九步是一半,第一百步是另一半。先有新中国站起来、四十年改革开放,后有新时代"构建人类命运共同体"负责任大国"风景独好"。

2021 年 11 月 24 日

朋友圈里也有江湖

——

"牢骚太甚者,其后必多抑塞。"在朋友圈无节制"刷屏",所发内容一再于他人无益招致反感谓之"交恶"。习惯性吹牛者习惯性撒谎,直接后果是疏远别人也孤立自己，事与愿违失去人脉。

朋友圈也有个人名片。现代人深陷忙和懒，有人长情、有人薄幸。人脉既是人际交往又是人生"交集"，朋友关系把握"分寸"极重要。可随意评论书刊影视如何之烂，不可随意评价 ta 人长相出身。加了牛人微信未必多条厉害人脉，朋友圈"有钱"不等于富有，朋友圈"精致"不代表高贵。怀着温暖、诚恳、热心写朋友圈，与其躲在手机后面表达不如在朋友面前展示真实自己。你弱你穷不一定你有理。不以没礼貌为真性情，有些"友谊"死在朋友圈，有些"狗血"发布不仅难以"点赞"，或致"友谊的小船说翻就翻"。

有些友情是"点赞"之交。多些"温柔敦厚"少些"忠言逆耳"。朋友圈没有真正大侠且多数所见时有偏颇。慎在朋友圈"世人皆醉""为民除害"，低质量社交不如高质量独处。对生活负责屏蔽和远离"负能量"者。平时助人是"投资"，开口求人前先掂量一下"资本"。发现他人闪光点较之缺点更具意义。阳谋旨在凝聚志不同道不合者。不高估人际关系，看得淡人走茶凉。"群发"说事"不将他人当回事"。在意某人记得常联系，别只关注朋友圈，请了三四回都爽约者下次就别约了。

针对朋友圈营销"危机四伏"。吃亏最有"营养"，该随的"份子钱"宁可多给不可少给。成年人友谊无需靠得太近且多数掺杂利益。不轻信"钱够花就好"，不存在无技术含量又轻松赚大钱兼职，许多微商死于杀鸡取卵。非是所有朋友都值得维系，"索赞""集赞"也是透支友谊。有些朋友圈加剧对立，轻则被有礼貌疏远重则被"拉黑"。一味代购、"晒娃"拿捏不好分分钟"恩断义绝"乃至被"反击"。实在"晒"瘾难熬可尝试朋友圈分组发布避免骚扰之嫌。

不是所有情绪都适合展示。朋友圈所见是 ta 想让你"看到"。常人稳定社交圈一般 150 人上下，非是大人物，朋友圈设"三天可见"极其尴尬：新加好友无法了解你，老朋友不知晓你之近况，想找个话题聊天不知何从"切入"。好的人际关系需要打理，生命来来往往，交友贵在质量与默契。人生是一不断丧失过程，习惯失去是成年人感情常态。犯了错误不要反复解释，友情自不回消息开始疏远。在背后称赞别人效果更佳。自己不努力认识谁都没有用，许多"秒赞"回复是信手拈来言不由衷。

为了你的斯文不"扫地"

——

"斯文"语自《论语》"天之将丧斯文也",原指文化或文人,《清稗类钞》谓之读书人不传承道统、文化,自甘堕落而致名誉、信用、地位等完全丧失不受尊重为"扫地"。

开卷有益少"露怯"。读专业书、教科书只是学习而非读书,真正令你有内涵之书是艺术、哲学、历史、文学等"杂书",亲近之乃真正读书。譬如近年有将"鸿鹄"读为"鸿鹄(hào)"、将"黉门"读为"黉(huáng)门"以及咬定"七月流火"为天气炎热等名校长们将人"丢"到世界,主要在于不重视读"杂书"或从来不读。

"读书无用论"是"伪命题"。读书功利化是肤浅理解,读书既是"学成文武艺"又在于净化灵魂、找回自己。有些人读书无数思想水平却很低。察看书橱藏书大约可判断某人品位,或空空如也或学科单一或"腹内草莽"。阅读且独立思考而拥有诗和远方,不读书者即便走遍世界充其量"到此一游"。

独立思考"兼容"博闻强识。一本"《平安经》"颠覆认知,一群马屁精丑态百出。自更高角度、更宽视野审视书本。艺不少学过时悔,真正人生存在是有趣、好玩。生命只有一次无以"万寿无疆",读书而增其宽度和高度。读书可以体验一千种人生,不读书只能活一次。居人生或事业金字塔峰巅者,90% 以上都有良好读书习惯。

不能提升修养之读书不比书橱。以读书弥补教育经历不足,博览群书既非卖弄学识更非"邯郸学步"。"学须静也",因读书而内心平和、绝无炫耀,外人觉其孤独、实则精神强大。亲近书卷而不粗俗、不暴躁、不偏激,散发恬静高贵、令人如沐春风。读纸质书是生活方式,健忘是"互联网"时代阅读至弊。

2022 年 3 月 3 日

第十章

言之有文，你也能口若悬河

『台上一分钟，台下十年功』，会讲话是技术活，是『冰冻三尺，非一日之寒』。

『厚积薄发』，用心关注生活，注重积累，加强阅历：『开卷有益』，多读书、看报，阅读和书籍最是迈步阶梯；『三人行，必有我师焉』，多向他人学习也是不懈提升眼界阅历。

『事情练达皆学问』，总有一天你会 get 高光时刻，展现聚光灯下优雅谈吐。

表达力就是影响力

——

　　语言是思维外壳。"登高一呼，应者云集"之好口才是感召力、自信心乃至敏捷思维、综合素养"硬核"，可以着重自心理、发声、行为、思维等方面刻意养成。

　　口才影响生活层次。"一言可以兴邦，一言也可误国。"口吐莲花，笑傲江湖；妙语连珠，平步青云。好口才是成功、成才关键，不上台演不了讲，当众表达必须当众练就。开口比什么都重要。多说、多想、多看、多学，练就当众表达胆量。

　　先会"听"后会"说"。善于"倾听"较之表达更重要。会"说话"者身边不缺朋友，会"听话"者心里不缺朋友。听懂弦外之音、言外之意是"有话好好说"前提。好口才非是语言多寡，而是切中肯綮、言到意到。临行而思，临言而择。诸葛亮"舌战群儒"在于先听懂而后借力打力。

　　"腹内草莽"无以出口成章。每一唇枪舌剑、口若悬河都是平时"问学穿石"之厚积薄发。见解独特最可一鸣惊人，人才未必有口才，有口才多是人才。兼修"高颜值"和内在气质。好口才非是胸无点墨夸夸其谈而是全面素质彰显、一专多能展示。

　　好口才令职场更精彩。先练好普通话，用方言非是"个性"。虽无必要如专业播音员字正腔圆，但至少不闹发音笑话。好口才不受制于性格，"一言之辩，重于九鼎之宝；三寸之舌，强于百万之师"。笨嘴拙舌难以拓展人脉，99% 成功人士善于当众讲话和沟通而非"茶壶煮饺子"。

2021 年 1 月 6 日

可以说"但是"尽量不"杠精"

网络大了难免遇到"杠精"而"话不投机","杠精"者即喜欢通过吵架刷存在感、为了吵架而吵架人群也，有别于"喷子"之不在乎他人看法及不讲逻辑、只顾发泄情绪直接人身攻击，"友谊的小船说翻就翻"。

尽量将优越感留给对方。不可光顾"秀"自己，聊天中少展示你有人无，尽量也让对方同"秀"优越感。"温柔"是一种难得品质，有些反面意见非是委婉是苛刻。诸葛亮之所以被"三顾茅庐"礼遇，只因为之前与司马徽、徐庶等名流交情深厚、惺惺相惜，因而刘备被告知"卧龙、凤雏二者得一可安天下"。

允许别人有不同观点。聊天是一种参与，旨在获得参与感、增强存在感、确认优越感，不泼冷水，尊重他人喜悦。多给他人以台阶，尽量不让话题"掉地上"。可以批评专家，但敬畏专业和科学问题。实在要展示自己不妨捎些自嘲同时夸赞别人。失败聊天是耽误了他人"秀"优越，"三国"狂士祢衡就是被自己"秀"死的。

多说"是"者非是无主见。"好好说话"，话到嘴边留三分。切记戒除否定式口头禅。不"挟大众暴力以令正义"。多数"杠精"有恃无恐于网络，自诩"举世混浊我独清"，无理由置身道德"制高点"。"夫唯不争，故天下莫能与之争"，有些不争是真智慧。若非辩论，随意逞口舌之利戳穿他人优越感是人格漠视或尊严攻击。

多说商量句少用祈使句。多在意对方感受，多戒除颐指气使语气。被人当众指使最伤害自尊，越是见识贫乏者拥有莫名其妙自豪感和勇气。《三国演义》被"黑"第一人周瑜既是大帅哥又少年得志，但他一贯礼贤下士，被程普等老将评价"与公瑾交，如饮醇酒，不觉自醉"，所以发生"打黄盖"故事决胜赤壁。

2021 年 3 月 1 日

"会说话"是重要职业能力

——

语言兼备艺术和征服力。说话漂亮是本事，会听话是情商、能力乃至学问。听不懂言外之意或见识少或知识少，职场"小白"除了强健专业技能，还须具备好"听力"。

有序社会最怕不听话。"君子约言，小人先言。"多数生活交流平铺直叙、话到意到，少数职场交流或隐关键信息于戒备、不悦或礼貌、官腔之下。"父母呼，应勿缓"旨在倡导既听话且听懂。"听党的话，跟党走"与"不听老人言，吃亏在眼前"异曲同工。一些"言外之意"为暗含话中、未直接说出之意。如张良之下邳坦桥拜师授书前一再被黄石公苟以"迟到"，若无前期性格、作风和表达历练或许一头雾水错失良机。

听懂言外之意更好说话。说个不停不一定是交流，天天说话者不见得就会说。倾听比表达更重要，让对方说得尽兴是成功交流。正常说话多同时伴以情绪和态度，或交流信息、或交流感情。感受"弦外之音"，在意"王顾左右"。会听话是一种学习状态和能力，最能及时正确反馈和判断。如若说话对象避开本题、搪塞敷衍或一再"端茶"，说明你或触及"禁区"必须调整表达或自找台阶告辞走人。

有理不在话多调高。毛泽东主席曾辛辣讽刺"党八股"式腔调又臭又长。会说话者知道对谁说，不会说话者自说自话。"成事不说，遂事不谏，既往不咎"。以在乎为前提，以"同理"之心倾听、以"双核"思维理解。既要听 ta 说，更要观其表情、语气以及双关、影射等意味深长。音色天生，音量可控，给别人留有余地是极大尊重。具不较劲智慧，生活中龃龉人群源于不会听话。"三国"杨修之死在于逞能耍小聪明，一再错判曹操"卖关子"意图提前擅揭谜底。

警惕"哪壶不开提哪壶"。"分寸感"是成熟标志，有些人一开口就赢了。一半倾听一半慎言，错误情绪扭曲交流内容。交往中有"眼力"，不提及别人隐私、缺点，该说的说、不应该说的不说，知道及时"噤口"、有避讳意识，避免陷人话题"雷区"。"对不起"最能消弭对方火气，"谢谢"最能建成谦虚人格。不会说话者错过多次成就自我。工作中于原则问题不回避、做好事当仁不让，敢于"捅娄子"、不"绕道走"。

2021 年 9 月 24 日

那些年我们一起吹过的牛

吹牛实质"无中生有"或以"1"当"10"之信息"不对称"。一类人过日子，一类人奔日子。生活需要幽默风趣，有些吹牛是"华丽"表达。骗人、骗己、再骗人谓之吹牛三境界，无根基少自信者不吹牛。

吹牛可以认真但不可当真。有些吹牛实质心理疗伤，所有吹牛不可以伤及无辜。倚靠"自播"彰显存在感者实质诛心，即便是吹牛"不上税"也"不犯死罪"。"习惯性"吹牛者既"肆无忌惮"招人烦，也暴露无知作践自己。没有经历无以成长，所有今天"饿其体肤，劳其筋骨"或为历史磨砺或为未来"吹资"。吹牛非是大错，错在有人无以可吹一味"强吹"。过度在意面子终究没有面子，《史记》所谓"究天人之际，通古今之变，成一家之言"非是太史公吹牛是当仁不让。

吹牛旨在掩饰不足。男性自卑体现于放肆"吹"，女性自卑体现于各种"作"。不仅以吹牛与否衡量某人道德和才能高下，人人必有无知领域，自知无知是为"有知"且智慧。后悔讲述多了自证愚蠢，知足常乐非是佛系躺平。吹牛者之最"吹点"往往不堪一击，一味戳穿 ta 人吹牛人品有问题。没"两把刷子"即便留长发蓄长须、着汉服衣唐装也非是艺术家。

今天所遇将来可"吹"。"吹功"终究与实力成正比，精彩吹牛必需草稿且同时以九牛二虎之力佐证。今天走过之路、所受之伤、流过之泪未来皆可一"吹"。自欺欺人较"井蛙不可以语于海者"更愚昧，刻意掩饰劣势、虚张声势加剧人生堤岸溃塌。多一样本事少求一句求人，"君子藏器""锋芒不可外露"为真正高人。努力奔跑者至少多储蓄父母茶余饭后骄傲谈资、再积攒他日"诫子书"论据。一些网络骗子倚仗吹牛精心做局、"隔山打牛"，抬高自己、收割流量，误导吃瓜群众。

　　文学"夸张"迥异生活吹牛。精彩生活避免不了吹牛翻车不时调剂，不朽作品必需适度夸张渲染增色。传神吹牛需章法、有智慧、多技巧，可能"赋比兴"也许"风雅颂"。吹牛会上瘾，吹牛成习且时常得手者终究不能自拔，混淆"吹境"与现实。中华伦理推崇"发乎情，止乎礼"，反对骄傲反感吹牛。简单≠容易，人生必须理想但不可理想化。除了"那些年马云吹过的牛"，古今中华文人群体也不乏顶级"吹"客。汉人东方朔入《滑稽列传》既是名"吹"青史又是饱学之士诙谐释放。

2021 年 11 月 30 日

尽量让别人"听得进去"

——

　　美好生活必需说服、接纳。人均每天约有 1 小时与人沟通，能清晰复述话题者谓之真懂。多数"耳旁风"或在于说辞拙劣或"鸡对鸭讲"不同频道。"昵近习亲"，亲近对方、感同身受最可被信赖认同。

　　说话旨在表达非是自嗨。会说会听，你懂我懂。沟通本质既在于自己说出更是让别人听懂。交流之难既在于表达更需要被听进。让人听懂是起码交流，"投其所好"最易被认可。大部分人群不会倾听，矛盾源于沟通不畅。说服力既源于表达水平更在于人品魅力。"凡道字，重且舒"，让你之语言有"磁性"。成功表达从不局限于字面意思，说个不停或以聒噪招致反感。如"段子"之简单、意外、具体信息或许只讲述一遍即被过耳不忘且多次传话也不会跑偏。

"道理达人"往往不招人喜欢。"有理"未必"有礼"，在最佳时机表明正确看法，善于沟通非是圆滑、世故是大家都有的体面。能不能好好说话决定其人值不值得交往。"勿急疾，勿模糊"，字正腔圆语言既有声音且具能量。养成15秒内概述内容好习惯，抓住见面前三分钟关键阐述达成共识。精准表达、提升魅力，文字表达永远了不起。分清对错易认同对错难，有些争论非是对错与否是面子作祟。迎合对方真实需求最致其"心悦""诚服"。有些创意和提议游说于刻板者是"上嘴唇碰天，下嘴唇碰地"胡说八道。

　　"实话实说"必需相应智慧。不试图以斧头拍死头顶苍蝇，沟通于能力塑造至关重要。情商高者多会说话，说服别人是于意识层面成功"入侵"。三寸之舌可以销骨烁金，"逆耳忠言"最易失去至爱。向至亲人群乱发脾气者既愚蠢且懦弱。"当面教子，背后教妻"，"回答柔和，使怒消退"。既能爬梯子又会下台阶，懂得关注他人者有格局。思考时为智者，表达时是凡人。孔子善于游说，却在路经匡地时被误认为恶霸阳虎遭到围攻，"此一时，彼一时"。

　　会讲故事修炼口才。不高估自己聪明，不俯视他人智慧。"三国"杨修破译曹操"鸡肋"寓意是轻率说破他人"言外之意"。有些人无话可说，有些话无人可说。多相信调查反馈，少相信拍胸脯保证。不是一路人不同一条船，在沟通中消除偏差共情共识。能"对牛弹琴"者沟通无极限，以"朽木不可雕"为由是放任自流。王婆卖瓜，不要指望只要做好事情就能被发现获表奖。冷静不冷漠，坚定不坚硬。在意话语有力量，关心语气有温度。相互对骂是吵架，彼此赞美叫社交。

2021 年 12 月 2 日

"抹得开"面子会得体拒绝

———

　　一味拒绝失去朋友，一味顺从失去自我。不知道、不好意思拒绝者是"老好人"，悲哀地做了许多或不被感激或被视为理所当然"无用功"，甚至被轻视。

　　"厚道"从不是"来者不拒"。善良可以略具锋芒，拒绝底气来自分明底线。人人各有责、权、利，于对方"无成本"之随意请求最可以拒绝。你非"救世主"，没义务无条件满足别人非分要求；你非监护人，有权不为 ta 人得失担责买单。尽量于拒绝同时不令彼此交情受损，不一味地以"忙"为拒绝理由而被诟病"低能"，坦诚拒绝同时还可以提供折中方案退而求其次。诸葛亮《隆中对》前之所以折腾刘备"三顾茅庐"其实很有对"苟全性命于乱世，不求闻达于诸侯"之初衷顾忌坚守。

　　警惕被"不好意思"绑架。不能愉快接受"不"是人之常情，轻率说"不"是人品欠缺。在自信中"好意思"，会拒绝是人生必修课。拒绝本身其实没有错，往往错在拒绝之前作出判断。不因无谓"面子"和内疚感受控于人。有正当理由，欣然允诺等同坦率拒绝。"人善被人欺，马善被人骑"，水仙花永远比仙人掌更惹俗众采摘。宁愿委屈自己迁就不合理要求最终受伤害和委屈，缺乏拒绝勇气导致一连串悲剧。《三国演义》之"鲁肃作保借荆州"既是当事人面子作祟又是"始作俑"者以权谋戏弄厚道。

　　合理拒绝是彼此尊重。拒绝重点在于表达"拒绝"而非是给出若干理由，不擅长拒绝者多数非是胆小、害羞而是"边界感"不好。拒绝请求不代表拒绝其人，许多拒绝是对事不对人。合理拒绝非自私是恪守边界和底线。人心不足蛇吞象，"有求必应"是理想人际。佛祖也不能有求必应，观音合掌是自省"求人不如求己"。无允诺、无拒绝交往不可想象，或后悔"早知今日，何必当初"或纠结"言而无信"。"冯谖客孟尝君"是在彼此拒绝中相互理解成就逆袭千古佳话。

买卖不成仁义在。既然拒绝就不要再让对方心存指望，拒绝语气可以委婉，态度必须直接明朗。拒绝与生存皆是权利，善良不能一再被厚脸皮强行要求道德绑架。"老好人"多积压郁闷、委曲求全，一味来者不拒姑息和纵容各类"巨婴"行为。拒绝同时还可予以好的建议间接帮助。不以自己之"以为"揣测别人意思，得体拒绝既给对方以台阶且自己不致太尴尬。直陈难处其实不伤和气、赢得谅解，避免"周郎妙计安天下，赔了夫人又折兵"，至少彼此"说得过去"。"负荆请罪""将相和"最是有法可循之优雅拒绝。

2022 年 2 月 18 日

再说"得语文者得天下"

——

语言旨在表达思想，文采最是精彩感情，《左传》所谓"言以足志，文以足言"。"得语文者得天下"——语文水平至少体现于口才或文笔，语文最具促进独立思考、精深表达之用。"一辈子的道路取决于语文"，美好人生起步于语言、发轫于阅读。

语文是"百科之母"。语言、思维是"一体两面"关系：语言建构与运用是语文素养之最，是思维发展提升之基。"语"之要用直接体现为个人必备书面、口头表达能力，也为历来学习语文课程第一要义。精通语文而具适应生活所需之口语交际、击节吟哦、遣词造句等能力尽享美好人生。"闻道有先后，术业有专攻"，即便非专业人士也应狠下功夫于祖国语言文字，至少免得当众出丑或"茶壶煮饺子"。

准确使用本国语言文字是公民素质。《周易》解释"文"之本义"物相杂"，指人之于自然景观发现和感受，后世多以优雅文采谓之，孔子所谓"言之无文，行而不远"。"化"之本义"改易、生成"，"文化"本义"以文教化"，即对人之性情陶冶、品德教养，母语包罗语文知识、文学趣味、文化建设、道德人格、意识形态乃至国际态势林林总总。汉语"语""文"传统各表，中国文化绵亘不断；文言文简练承载，中华文明源远流长。

学好语文"唯勤读书而多为之"。语文学习门槛很低、堂奥极深，居各科之区分度最大、偶然性最强。"天生我材必有用"，所有人群毕业学成后皆于求知欲望、理想追求方面不同堕落，后天发展于不同程度"干一行、爱一行、专一行"。"读书破万卷，下笔如有神"：不少人总以工作忙、没时间为由开脱自己不学习，究其深层原因非在于忙，而在于自身不愿意或不挤时间学。真想学习者拿出"低头一族"刷屏或蹭免费 Wi-Fi 精神时间有的是。

语文学习"沉浸感"最重要。最可于适度之沉潜把玩、博览群书间深得精髓。不否认电子读物资源和速度优势，二者阅读互为补充，雷锋叔叔主张，再结实之木板钉子都能钉进去原因在于其长处有＿：一是挤劲，＿是钻劲。如果我辈为学如钉钉，善于"挤"和"钻"，自然汇涓成流、积土为山。

唯读书"一本万利"。目前各地引进高层次人才条件日益优厚。《劝学诗》之"书中自有千钟粟"实为夸张语，"粟"为小米，"钟"是宋代容量单位之一，1 钟约 1 千升，粗略计算约 1 吨，千钟即千吨。清人昭梿《啸亭续录》记载，山西有一商家很会做生意，一次遇一顾客砍价甚急被逼至"墙角"无奈卖惨，"然则一本万利，莫读书若也"，意为世间从无一本万利生意，你若真想"一本万利"，就赶紧回去用功读书别经商了。顾客一听茅塞顿开，回家后立即着手培养子女读书向学，果真有几代子孙跻身朝堂。

荀子主张"学不可以已"，司马迁批评"无岩处奇士之行，而长贫贱，好语仁义"人群"亦足羞也"，意为某些人无大隐操行、长期"摆烂"困顿，还张口闭口标榜"无为""清高"其实很悲哀。

2022 年 12 月 3 日

滥用"谐音梗"是语言病

———

"谐音梗"是将一些人们耳熟能详之成语名言或人物名称等部分或全部以谐音方式偷梁换柱，表达相反或不相关语义达到幽默、玩笑、戏谑效果，究其实质为语言现象及常用修辞，且因不同文化含量或读来幽默诙谐、回味无穷或贻笑大方、贫嘴无聊，某种程度青年人群最为"谐音梗"推波助澜。

"谐音梗"之用自来有之。"谐音梗"看似近年爆红于网络，其实非是网络新词一直蕴含于文化和民俗，自古至今深受国人喜爱和使用甚至今人不及古人，如平日不小心打了碗碟喊一声"碎碎平安"，新婚夫妇床上遍撒红枣桂圆寓意"枣生桂子"，由此滋生包括春节年夜饭必吃鱼压轴寓意"年年有余"之吉祥文化等。

有些谐音作品堪称千古经典。历代皆有"谐音梗"经典传世，如"低头弄莲子，莲子清如水"之"莲子"谐音"怜子"，较之"我爱你"既含蓄且热烈；再如北宋初年宰相吕蒙正年轻时一次过年所撰春联"二三四五，六七八九"及横批"南北"，联面缺一少十无东西，谐音"缺衣少食没东西"，直接戳中寒门子弟节日痛点。

许多"谐音梗"富于哲理文化。如"鸿门宴"上，亚父范增手举玉玦频频暗示项羽"决"断杀了劲敌刘邦以绝后患，偏偏项羽出于"妇人之仁"放走了刘邦导致后来四面楚歌、十面埋伏历史悲剧。还有如"孔夫子搬家——尽是输（书）""外甥打灯笼——照旧（舅）"，或调侃或幽默皆具文化内涵，耐得咀嚼、回味无穷；再如抗疫期间西安市核酸检测使用"霍去病"贴纸既富创意更恤民心。

古人"避讳"多是"谐音梗"惹的祸。如"嫦娥"本名"姮娥"，因避西汉文帝刘恒之"恒"不得已以同义之"嫦"替之；《水浒传》中武大郎所卖"炊饼"名字怪怪的其实是"蒸饼"之"蒸"避讳宋真宗之"真"。非是所有"谐音梗"皆是美好或文化，弄不好甚至"翻车"导致人寰惨剧，如有清一代统治者倚之控制思想、文化之"文字狱"即以"清风不识字，何故乱翻书"为"梗"

祸起萧墙。

"谐音梗"不一定是时尚语。时尚语言古今有之，又称"流行语""潮语"，多反映特定时期普遍关注，近年呈加速趋势主要源自俚语别解、网络助推及年青人群戏谑，如"秒杀""赚钱""直播间"等虽非"谐音梗"但旨在关注社会现象。另外如"表情包""颜值""圈粉""压力山大""nozuonodie"等则令汉语词汇更为丰富多彩、生命力"爆棚"且接地气。

辩证且谨慎使用"谐音梗"。"谐音梗"最具易懂上口特色，是汉语特有之文学形式且主要因成本低、流量高成为性价比极高创意手法大行其道，用好了是文化，用错了是低俗，用滥了是文化灾难，典型如"奈何本人没文化，一句卧槽走天下"，再如"衣衣不舍""饭醉团伙""榴芒批发"之类招徕绝非机智幽默只是浅薄恶搞。还有如近年高考期间时有一些女家长穿旗袍、男家长着马褂寓意"旗开得胜""马到成功"爱心可鉴"梗味"牵强。

滥用"谐音梗"导致不会好好说话。多掌握常用流行语或可消除与年轻人群代沟避免"out"，但需以"咬文嚼字"精神避免不雅、合乎公德，兼备形象生动、突显文化品位。权威媒体以及严肃读物出现大量"谐音梗"是故意制造错别字或触及法律、伤及无辜，尤其误导儿童群体认知。少了"谐音梗"往往不会好好说话有百害而无一利，必须由政府层面以法律名义予以杜绝"救救孩子"。

通俗非是低俗，逐流未必随波。主流媒体、庄重场合用语须符合规范和公序良俗，不可一味以出奇搞笑、粗鄙追风乃至有碍观瞻、有伤风化及背离"经典"为能事。滥用"谐音梗"或弄巧成拙或涉嫌卖弄或招致反感，"恶搞"汉语、亵渎文化。

2023 年 4 月 8 日

好好道歉有多难

———

"念此私自愧，尽日不能忘。"道歉本义是单方认错，承认之前不当或无礼言行，表示遗憾、愿意补偿，以礼节或行动征得理解或原谅。真正道歉除了说"我错了""对不起"，给予对方面子融洽人际，更要从中吸取教训、获得进步而非只是对别人施加影响。

道歉首要意义在于完善人格。不在人格上轻易怀疑别人，不在见识上过于相信自己。道歉是一种能力，真诚是首选"套路"。真诚道歉修复双方关系同时完善人格，无"如有再犯愿意接受处罚"意味道歉其实虚伪。无诚意道歉是故意操纵别人，许多张口即来之"对不起"其实是占便宜借口。也许你可能都对依然需要道歉。"他日妄称少年狂"。道歉很难，能真诚道歉者值得深交。

即便真诚道歉也可以不被接受。不是所有反省都来得恰逢其时，不是所有错误都可以被原谅。道歉旨在表达认错、改错和反思，并且愿意接受对方负面情绪反扑，原谅与否在于对方。非是所有道歉皆可以被原谅：选择原谅非是没有受到伤害，而是以委屈自己为代价愿意放下。接受道歉需要时间和勇气：有些道歉既伤害道歉者，更伤害接受者。

许多人怀有"我都道歉了你还要怎么样"心态。解释可以代理，道歉必须本尊。真诚道歉必须讲究时间与伤害程度：在适当时候、对适当人选，以适当方式发生。许多做错事不是说声"对不起"就可以了之。如果道歉能解决所有问题还要法律何用？一个"好的"道歉至少动机明确、吸取教训、停止侵害。时有人道歉非是为了说"对不起"只是想听到"没关系"。

仍有很多人吝啬于说"对不起"。"人谁无过，过而能改，善莫大焉。"真诚"对不起"不意味着"认输"。不道歉者多有不想承认或觉得自己是"坏人"心理，或担心被指责、承担难以预料后果。"犟"非是"倔犟"：越是低层次人群越视道歉为示弱。许多中国家长出于"尊严"从不向孩子道歉且代代相传。合理道歉只会添加公信力、个人魅力，祈求来的道歉既无诚意且少歉意。包括"负荆请罪"在内，即便道歉天衣无缝也只是和解冲突开始。

先道歉不一定是服软但一定是在乎。道歉有无数种，核心必须有"在乎"二字。对他人谦恭有礼是教养，于亲人好好说话是人品。人人不自觉将坏的一面带给亲人，将好的一面呈给他人：于父母尊长除了爱意歉意，尤其不要"树欲静而风不止，子欲养而亲不待"人生悲剧。道歉非仅仅是弥补损失。于感情而言，较之说"我爱你"，许多伤痕远非"对不起"可以抹平。

往往酝酿许久道歉毁于"但是"。生而为人之最难能可贵在于认错纠错，道歉是先让对方好受点然后是自己好受点。"这错我认，这锅我背"：道歉了就不要死鸭子嘴硬，而是发自内心、声泪俱下。错误道歉主要因为能力、态度"不到位"。自愈力越强越接近幸福，道歉越早代价越小。不因认错而羞耻，也可以理解为聪明。以实际行动道歉更能有效挽回僵局。真诚道歉是一门学问，如果你不会好好道歉就大可不必强做。

"浪子回头金不换""退一步海阔天空"：即便迟来的道歉也不丢人，丢人的是拒绝认错、死扛到底。

2023 年 11 月 4 日

第十一章

见微知著，
细节决定成败

『大礼不辞小让』『细节决定成败』，每一件事成功与否在于对细节把握。

细节，如一滴水，千万滴汇聚为酣畅江河；细节，似一颗星，千万颗汇聚为灿烂星海；细节又如一枚图钉，千万枚聚合为坚不可摧、牢不可破。

『泰山不拒细壤，故能成其高；江海不择细流，故能就其深。』

关注细节是能力，注重细节是精神。把简单事情都做好是不简单，将细节都考虑到位是不平常。

说语
师新

求职应聘最是学识素质大演练

——

求职面试多由招聘方组织设计，在特定场景由表及里测评应聘者能力、经验等综合素质，是双向交流之择业、用人重要途径，而后双方决定聘用与否、受聘与否。

专业能力最重要。"干一行，专一行"，专攻一业，必有所成。企业"机器"必须定期更新和补充不同"螺丝钉"维持运行、提升效率。除非招聘方无专业或特殊要求，胜出者必以"学有所长"、能力出众奠定"人-职匹配"优质就业前提。诸葛亮、智多星因"君子不器"名声在外且左右逢源。

非专业能力不可小觑。"技多不压身"，除了形象、仪表，口才、文字、逻辑、外语，组织、沟通、礼节等职场必备之"一专多能"永远为用人单位所青睐。虽因"站队"不同、结局云泥，三国陈琳之骂曹操、初唐骆宾王之骂武则天皆以强悍"副业"能力表现名垂青史。

"第一印象"至关重要。"知己知彼，百战不殆"，应聘者须事先做足功课，充分了解应聘对象业务要求以及文化、愿景，并以如数家珍状态娓娓道来最可赢得 HR 好感获得机遇。"没有准备好"即应聘是误人、自误。不名一文之青年刘邦因"状貌"第一面即入素昧平生吕公之眼被"重敬之"得娶贤内助吕雉。

以实力"毛遂自荐"。有备而来，不碰运气。拿出"单相思"劲头经受考验，即便你专业、性别等一时不符合招聘要求，但遇到心仪单位一定不要轻易放弃。坚持就是胜利，有些拒绝旨在考验。"为我所用"是用人底线，招聘方不轻易错过任何"千里马"和"铁杆"员工。

2021 年 1 月 17 日

既求"样样通"又不"样样松"

武打片中时有高手关键时刻祭出深藏诸如"降龙十八掌"等武功"绝招"克敌制胜、扭转乾坤，所谓"不怕千招会，只怕一招精"。社会分工亦然，任何专业只要学得足够精，皆有机会华山论剑、独孤求败。

万贯家财不如薄技在身。历来多有终身专注于某一件或一项研究练成"铁杵磨针"功夫功成名就者。民间故事中程咬金以"三板斧"砍翻众多名将，修成大唐开国元勋位列"门神"；"三国"周瑜既会排兵列阵又精琴棋书画却折载沉沙于诸葛亮"三气"。真正天赋异禀、"跨界"学成者为数极少，所谓影、视、歌、舞"N栖"明星多为应景表演、蜻蜓点水。

"大道至简"非是偷懒省力。鱼之无必要知道水由氢氧构成，过生日吃蛋糕无须关心母鸡"颜值"。"简单"往往较"复杂"更具价值，最了不起之人和事往往简洁朴素，将复杂问题简单化是大智慧。越复杂越脆弱，唯有极简难以被超越。如袁隆平先生"只专注"于杂交水稻、屠呦呦女士"只会"提取青蒿素。

"疗效"最是"硬道理"。"新冠"警醒了世界，强化了人类"命运共同"意识。虽是新发传染疾病，已被中西医强强联手宣告可防可治、加速治愈"风景这边独好"。科技发展日新月异，紧跟时代步伐既需以不变应万变，又不纠结于虚名。该会千招就千招、该精一招精一招，不想过低三下四生活，必须拥有昂首挺胸资本。

避开"伪知识分子"嫌疑。有专业有担当。不以书中自有"黄金屋""颜如玉"为笑话，少想着以"网红""直播"一战成名。坐过几天"冷板凳"，至少读《论语》不需加注拼音。能奔着"吃透"读了几本书而非是以阅读概述和摘要吓唬 ta 人说自己读过。可以刷微博获得知识、借助 App 增加阅历、通过百度丰富观察但绝不因之自暴自弃系统学习。

2021 年 2 月 22 日

专业有强弱，手法分高下

——

"行行出状元"语自明代冯惟敏《玉抱肚》"琵琶轻扫动人怜，须信行行出状元"，意即每一合法职业皆"可敬"。无论干哪一行，只要热爱、用心兼备悟性，自然取得成绩、得到回报。

经验之谈只属于成功者。譬如马云告诉你钱不重要、刘强东告诉你他眼瞎看不出美女，或比尔·盖茨、扎克伯格说不上大学也可以成功。专业是人生选项非是"跟风"，适合自己永远最好，"管用""实用"绝非唯一衡量标准。历来英雄"多问"出处。要么洗洗睡吧，要么埋头做好眼前小事放眼未来大事，你成功了也可以口水四溅、满嘴经验。

不想输就别懒。热门专业不一定适合自己，打好基础是第一位。有些专业"冷""热"判定于信息严重不对称。多数人天赋秉性相差无几，后天习惯导致人生境况云泥之别、事业成败"远近高低"；勤一定能补拙，该奋斗年华绝不能懈怠，该进取年华绝不能将就。"自古英雄出少年"，不奋斗的青春要它何用？

学校和专业只是教育经历。在接受中喜欢、"真爱"专业，选专业是挑兴趣、圆梦想，无须过分以利益标准衡量。专业好坏辩证、相对，读专业有似旅行，只要走得对、足够远，自然遇见好风景；各专业对世界自有阐释，唯有广泛涉猎而具智慧。"互联网+"今天时有"跨界"，专业不同但绝非"井水不犯河水"。

考研而改变"风水"。不被所谓"冷门""热门"左右，"入错行""嫁错郎"皆可能改变人生轨迹。置身社会或如同车乘客，名校生卧铺、普通本科生硬座、专科生站票，到站后皆下车找工作。雇主多不关心你之行程，只关心你之"去向"。岁月"大浪淘沙"，之前"卧铺"者或因小遇即安贬为"站票"，之前"硬座"及"站票"者或因励精图治上位"卧铺"。

2021 年 2 月 26 日

求职简历，亮出你之最靓

——

　　毕业生是"准人才"，求职简历旨在突出择业者专业能力、发展潜力及创造性思维等"两把刷子"，证明自己是"那块料"，可揽心仪"瓷器活"，拥有强于竞争对手之知识、能力、思维等综合"金刚钻"。

　　吸引 HR 眼球是"硬道理"。简历务必彰显过人之处，除了专业强悍，还应兼备沟通协调、执行理解、精细管理及文艺才华等综合素质，且"人无我有，人有我优，人优我强"。当前"抗疫"仍不可掉以轻心，毕业生人虽"非必要不出校"，但绝不可"佛系"思想、行为，"金三银四"之春招高潮转瞬即逝。

　　资格证书是标明"身价"最"硬件"。一专多能、艺多不压身。就业市场青睐成绩、高看证书，获奖、成绩最彰显专业或特长优势。虽说各家不唯证书，却为持有者之前奋斗成效和勤奋度有效证明，故尔历来是招聘方选才"杀手锏"。即便"云"招聘线上"遥试"一时不谋面，手无一证，你何以"秀"优？

　　谎言不支持简历"行稳致远"。学习是主要途径，学业修炼有似由"妖"成"精"，培养核心竞争力必须有沉默期、修炼期，得之唯须耐得寂寞、沉得下心。"优化≠掺假"，走捷径、求速成或可受益一时，终究"纸包不住火"。想要他日乘风破浪、人前显贵，就得眼前勤学苦思、悬梁刺股，"只要学不死，就往死里学"。

　　不以一份简历"行走江湖"。求职简历蕴含礼仪，成功简历意味着被录用。任何"模板"仅供参考，多备几个"版本"意在走心、以求变应变。尽可能"量化"做过的事，以兴趣、爱好或特长被进一步了解。技不如人、反思其惰，职场竞争不相信眼泪。大学或可混得文凭混不来水平，唯能力难为他人短期内所超越。

2021 年 3 月 28 日

我们在做"天眼"在看

———

"人前人后一个样"即儒家所谓"慎独",《中庸》谓之"慎其家居之所为",即无他人在场及无监控时依然严格自律,不当"两面人",不悖道德、不违法纪、不昧良心。

在大众视野之外恪守底线。不当众做坏事易,独处时为好人难。独处时不妄取、不苟为、不放纵。所谓"小人闲居为不善",德高者即便在视野外也能保持清醒、慎重行事,无修养者平时伪装,一旦闲居独处或"随大溜"而原形毕露。时有娱乐圈"大咖"等公众人物身败名裂遭人唾弃唯因欠缺"慎独"。

"暮夜无知"是百恶之根。"慎独"使人区别于禽兽而为万物之灵,你怎么常态化"抗疫"就怎么度过一生。独处最可领悟人生和社会、责任与使命,为天下和众生计。"举头三尺有神明","人不知"想法生出多数罪恶。时刻以戒慎之心审视世界、为人处世。私心杂念多萌生于幽暗隐微,大奸大盗皆自无知之念充之。

难以自控者人生多舛。网络有太多乌烟瘴气、乱七八糟,"心中无主"而经不住诱惑身陷污秽。所谓"心不动于微利之诱,目不眩于五色之惑",就是始终如一约束言行、人前人后一个样,于细节思忖成败、于暗处体现人品。如柳下惠坐怀不乱、屈原被流放后仍"沐后弹冠,浴后更衣",今人鉴之可远离是非避免陷入纠纷漩涡。

隐蔽处最能体现品质和灵魂样了。"见欲而止为德",善丁抵制消极、顶住诱惑是智慧。品德高尚者做事"莫学灯笼千只眼,要学蜡烛一条心"。疫情过后、春暖花开,你想成为什么样的人?有似干将、莫邪三年铸剑,又如少年李白遇到的那位铁杵磨针老婆婆,经得诱惑、耐得寂寞。思考为生命之高尚存在,或如管子冷眼"荣华花间露,富贵草上霜",或如周恩来"面壁十年图破壁"。

2021 年 3 月 3 日

过于远虑也有近忧

"现在"是生命最确实状态，最能够把控。非是惊天动地不负此生，灵魂属于做梦也无法到达之明天。即便喜欢的工作一样有辛苦、有委屈。脚踏实地做好眼前事、当做事，才能做好明天事、未来事。

人之不同层次多取决于志向。有目标地做好眼前事，以被迫心态做事者没有自由。不随大溜"宽进宽出"，自觉砥砺"严进严出"。许多迷茫源于实力不足，你追求什么本质即什么，不满意现状又无能力把握未来。读大学旨在"追梦"，怀着初心来、带着获得去，逃课、玩游戏、肥宅宿舍、"外卖"果腹是自甘堕落、成本惨烈。

欲速则不达颠扑不破。弱者少远虑，强者无近忧。急于求成"萝卜快了不洗泥"。"杞人"是位哲学家，好日子过一天是一天。有些"走一步看一步"是有效措施。想要极致，须慢下心来，循序渐进。"水之积也不厚，则其负大舟也无力。"于专业，"修行在个人"；于外语，"不二法门"日积月累。俞敏洪"新东方"开办第一个补习班不过十几学童。

"防患于未然"重点在"防"而非"患"。过往不念，当下不乱，未来不迎。不以"低谷"为念，永远不要轻易否定自己。于无声处听惊雷，于无色处见繁花。学艺如育苗，三心二意待之长势稀松。所谓门槛能力够了是门不够是"槛"。胜利者过程也许不尽人意，战胜了就是王者。曾国藩戎马一生位极人臣，诀窍全在于"结硬寨，打呆仗"，咬定目标、积小胜而大成。

从小事起步积累经验。逢山开路、遇水搭桥，走好自己的路。工作首义求温饱，仅视工作为"饭碗"累人虐心。种瓜得瓜，种豆得豆，不种得草。近忧与远虑是因果循环。奴隶没有选择只有必须，于"父母之爱子，则为之计深远"；于国家只有挺直腰、拳头硬而拥有更多和平。是工作皆有意义，态度正确积极乐在其中。如《庄子》之"疴偻承蜩"，专心致志、持之以恒，即便先天不足仍可有所成就。

2021 年 5 月 16 日

拥有独立思考之前提

——

"一切过往，皆为序章。"独立思考先是合理质疑、不轻易被别人思维左右，其次深度辨别问题真伪形成独特见解。"学而不思则罔，思而不学则殆"，"学""做"结合是获得独立思考的"不二法门"。

"他们说的"是懒于思考者第一借口。避免脑袋被大量网络信息塞滞"宕机"，许多人以一己视野极限为世界极限。持续学习而表达自由、理性十足、思考力升级，不落"人说是灯，你添油；人说是庙，你磕头"笑柄。思想动摇非是正确与错误纠结，而是理智与非理智徘徊。"学"与"思"发酵定力、缺一不可。"度娘"参考永远代替不了大脑思考。如疫情之下抢购双黄连、囤积厕纸非是脑子灵光是"进水"。

独立思考自知之明。乌合之众从不真正渴求真理，任凭自由信息蚕食自己。屁股决定脑袋，观点非是事实。着重学习他人思维方式方法而非结果。一味恨敌人影响判断力，放下负面情绪看清更多事实，动辄将过错归于他人"甩锅"成习是意见过剩、调查稀缺。成功者少人云亦云，即便被动接受杜绝跟风渲染，至少避免为全程"吃瓜群众"。

读书而建立知识体系。独立思考是慧眼识"真"、是生活技能，独立思考能力决定你走多远。透过现象看到本质，科学和文化极其有别。"鸡汤"之碎片化信息"看起来很美"，网络所见多为大数据"看人下菜碟"，令你于被"算计"而看到想要东西。读史最扩大时间和空间影响力，系统学习所得体系化知识方便调用兼备深度思考能力。"C 位出道"同步时代眼神非是以"狗命高于人命"无脑叫嚣砸自家招牌。

独立思考非是"不合群"。"自知之明"非是固执，是旷达，是独立思考前提。兼听少信、偏听多闻，多数人懒于独立思考而被群体牵着鼻子走。独立思考非是一个人独自思考，同一问题于不同角度得出不尽相同结论。网络观点不乏"眼球文化"日益泛娱乐化历史和真相。一些专家所说乍一听是"事实"其实不过"意见"。诸葛亮之"孔明"在于听大多数人话、参考少数人意见，做自己决定。

2021 年 7 月 10 日

无知者狭隘，狭隘者祸害

———

　　社会本无偏见，但部分社会人有。偏见之害根深蒂固，甚于流言，坚持观点非是固执、偏执。人生"半径"往往碍于视野，超越狭隘和无知者人生至善。

　　不知狭隘者悲哀。可以不博学，但至少好学；可以不见多识广，但至少能倾听不同声音。无知者不比盲人且非"吃瓜"，不知狭隘者无可救药。毁谤无成本，闲人闭嘴难。狭隘者习惯于将错误观点自圆其说至冠冕堂皇，如台湾主持人黄世聪所放"大陆人吃不起榨菜""吃不起茶叶蛋"厥词虽为井蛙之言其本人却意外获赠大陆同胞一箱名优榨菜"堵嘴""打脸"。

　　狭隘于愚蠢同时滋生恶行。倾向于固有意识，人人胸怀无知、狭隘之"墙"。狭隘非是无辜是过错，许多网络"流量"旨在讨好世俗恶趣，大批量纵容无知狭隘。流言毁掉一个人极简单，只需"键盘侠"不负责任几秒钟，《听谗诗》谓之"舌上有龙泉，杀人不见血"。悲哀是当事人不仅身心痛苦，更是在自证清白后一哄而散之冷漠人群，其"围观"非为真相只看热闹，热闹过了、他们走了。

　　许多"板上钉钉"其实"留有余地"。真相不等于正确，群体认知非是真理。人人混沌于不同层级，个人偏见大多来自群体。增加接触，不"就事论事"，避免"循环证实"。强大自己，行动爱国。努力跨越敌意、反感和不信任而判断。"多边合作""单边行动"属于个人成长不同态势。每一事件是一面镜子，"围观者"之言多为冰山一角、畸形认知。"北大毕业生卖猪肉"从不证明支持世人"读书无用论"。

　　偏见者擅以"揣测"凌驾事实。不以无知观点、群体无意识佐证正确。无知和狭隘是弱小而非生存障碍，读书、自省最知道谁在胡说八道。无知者在支持中难以突围，终究如着"皇帝新装"全程"裸奔"。"穿井得一人"属典型始自民间无知偏见、水落石出于智者闹剧。自视甚高者同时也为人所不解。M国政客不照镜子、不顾国民死活将疫情"甩锅"中国、转嫁民怨流氓兼无耻，已被"锅"反弹啪啪"打脸"。

2021年7月16日

方便别人最成就自己

——

"择高处立，就平处坐，向宽处行"是被梁启超誉为"五百年以来的第一伟人"左宗棠的名言，即看问题高瞻远瞩、做人低调圆融、做事留有余地，即便有"资本"也克制优越感。

吃亏是隐性投资。不赶尽杀绝、不涸泽而渔，放过别人、成全自己；好处不可占尽、"势"不可用尽，分别人一杯羹、给自己种福根。给别人留有空间，给自己留有余地。大气者置身舞台C位同时也给他人露脸机会。交往、共事占尽便宜者必为孤家寡人。学会与自己和解，事情累不垮人情绪会压垮人。渡人也是渡己，气人有笑人无者最浅薄。小聪明者"肥水不流外人田"、一枝独秀。

"留白"天地宽。多栽花不栽刺，不趁人之危落井下石。机关算尽者反误了卿卿性命。处心断人前路者同时影响自己行走，砸人饭碗者自己饭碗也被"惦记"。月盈则亏，水满则溢。露多大脸，现多大眼。一千个朋友少，一个敌人多。尊敬、敬畏对手和敌人。蟹群于互相钳制中堵住所有升天之路"同归于尽"。恃强树敌者必然如"赵氏孤儿"之屠岸贾，终究于忐忑不安中等来仇家。

允许出错者纠错。扼杀纷争于萌芽，实力强劲也予别人以生存空间。吴承恩所谓"遇方便时行方便，得饶人处且饶人"。胸怀屈辱、怨愤上路或可有一时动力，难以行稳致远。年轻人初入社会难免烈日下跑腿、上级面前挨批，滋味有杂陈、唯因不强大、"强身"是当务。话不说满是谦卑和智慧：不说绝话，以免尴尬；不说大话，以免落空。人海茫茫，"后会有期"，桐城"六尺巷"故事是典型与人三分颜面，与己七分余地。

做人留一线日后好相见。少"喷人"，多"爱人"。想事、做事、做人少钻牛角尖，孔子所谓"攻乎异端，斯害也已"。与人交心慢一点、再慢一点。真心很贵，不必见人即给。路经窄处，让一步留与行人。"利不可赚尽，福不可享尽，势不可用尽"，自己拥有鲜花掌声同时"雨露均沾"。"话留三分软，事到五分满。"不怨天尤人，不苦大仇深。可以偶尔矫情但不造作，可以目光犀利却不尖酸刻薄。

2021年7月28日

好好戴口罩有多难

——

这一轮壬寅年初的疫情多点多面"反弹"有些超乎想象……时有区域被"封控""管控""防范"、时有人群无"流调"线索地确诊，"新冠"离每个人都很近。主要原因归结有二：有人没管住嘴——不好好戴口罩，有人没管住腿——多处乱走。即便政府出手、舆论谴责，不遵守、不配合"抗疫"行为依然时有发生，尤其以不好好戴口罩现象为甚。

戴口罩仍是"抗疫"第一"刚需"。当前口罩之用主要在于双向防护"新冠"，人人都正确佩戴，有效防疫率近100%，但也不能仗着戴口罩百无禁忌自找麻烦。乘坐公交、地铁、高铁、飞机等，只要出行口罩绝对少不了。不时见诸公共场所之不戴口罩人群很令人揪心：有易感"新冠"之老年人群，有盛年即讲究养生保健之"七大姑八大姨"，也有以"丧"自诩之红颜少年。网络报道，曾有一自长沙至昆明航班只因一名乘客以"特殊"自诩不愿戴口罩而延误一小时，导致警方介入。

"抗疫"人命关天、绝非儿戏。每日确诊"新冠"者绝非冰冷数字而是手足同胞鲜活生命，即便你我不相识、其实守望不遥远。

戴口罩折射当事人对他人珍视意识。"新冠"无旁观者，"抗疫"无局外人，人类于"新冠"面前毫无傲慢可言。千万不要拿身家性命开玩笑，染病人数通报有滞后性，病毒传播绝无滞后性。对他人和自己负责是起码"人设"。你的"锅"别人不背，你之诸多所谓理由不比全局"抗疫"事大。无知较之无畏更可怕，时有人为无知无畏买单并连累他人"背锅"遭殃、教训惨痛。

戴口罩与否无须哪几代人"掰扯"。疫情当前，每一公民都心知肚明该怎么做，极个别人觉得当众被提醒戴口罩是"卷了面子"、限制了自由、失去权利，既与"抗疫"方针格格不入，且是自轻自贱，蔑视公序良俗、挑战社会法理。不戴口罩人群无年龄差异。坚决不戴人群大致包括无知、无畏和兼具无知无畏者三种类型：规劝中老年、青少年全员正确佩戴口罩皆有难度、松懈不得。

"抗疫"无需人人惊天动地只需脚踏实地。"抗疫"任重，我们唯有以变应变、共克顽敌。和平年代，保护好自己和家人，不给国家增添负担就是爱国。个别人"任尔东西南北风"怎么提醒也不戴口罩并振振有词感染"新冠"和彩票中奖一样轮不到自己非是个性是无知且自私。诸如"一个人毁了一座城"之愚昧代价祸国殃民、难以估量，终究倒霉的是自己。较之中国"抗疫"始终彰显"人民至上，生命至上"执政理念"风景独好"，西方一众发达国家已为固守"健康人不需戴口罩"偏见傲慢、执念戴口罩是意味"我生病了"和示弱而致殁于"新冠"者逾百万人寰惨剧，举国付出惨重代价。

好好戴口罩是重要文明行为和文化现象。生命至上，对公共利益负责，对他人安全负责。良心、爱国和自我保护要求所有人群必须无条件遵守佩戴口罩政令。不以生命代价为疫情侥幸买单，僵化和惯性思维致使少数人群凡事置个人感受、权利于首位，怀疑甚至无视权威。有些失误可以时间、金钱弥补，有些失误是分分钟生命消逝。

保护他人、自我负责，习惯戴好口罩是"公民义务"，哪怕是戴眼镜人群冬天走着走着就"迷失了"而与口罩天生有些"八字不合"。

"新冠"无情、生命无价，每个人可以"怂"一点再"怂"一点。

社会佩戴口罩日益蔚然成风，我们都好好戴着吧。

2022 年 3 月 29 日

习惯性迟到有多招人烦

——

习惯性迟到者一而再再而三爽约，俗话谓之"吊儿郎当"。主要在于当事人潜意识不以之为大事，哪怕是重要如升学考试、合作签约、工作出行都有过"掉链子"，至于寻常上课、开会、聚会等更不在话下，不是错过就是晚到。

迟到成习者时间观念淡漠。迟到现象总是相似，迟到理由各有不同。迟到者不遵守规则、不尊重约定，内损自己外耗他人，通常觉得提前抵达浪费时间，深层原因在于并未付出相应代价一再被纵容成习。包括人生，凡事提前谋划游刃有余、随波逐流被动消极。早到其实不浪费时间：正好从容做一些准备工作或者直接线上处理别的事情。

因迟到被拒之门外者咎由自取。"守时"是严谨作风、良好习惯和做人教养。为人处世首先要学会"尊重"、懂得"尊重"，时有集体活动因个别人迟到坐失良机、前功尽弃，当事人却以"下次改正"轻飘承诺为定心丸、麻醉剂。带着早餐进教室人群大多是生活能力或自制力低下而非"勤奋"。于大学生在校迟到2分钟完全可以被老师包容，而在社会迟到2分钟很可能惨遭各种"毒打"。

【"拒签"迟到者】真实案例，某年就业季一央企与几名毕业生约定下午13：30签约。HR们13：20到场，毕业生却有4人13：40以后陆续睡眼惺忪地赶来而被拒签，理由是"企业拒收不守时者"，任凭当事同学反复央求、旁边老师代为解释。好在企业也没有浪费名额，当场致电面试名次稍后的其他同学"递补"签约。

习惯性迟到最招人厌烦。人们通常不讨厌偶尔迟到，只厌烦迟到成习且毫无歉意者。来自中国青年报·中青在线数据：10%~25%人群承认存在"经常迟到"，其中12.74%女生约会迟到，12.5%男生开会迟到。"江湖"规矩是提前5~10分钟到场赴约，卡着点到达者也属于迟到之列。也有些习惯性"早到"者实质缺乏内心安全感，极个别人群因心理或精神问题不守时。喜欢同时做多件事者相对容易迟到。领导人迟到成习是变相"晒"权威、"秀"控制欲。

自己是迟到最危险"敌人"。不要总想着"按时"，准时到达者必须更"提前"。守时事关执行力、认知、责任感等日常为人各方面。"迟到"不占便宜，"早到"也不吃亏。迟到成习是人品陋习，无端空耗别人时间等同谋财害命。"习惯性迟到"不是"自私"就是不重视、不尊重，严重者罹患"拖延症"。

【"得体"地迟到】作为传统文化课程教师，笔者给迟到学生的建议是假如老师正在上课，有人因故迟到了，老师虽不能将其拒之门外，但迟到者应尽量避免影响老师讲课和其他同学听课。其可以恰当方式既表达歉意又能进来上课，比较正确的方法是看着老师无声地鞠个躬，在得到老师示意许可后贴边进入教室找一靠墙座位坐下听课。

偶尔迟到于人人在所难免。允许自己和别人偶然失误。过于精确遵守时间牺牲生活从容也是本末倒置。于学生上课迟是恶习，既影响眼前融入集体生活和秩序感建立，又长远影响一辈子前途身家。

2023年12月9日

第十二章

少年行，向着诗和远方

　　『知是行之始』，身体和灵魂总要有一个在路上，在对的时间做对的事情。生活中总遇到选择题。欲成第一等学问、事业、人才，必先砥砺第一等品行，坚守正面、恪守正道、涵养正气，一步一个脚印向着诗和远方逐梦前行，不负伟大时代、不负青春之我。

师新说语

拥有你的打工经历

过了十八岁生日，"孩子"不再是你之称谓。为了证明"自食其力"假期可以在确保安全前提下尝试打工。挣钱是一方面，体验父母辛劳是另一方面。

以假期打工为大学"成人礼"。打工最感知"粒粒皆辛苦"。打工之利弊主要自己判定。"付出劳动，获取报酬"。靠双手挣钱是自立不丢人。大学生打工非只是寒门学子，更有刻意历练之富家子弟"也傍桑阴学种瓜"。在打工中"长大"较之吹蜡烛许愿、网络"晒"精致更具"吸睛"感。

打工感觉是"累并快乐着"。首先你要放下架子，其次要尽力做好"工事"。"既来之，则安之"，来了就要把活干好。无论是做生产线小工还是家教、售货员、排档小时工还是推销员、助理等，"面子"没有"票子"实在。最理想之打工是"专业对口""人 - 职"匹配。

不以打工动摇"主业"。"读书""交友"是大学第一要务。你在学校每一小时都由父母"买单"。打工非只是挣钱。打工不能影响正常学业，时间不宜过长。如果连续工作，每天以不超过 4 小时为宜。寒、暑假期时间集中可尝试打工与专业实习相结合。

打工而初涉"江湖"。除了经济自立，打工可以学到很多。于社会、于人生积累有益及有收入为打工原则。如果通过中介找工作，一定要选择具资质机构避免上当受骗。警惕各类欺骗，天上不可能掉馅饼，"留得青山在，不怕没柴烧"，人身安全永远第一。有打工务必告知监护人及老师、同学去向。

2020 年 12 月 22 日

让好工作"追"着你跑

——

冬去春来，又是一轮校招高峰。正是尚未签约或考研掉队同学觅得心仪职位"黄金时段"。即便有一天辞职跳槽，仍需抓住招聘机遇递上一份有分量简历"亮相""练手"，"遛遛"实力。

务必"亮相"最优势。求职简历重在"简""历"，旨在突出个人核心竞争力。以精炼语言、鲜明风格说明自然情况、求职意向，尤其专业成绩、计算机、外语水平、获奖、实践以及语言、表达、逻辑等综合素质和爱好、特长等。许多"网申"简历只有 6 秒钟"存活"机会，吸引招聘单位 HR 眼球是第一"硬道理"。

以"不变"应"万变"。求职既不可饥不择食，也无须眼睛向上，更不可风声鹤唳。"通才"必须以"专长"为基础。求职信、应聘简历和面试准备不可一劳永逸。受抗疫影响"云端"招聘日益完善，正式签约前应聘者务必针对招聘单位经营愿景、企业文化有的放矢、精心准备，自实力、态度、形象方面"看人下菜碟"，赢得认同感。

适合岗位不一定专业对口。争取和求知欲皆有可能赢得 HR 青睐。不能一步到位就在工作中学习成长。多渠道求职，"先就业，后择业"。除了专业对口，工作模式、地点、待遇、福利以及交通、发展前景都需考虑，要多听老师建议少信"他们说"，同时征求家长、亲朋意见。"大数据"时代轻率解约既影响集体声誉又导致个人被"差评"。

多一项技能多 N 项选择。"为我所用"从来是招聘基本原则。优秀者总有机会，疫情影响因人、因行业而异。勇敢"试水"，不自我设限，各级政策多蕴含就业机遇。不信"馅饼"警惕"陷阱"，始终有自知之明。尽量不触碰"是否出差""工作强度如何"等"雷区"话题。除非自家企业，否则"钱多活少离家近，位高权重责任轻"永远是白日梦。

2021 年 3 月 16 日

你赢我赢面试双赢

——

"乌鹊南飞，绕树三匝"，找工作即找平台。让雇主"心甘情愿"满足你，自众多应聘者中脱颖而出是求职幸事、人生"龙门"。求职应聘从来是攻心战，完美面试是各得其所，你赢、考官也赢。

面试非是待价而沽是双向选择。计划和变化一样快，机会只青睐已做好准备者。常态抗疫，"春招"当时，毕业生求职心切，招聘方出手谨慎。"云相见""云招聘"仍为2021就业季最"双赢"，助力全面复工复产"一键启动"，既解决"民生"又符合安全预期。少双赢精神者职业生涯、人际关系及至情感生活必然出现严重问题甚至失败。

换位思考"雇""佣"双赢。懂得"适可而止"，展现真实自我。善于以眼神、微笑应对考官，知之为知之、不知为不知，面试允许适当失误、口误。适时以手势强调答题重点，保持交流避免尴尬。以"长足发展"令HR放心。细节决定成败，好表现旨在好结局，许多面试非在于答题而在于交流。

以胜任赢得青睐。三思而后"言"，凡人用嘴说话、能人用脑说话、智者用心说话。不强答、有礼貌，警醒"祸从口出""言过其实"，有"跳槽"经历者慎谈前公司及上司"不好"。彼此交换苹果绝非交换思想。多数面试官之问意在考察你之职业思路和禀赋。职场一般有两类人：其一"赢事"，其二"赢得争论"。前者成事，后者可能输了世界。

自知"斤两"依价而沽。"同行是冤家"强调竞争，"同行是朋友"旨在合作。审视自己、比较他人，既要关注高薪酬、好职位之"卖点"，更需在意"人 - 职"匹配之"买点"。即便新人，至少可对所学专业"纸上谈兵"、对将要进入行业略知一二。同出师门，有些"学渣"功力较之"学霸"有几何级差别。

2021年4月4日

第一份工作至关重要

99% 人群难以觅得马上达到巅峰的职位。职场差距非完全取决于专业和成绩,多在于方向与平台。好平台比高薪资重要。毕业生求职就是找事业平台,既是角色转换,也是人生转折。

不可以"一选"定终身。平台影响"起步","入错行"影响未来发展。能满足当下最重要需求多是好工作。第一份工作草率,或导致起跑线落后,殃及知识和能力提升之速度、加速度。毕业五年人生差距显现,选择正确行业或可提前十年实现"财务自由"。入职名企较之非名企、少潜力公司天壤之别,或许不影响整个人生,但或令你一开始就被落下。

在工作中看到"可期"未来。传统行业不一定会死,新兴行业不一定能挺到最后。职业能力多由工作锤炼,50% 取决于职场第一步。好工作显著提高价值和能力,平台于能力至关重要,平台越高越可获得高端经验和资源。青年毛泽东第一份工作是北大图书管理员,虽然仅月薪 8 个大洋,但既解决生计,更得以求教李大钊、陈独秀等革命先驱而打开马列信仰大门。

高平台须得厚基础。"宰相必起于州部,猛将必发于卒伍",实践最可以检验自己、了解工作。塔基决定塔高,从业少于两年不能称之为有价值工作经验,频繁"跳槽"者多数能力不佳。深入基层同样历练,避免眼界、经验和能力"坐井观天"。大公司更愿招收少有积淀之"学霸""精英"从头培养。

所有人面临行业挑战。工作令自己不断"升值"、能力越来越强,第一份工作影响眼界及职场格局。不同平台所遇、氛围迥异,对眼界、视野影响深远,拖延症、职业紧张、工作倦怠、事业低谷等职场常见病天壤之别。成也环境败也环境,以身边同仁为职业发展参考。韩信被刘邦"登坛拜帅"前在项羽帐下做了好几年执戟郎中。

2021 年 4 月 6 日

寄语 2021 届桃李：在实干中风生水起

———

成功者主动做事，平庸者被动做事，蠢才热衷于证明"不应该"做事。实干是制胜法宝，既"兴邦"又解决温饱、成就梦想，肯不肯干事、能不能成事向来是职场"硬道理"。

做集体大机器之合格"螺丝钉"。"敢干"体现责任，"干成"体现能力。担当比方法更关键。能成就什么就必须成就什么。实干定义时代气质风貌，实干是连通"知""行"的桥梁。做事成事最怕只说不做、眼高手低。成功秘诀是内心造就，是不草率改变既定目标。行为懒惰、精神懈怠是慢性自杀，多有愿望美好、理想远大者"混"至碌碌无为。功成名就者一定同时炼成强大人格。

成功者多因为志在必得。态度决定高度，志向制约方向。空谈误国，实干兴邦。实干是态度、执着，决定行为、预示结局。既要"敬业"干一行、爱一行，还要"业精"，成为行家里手、旗帜和品牌。敢于接手"烫山芋"、敢于闯"矛盾窝"。在抗争中延续生命，给后来人以活着启迪。浮夸者终究"纸包不住火"，实干者必定"天道酬勤"。众生之 5% 人群因为没有放弃获得成功。

行动是成功核心能力。拥有财富绝非成功首要条件，投资身体和大脑可提升人生。"物有甘苦，尝之者识"，凭本事吃饭，用汗水换薪水。实干非只是"低头拉车"，还需"抬头看路"且头脑活络、锐意创新。依赖"心想事成"是俗人之自我麻醉。历史的出路必然是光明。创新非是简单"旧瓶装新酒"，是长期学习思考而发酵之分析和解决问题能力。

在埋头中出头。"实"字当头，"干"字为先，成功是达成预期目标。"成功"之定义很明确，"成功"之评价千差万别。"时间不等人，历史不等人。"迎着朝阳实干，不对晚霞懊悔。樱桃好吃树难栽，机会在行动中获得，只有"心想"没有行动不能"事成"。行动是能力唯一技巧，新时代属于每个人。养成"工匠精神"，既具技能又具精神。想要好好活、活得好，必须常做、多做有意义事情。

2021 年 6 月 10 日

选择与努力同等重要

"良禽择木而栖。"选择极重要，选好了、选对了或许少奋斗若干年；努力坚持选择更重要，结局往往拼的是坚持与否而非花样百出答案，人生之最难是在一个个岔路正确选择。

"想做什么"非是"能做什么"。正确选择，关乎方向；不懈努力，确保结局。选择是一种能力，"临溪慕鱼"他人光鲜同时应思及自己是否拥有"退而结网"禀赋。努力塑造选择，选择影响努力。努力代替不了思考，繁多选择非是自由是自虐。"跟风"跳槽者最可成为职场"炮灰"和反面教材。《群英会蒋干中计》除了沦历史笑柄还说明有学问是一回事，会不会办事是另一回事。

自"远虑"杜绝"近忧"。"学而优"者可尝试多重选择，假努力比真懒惰更可怕。"未卜先知""锦囊妙计"之前瞻性源自长期历练濡养，否则非是选择是"拿青春赌明天"。择业是男生"入行"、女生"嫁郎"之审时度势，视野及阅历最是判定合适与否前提。孟郊、贾岛或许更适合写诗，却囿于俗念眼光愣挤着去挤"独木桥"当官连连受挫致心理阴影，终究黯淡了诗风"郊寒岛瘦"于文坛。

选择不可逾越道德底线。"乌鹊南飞，绕树三匝"，用心每一次选择，兑现每一次承诺。不为了读书而读书，不为了打卡而打卡。泡图书馆还是泡网吧远较读四年大学重要。有些夸人"努力"是实在想不出借口之尴尬安慰。选择既评估自身实力与选项匹配度，更同时警醒"一失足成千古恨"。"三国"吕布虽勇冠三军、超级"猛男"，却因唯利是图、一再出卖人格被时人讥为"三姓家奴"。

理想选择是"量体裁衣"。"三十年河东，三十年河西。"想要太多、能驾驭太少是职场通病。选择非是灵丹妙药、包治百病、一劳永逸，转机从来源于积累而非寻常遇见。专注于一两件事，不要今天想做这个明天想做那个。在领域内取得最高成就谓之"圣人"。于少技能之应届毕业生而言，零起点工作多为首选。卫青、霍去病虽出身卑微且少学问，因谙习军旅且富血性修成一代名将反击匈奴。

2021 年 7 月 20 日

在尝试中接近成功

———

尝试是做别人想做而不敢做或未做之事，是一种不令愿望挂在嘴边之行为和精神。先贤陆游"尝试成功自古无"意即小试不得大用不会成功，后贤胡适反其道提倡"尝试"，且以里程碑式之《尝试集》鼓吹文学革命、文化自我。

"尝试"而有成功机会。尝试最可发现追求途径，发现趋势需"尝试"。喷泉因压力而漂亮，瀑布因为无退路而壮观。为人难免不坎坷，为事旨在于设法变坏事为好事。舞台再大，你在下面永远是观众；平台再好，你不参与始终是外人。失败固然痛苦，未经尝试认同失败既痛苦又可悲。懦夫和勇士主要区别在于前者每次"出发"前先在内心一百次将自己打入十八层地狱，连叶公好龙之"行为艺术"都不上演。

在尝试中积累"资本"。能飞时不放弃振翅，能梦时不放弃心仪。没有那么多"有钱难买我乐意"，世界不总掌握于嘲笑者手中。人生非是烹饪，不能什么料都备齐了才下锅。难就对了，证明你还活着。失败之尝试胜过胎死腹中策略。"全面小康"新时代成于几代人尝试积累。若非印度诸国十七年苦行僧岁月，无以成就玄奘《大般若经》和《大唐西域记》之不朽"取经"。

尝试而具勇气具价值。做勇士"第一个吃螃蟹"。一等二靠三落空，一想二干三成功。要么做事挣钱，要么挣钱做事。今天不尝试，明天可能自己都瞧不起自己。没有人能在现状下成就卓越，不到最后一刻谁也不知道结果。不停下永远不是最终失败者，勇敢尝试非是热血逞能。做事即便被有意见、有错误远较无所事事有意义。"精卫填海"虽然势微，拼的是尝试、决绝。

自尝试而人格独立。水不流动是死水，人无行动是懒人。看清他人之坏，学习他人之好。知道想要的生活，即便许多成长出乎意料。"不乐意"桎梏了无数尝试。坚持非是本身是应对意外，放下非是成长代价是成长。无独立人格难以吸引力持久且给人少安全感。勇敢一次，总躲在角落里谁也发现不了你。"三国"第一"愤青"祢衡虽因恃才傲物一再被"炒"，但其"文人气节"彪炳千古。

2021 年 7 月 22 日

每天进步一点点

——

　　"每天有进步"是幸福人生至境。"小子日新"，儿童之可爱因其如露润幼林、旭日东升，慢慢茁壮、每天进步；成人如斯，定然"士别三日，刮目相看"。努力者早晚会被岁月温柔优待。

　　改变是唯一之不变。全力以赴，令此生与众不同。今天学习，明天进步，后天成长。痛苦和磨难是人生部分，炼成脱胎换骨思维和勇气。奋斗靠自己、道路在脚下，即便盲目自信也甚于懦弱之考虑周全。战胜苦难而为财富，挫败于苦难而为屈辱。无风暴之海洋有似池塘。于行动中塑造价值体系。"大锅饭"是祖、父辈故事，是"昨日不再"。"一带一路"是干出来的，中国梦是追上的。

　　反省非是一味否定。胸怀希望，生命前行。不盲目骄傲，不妄自菲薄。与别人比学习，和自己比进步。你有辉煌，我有精彩。敬畏自然、反省自己。不以别人光芒放弃自我成长。走路要"趁早"、赶紧，遇事三思而后行。大家都做不代表正确。在最该拼搏年龄耽于稳定、沉溺享受是"透支"福禄。人类进化史就是夹缝中生存。有些突破在于一瞬间勇气。灾难之最恐怖非是其破坏力，而是灾后忘记反思、视而不见。

　　不日新者必日退。心存喜乐，君子之学必日新。今天革命取得明天进步。做重要事情，见重要人物，此生无憾。成长和进步必需积累，接受非是消极认命是积极面对。生命都从 0 开始，开始差距不过毫厘，终因乘以若干 365 天大相径庭。智慧人生每一天都有新遇见，在不动声色中缔造神话。时间都流走了，许多人还在原地。今天你进步了吗？

　　许多"稳定"是浪费生命。静候花开，不是努力没有结果，是还没到爆发时候。可以不满足于今天工作，绝不可漫不经心重复昨天故事。"有舍，才有得。"车到山前必有路，不惧怕尚未到来结果。活好当下最可贵。努力也许会说谎，一直努力一定不会白费。每天偷懒一点点，陷入深渊一辈子。每天比你努力一点点者，最终甩你 N 条街。"斜风细雨不须归"，转过山重水复，山还是山，你却不是你。

2021 年 8 月 8 日

充实与无聊一"干"之差

———

做无为之事，遣有涯之生。没有真正需求没有真正乐趣。父母所赐为背景，自己所创叫事业。读大学你还等着被督促学习，很可能浑浑噩噩一场，除了收获"年龄"和"体重"难以再有别的"像样"拿得出手。

必须将自己"当回事"。始终摆正个人利益与社会责任关系，走到哪里都喜欢那一段时光。既不陷入"志大才疏"或"虎落平阳"窘境，又不以偏概全评价某一社会现象或事物"愤青"到底。有事做、有饭吃、更值钱。不要有一天父母需要你时只有泪水，孩子需要你时只有惭愧，不争气可能连最亲的人都瞧不起你。如霍去病之婉拒汉武帝激赏赐造府第"催婚"，唯因宿敌"匈奴未灭"而"何以为家"。

努力至疲惫摆脱空虚。"二十不勤，三十不立，四十不富，五十而衰靠子助"。将时间用诸靠谱的人和事，所盼未得为人生悲剧。快乐和行动令时间变短。辛苦付出、将体能与智力发挥至极致别样愉悦。有些失眠和焦灼其实是你生活太闲了，既没体验过"汗珠子摔八瓣"、更未见识过"老少边穷"。每天"996"工作至深夜、身心疲惫至虚脱，刷一次朋友圈、看几个段子当"过年"，如若还空虚搬砖或可救你。

偶尔给玩一个正当理由。生活质量首要充实，精神、物质"一个都不能少"。快乐非是生活充实，无知玩乐也是一种死亡。劳逸结合玩得理直气壮，玩什么取决于爱好兴趣。娱乐节目或令生活内容丰富，也"豢养"了大批贪恋感官刺激臭皮囊。工作不养闲人，团队不养懒人。不要假装很努力，结果不会陪你一直玩游戏。刻意以"晒""秀"证明混在某个"圈子"，"精致"够某个档次是以实际行动告诉别人你之空虚。

担心未来现在努力。长期主义，终身学习，做时间朋友。每一时代皆有迷茫，每一代人自寻出路。痛苦和无聊若即若离为人生劲敌。读书痊愈内心空虚，好好读书而有温度、懂情趣、会思考。"鸟欲高飞先振翅，人求上进先读书。"庸人考虑打发时间，智者计划利用时间。精神生活最可以避免无聊，幸福存在于一连串乐趣重复。自主阅读避免"书到用时方恨少"。读好书或与高人对话、精神"健身"，"眼"高"手"高。

2021 年 8 月 20 日

创业是勇敢者专属游戏

——

创业是件苦差事，是一场第一人称游戏。"富贵险中求"，"亮剑"精神是创业者必备素质。做事成事或创品牌不可一蹴而就，积累至一定程度可打造创业优势。

创业需要领导者而非做梦者。清华北大，不如胆大。因看见而相信，因相信而看见，创业是相关经历叠加。每个人一生皆有无数天马行空想法。或在迂回中胜出、在"十年"反复中"磨一剑"。多有创业缘自灵光一现及义无反顾之起步、坚持，坚持比梦想更重要。刘邦修成汉高祖前"楚汉之争"屡战屡败，最惨时父亲、妻子被项羽所俘沦为人质，逃命中甚至顾不上儿女。

创业是志同道合者共事。围绕有意义有价值项目激起共鸣、取长补短、搭台互补。即便"路线图"开头难、中间难、最后还难，仍需一心与优秀合伙人以及销售、资源分享梦想，完成"拼图"游戏。团队问题主要出在领队。很多时候风险和机遇难以平衡。大学生"创客"越来越成为校园里的风云人物，形成广泛影响力。"中国合伙人"雄辩证明年轻人可成就大业。

做生意其实是一场修行。为专属品牌塑造真实好故事，创业是谈一场大人式恋爱。创业不适合所有人，生意和生活皆可苦心经营。做品牌不应该一味取悦用户。正经创业是双向选择，费心销魂、走肾入神。具"赌徒心理"者或许更适合创业。过于慎重，许多制胜机会为 ta 人捷足先登。优秀非代表合适，合适方有入口。择偶非是"白富美"或"高富帅"，创业也非得热门行业。好高骛远之加盟、连锁或为昙花一现。

创业是不断修正套路。来自全球加盟网数据：有40％创业小老板第一年关门大吉，有20％人群能走完第二个5年规划。懂得道理不一定过好一生，一再纠错是避免"走麦城"、不过"华容道"。既然选择远方，跪着也得"长征"。与巨头共舞，在夹缝中求生，或"爱才如命，挥金如土"或如班超"不入虎穴，焉得虎子"，旨在炼成强大心理及周旋沟通、力挽狂澜魄力。

2021年9月26日

选择是一次次化蛹成蝶

———

聪明是天赋，善良是选择。生活每个瞬间都有选择，当下之你是之前选择结果。努力最忌讳拖延、分心、半途而废。曾经一同起跑之"半斤八两"者，因道路各异、生活不同而人际云泥。

人生成败于几次关键选择。选择是基于对时代与趋势及自我擅长做出最符合当下判断，好的选择是努力结果。有独立思考、不流于俗韵，以喜欢方式过一生谓之成功。选择重要性大于努力，选择较天赋更重要。很多人不知道选择很垃圾，很多人没有选择余地。花费相同时间、走过等长路程，白龙马西天取经、驴蒙着眼睛拉磨。凡业界被甩 N 条街者多输给知难而退，一点点落后、慢慢被"淘沙"。

压力多来自选择冲突。所有人都在努力，非只是你有委屈。不论故乡还是"北上广"，人生终究是一个个选择。有人在大城市埋头奋斗，有人在小城市混吃等死。市场催生各种"韭菜"和"镰刀"。强悍能力必经卓绝努力、繁杂决策后天炼成。不努力没有选择机会，挣钱不是"让贤"。今天努力旨在明天更好选择。20% 努力影响 80% 人生。不努力何以赶上父母老去速度？

正确道路上越努力越幸运。此路不通，另选他路。披荆斩棘、乘风破浪是人生，晚风吹拂、花开四野也是人生。向内看到自我深处愿望需求。人生目标引领最符合自我之选择，方向错误之努力只是感动自己。不被当下角色迷茫，做好现岗位工作选择好机会。习惯性拖延令完美计划废纸一张，投机心理导致行为十赌九输。合作多看人品，即那人利己、利他意识孰强。无才者可以群居，寡德者众叛亲离，人可以无才但不可寡德。

在选择和努力中上升人生。要么读书要么旅行，灵魂和肉体至少有一个在路上。不敷衍自己选择：不认为选择不重要，不认为只要努力就够了。人生不能同时踏上两条路。方向正确事业事半功倍，只要不躺平仍然有转机。生活什么样、灵魂如何安放其实与城市无关。非是所有幼苗可成长为参天大树，非是所有人都可尝试 NBA，也非是所有雨天被蛮横私家车溅一身泥者也努力赚钱买车溅别人一身泥。

2021 年 10 月 8 日

多卖力少"卖萌"不"卖惨"

——

"卖力"是以劳动为生且做事尽力。"卖萌"即"刻意显示自身的萌"，使用人群多为女生。后经网络延伸，褒义指以清纯、可爱状打动别人，贬义指作秀。

多有"萌态"少有"萌心"。卖萌无可厚非，只是别令人反感。众生多有自恋需求，适度"萌"态最可触发人际正面情绪。强者拼命、弱者卖惨，可以卖萌解决问题绝不可撒泼代之。"卖惨"不是励志"卖点"，多数坚强更有体面。依靠同情心不会走得太远，有些旅程自以为走了很远回头看不过原地踏步。认同"学得好不如嫁得好，做得好不如长得好"是以"青春赌明天"，万一劳燕分飞，你何以维持余额人生？

以示弱隐藏锋芒非是真弱。多些"心机"多些保护，"卖惨"也是一门技术活。吃亏不吭声多是狠角色，或谓之"不与你一般见识"。职场万象，谁也不能幸免不遇到"心机婊"。不怕输得心服口服，就怕"被卖了还帮着数钱"。"功高不能盖主，凡事留有余地"，社会资源和机会有限，非竞争不足以搞定。人生80%不如意因为能力，唯一疗法是自我精进、"破局"成长。世界不全是黑白分明，有人适合在灰色地带风生水起。

不以"女子无才"为惰性借口。放过自己、与自己和解，接受不完美。被嫉妒说明你卓越，你嫉妒说明你无能。智者知晓及时转换人生"赛道"，不浑浑噩噩到30岁后还一无是处变成当初讨厌的那个人。"卖惨"实质只获得部分"同情票"。每个人都有气节，非是所有不及格可通过"卖惨"得到谅解。社会资源有限，分配从来唯"竞争力"而非唯"惨"。女生不是月亮只会"借光"，爱情需要经营，强大而不强势。不被爱情冲昏了头，不令男生"敬而近之"爱、"爱而不见"。

"卖惨式努力"不值得提倡。卖惨是示弱招牌动作，是惧怕公平竞争。卖惨自根本买断"进取力"。自《唐伯虎点秋香》男主角祭出董永"卖身葬父"桥段泡妞到当下直播带货，卖惨者旨在激发看客猎奇心、消费人性弱点赚钱。最强靠山是自己，成年标志之一是为选择付出相应代价。"好看的皮囊"不足取胜，"有趣的灵魂"才是亮点。任何年龄都有说"不"底气和资本：自强非是意味不需要他，而是你具有随时决然离开之实力和选项。

2021 年 11 月 16 日

读研是人生最直接"上岸"

———

读研仍是当下大学"热词"及毕业首选。网络数据："48.9％毕业生读研为了拿文凭、45.2％为了找好工作，做学问、搞研究者25％"，读研意味要么今天读书厚度是未来事业人生高度，要么交新朋友、优化资源，"莫愁前路无知己"。

多数读研"一考定终生"。早就业好处多多且与本文探讨读研不冲突。读研不一定高人一等也不一定较之未读研者高薪，但一定可以将世界看得更通透、令心胸更包容。

自我认知、清晰定位、合理选择。读研是"脱胎换骨"、璞玉遇卞和，赢得心仪单位 offer 关键一搏。不可以小概率之低学历者较研究生毕业挣得多否定读研。教育部官方数据：2021 全国报考研究生人数为 377 万，拟录取 117.76 万。报考规模新高，且"二战"人群庞大，负分成本累积。如若你还没有当够学生，笃信"学无止境"大可以再次坦然"千军万马"挤"独木桥"；或许你能力超群但自觉阅历不够，可读研而欣享学识融通之愉悦、自信之重塑。以不学为荣且动辄批判者根本就是妄人。

自我"升值"人生价位。读研而得以追求喜欢工作和想要生活、达到预期职业目标。极个别人群读研是为了"逃避"社会、拒绝长大。研究生人群居教育体系金字塔尖，拥有高平台而捷足"更上层楼"、高瞻远瞩。如若你家境允许、选择多多，能力和勇气足以"舍我其谁"，兼之所学专业牛、实践性强、就业形势好，本科毕业直接就业或创业也是经社会、长才干，说不定下一"颠覆世界"者就是你；若你不能"拼爹"、学业一般、学非所好，也想着有朝一日职场称雄唯有继续多读"圣贤书"，即便 2022 年大学毕业生 1020 万再刷历史新高，其实高端人才依旧缺乏。

为了活成想要模样。能力决定薪水，文凭制约台阶。掌握高效思维，赢得人生主动。本科属国民素质通才教育，读研才是培养批判性思维、起步学术研究。

公平社会既问收获又问耕耘。

读研最便捷缩短能力增强过程、提前达到想要高度。不临"绝顶"难以"一览众山小"。成功之路也不拥挤，"常立志"众生居多、"立长志"仁人者少。太阳和你努力模样皆具耀眼光芒，每一步都算数，没有路真的白走。大学时光转瞬即逝，不以梦为马、不负韶华再修炼三年何以遇见更好工资、待遇、事业？大展宏图、回报父母，口号震天于事无补。

"刘项原来不读书"是历史个案你我没有赶上。缺乏学识和少眼界之"陋生"多批判和否定考研，持"读研无用论"观点"葡萄酸"态度。袁隆平院士虽未读研，但他将报国之志"写在祖国大地上"，他的成就以"袁隆平行星"不朽于寰宇；钱学森1939年获得航空、数学双料博士为新中国金牌"海归"，高起点地推动"两弹　星"、铸造国之重器。

安排好自己前途照顾好家人。吹灭读书灯，一身披月色。近朱者赤：读研而拥有更优质"圈子"，习惯性优秀。人人随着时间成熟成长，追逐学问既是钦慕知识也是追求人生新境。学历一定是公平社会进步阶梯、登堂入室金钥匙。多读书既获知识更得看待世界方式和适应生活智慧。系统教育之功令我辈知晓世界之大，银河之外还有天际。读研而有更多时间提升自我锤炼竞争优势。现实屈服于你：人改变世界，知觉和感受改变人。如若你对现状不满意、于未来迷茫就收起脆弱和懒散先忙起来。一声不响、默默读书而令人生厚重，既能脚踏实地也能仰望星空。

以始终优秀为习惯。"大胆假设，小心求证"：敢于怀疑，越流行越质疑驱动人类前进。既要成绩更要智慧，学习既是为了改变更是受到启发。研究生就是自万千人群脱颖而出，依靠导帅和国家教育资源炼成某一领域精英人群。"外面的世界很精彩"，远借"他山之石"一样"攻玉"。坐井观天不可怕，可怕的是跳出井底后仍是一只难以存活于人世间之大蛤蟆。若你"眼光向外"且家庭经济条件相对"小康"，出国留学"师夷长技"也是明智选择或有"光耀门楣"成分；若你知足常乐，效庄子之龟"曳尾于涂中"颐养天年除外。执着非是执拗，坚持不能"沉溺"。非是出国一定"镀金"，国内做不好，国外一样艰难。

2022年2月22日

调剂"上岸"还是继续"二战"

考研有难度永远是"常态"。"调剂"是每年考研成绩公布后仅次于"国家线"之热词。教育部最新数据：2022 年考研形势严重"内卷"，全国考生 457 万、录取 110.7 万，录取率 1：4.1。有相当比例第一志愿人群进不了复试。大学毕业除了就业创业，"二战"是隐忍之"东山再起"，"调剂"是主渠道成功上岸，其间差别绝非早一年或晚一年毕业。

考研"初心"旨在学养自我俱提升。考研非是大学毕业唯一出路，选择"明天模式"既有好坏且有成本。考研只钟情第一志愿且调剂未果者若酷爱所学专业并具一定能力、胸怀强烈读研冲动结合自身情况不妨"二战"，"门清"本次失利内因外因、为了规避就业压力者也可以尝试"二战"；非是唯名校不读者，调剂既可节省一年青春成本还能少花相当费用。不论"二战"、调剂或暂不就业"宅着"，修成更好的自己最重要。于考生既然"调剂"了就不可以心态"凑合"，就业了就必须"做一天和尚撞一天钟"。

调剂和"二战"非是排他性关系。各学历层次皆有就业压力，适合自己的感觉最好："鸡头"可能优于"凤尾"；冷门不一定"冷"、热门不一定"热"。复试和调剂是主从关系，调剂与"二战"是先后关系。鉴于疫情和经济总形势2023 年考研人数激增尽在情理之中。选择"二战"不代表一定成功上岸甚至退回原点，认定了就必须以充分心理面对未来一年不确定性和结果；"调剂"同样于存在诸多不确定性同时孕育着等同机遇：如果你就是想要有书念，调剂乃至读"非全"仍是理想选择——最大"魅力"在于可以读名校而且非全日制研究生可以考博、多数人还可以报考公务员。

调剂或"二战"必须慎重时间和机会成本。国家研招从来"优中选优"，每一考研季变着花样竞争激烈。只要你想过得比别人好，除了有理想还需坐得住"冷板凳"。今天认真选择明天自己少后悔。于应届生"调剂"读研还是"二战"皆可以"人往高处走"而"一言以蔽之"。第一次考研往往因经验不足多有遗憾，"二战"因具一定基础，补足短板目的性更明确。"二战"之利还在于推迟就业同时沿着专业方向一直努力，弊端在于压力太大。对于将来择业时倾向于体制内工作之专业考生建议"二战"名校；择业时倾向于民企及参与研发、设计类专业者调剂普通院校也是坦途。

从来不是所有人才都来自名校。每年考研形势不一样，不确定因素非常多。2022年考研国家线大幅上涨，除农学军事学未涨外其他学科普涨10~15分。"考研热"中往届生占比近45%，主要归因于收入、发展前景总体与学历成正比，驱动应届生乃至"二战""三战"及在职者通过考研"跳龙门"。2022届考生与其参与角逐新一轮未卜前途不如把握当下机会"能上就上"，即便调剂至普通高校也是晋级上岸。三流大学本科、二流大学硕士、一流大学博士同样学有所成者比比皆是。

积极调剂非是"退而求其次"是"变被动为主动"。考研如登山，锁定"一流"目标没有错，若不能"中的"调剂一般院校仍是"步步登高"以及知识、能力、人生前行。不同学校不同城市皆可以不一样成长，调剂同样是求学且遇到更好风景、更好机遇。近两年国家扩招名额大多集中于普通院校，边疆及中西部B类地区院校名额相对富裕时常"吃不饱"，较之A类地区几分之差最适合调剂。再就是选择母校调剂成功率很高。

为了心仪院校和专业打好调剂"信息战"。除了老师、七大姑八大姨资源，师兄师姐等但凡有用途径皆可加以利用确保占据信息先机。主动出击不耻多问，多多致电一些看好学校说不定就能"捞"到大鱼。不以烦琐随性之邮件贻误良机，电话直接联系调剂事宜最具真诚。初试成绩只是参考，调剂单位更看重你之教育背景、工作经历、综合能力。不将鸡蛋装在一个筐里，只要时间不冲突尽可能多校复试增加胜算。

实在"挂了"依然与自己和解好好活着。人人毕业前夕皆有难熬，尤其是身边同学或读研或工作或出国"花落有家"，包括一些平时不如自己者过得比自己好。边工作边学习也是殊途同归"活到老，学到老"。

看了这以上内容如果你还没有动摇就可以好好准备调剂或者开工"二战"啦。

2022年3月19日

唯愿此去繁花似锦

———

荏苒四年、葱茏夏天，又一轮桃李学成、师生话别，包括部分同学于"云端"校外闻听"离别的笙箫"；时光脉脉、别期在即，疫情盗不走桃李之于母校师长依依不舍，时艰挡不住青春飞扬星辰大海。

不负中流砥柱未来使命。四年来，你们于母校怀抱播种希望；现如今，你们胸怀梦想踌躇前行。广阔天地，大有可为。告别是成长开始，就业和升学皆是崭新征程。孔子曾言："后生可畏，焉知来者之不如今也？"你们生于最好时代，见证了第一个百年奋斗目标如期实现、小康社会全面建成；你们属于崭新时代，实现第二个百年奋斗目标重任在肩，接力民族伟大复兴舍我其谁。

奋斗是青春专属底色。成功者主动做事，平庸者被动做事，蠢才热衷于证明"不应该"做事。太阳会下山，但有些事永远不会落幕。路虽远行则将至，事虽难做则有成。年轻既令你们初涉世情缺少经验，同时也是来日方长机会多多"潜力股"。来自"知乎"的数据，肯不肯干事、能不能成事向来是职场驰骋"硬道理"，众生之 5% 人群因为不放弃恒坚持获得成功。

理想于信念中日益丰满。道阻且长，行则致远。青春之美于春生，青春大美于夏长。"青年最富有朝气、最富有梦想"，"中华民族伟大复兴终将在广大青年的接力奋斗中变为现实"。实干是连通"知""行"桥梁：既"兴邦"又解决温饱、成就梦想，一路收获人生最好光景行而不辍、未来可期。浮夸者终究"纸包不住火"，实干者必定"天道酬勤"。

做集体大机器合格"螺丝钉"。实干是制胜法宝，"敢干"体现责任，"干成"体现能力。"手执烟火以谋生，心怀诗意以谋爱。"养成"工匠精神"，既具技能又具情怀，担当比方法更关键。"高薪即好工作"是片面认识。既要"敬业"干一行、爱一行，还要"业精"，成为行家里手、业界翘楚。即便疫情时有跌宕蔓延，你们成长于"新时代"步履铿锵、枝繁叶茂。

没有一代人的青春容易。敢想、敢梦、敢拼，融个人梦想与中国梦为一体。

努力决定人生高度、态度决定人生方向。敢于接手"烫山芋"，敢于闯荡"矛盾窝"。干事定义时代气质风貌，青春回忆从不褪色；在抗争中延续生命，给后来人以成功启迪。做人做事最怕只说不做、眼高手低，多有愿望美好、理想远大者"混"至碌碌无为。

于奋斗中打磨稚拙。"物有甘苦，尝之者识"，凭本事吃饭，用汗水换薪水。成功是达成预期目标。"静能生定，定能生慧"：少些茫然焦虑，多些希望执着。实干非只是"低头拉车"，还需"抬头看路"，依赖"心想事成"是自我麻醉。在埋头中出头，创新非是简单"旧瓶装新酒"，是长期学习思考发酵之分析和解决问题能力。

于行动中机会多多。"实"字当头，"干"字为先。行动是能力唯一技巧、生动阐释。行动前方是成功："成功"之定义很明确，"成功"之评价千差万别。"时间不等人，历史不等人。"迎着朝阳实干，不对晚霞懊悔。樱桃好吃树难栽。新时代属于每个人。只有"心想"没有行动无以"事成"。想要好好活、活得好，必须常做、多做有意义事情。

山海有归期，云霞会相逢。期待着疫情散去硕果累累，师生再会时的欢欣绽放成象牙塔时光中最美的那道风景。

2022 年 5 月 28 日

大学非是想来就来说走就走

——

理想人生模式不是等到"烈士暮年"才感叹"年轻真好"，而是令未来感谢现在每一天并且活成"过年"模样。寻常人生 900 个月左右，高考不过重要节点之一，考取大学只是离开伊甸园换了条新赛道。

大学混了一生废了。读大学是步入社会前最后一次系统学习，铆足劲四年后惊艳自己是"单选题"：女生可为"汉子"、男生成为"战斗机"。不在明天悔恨今天浑噩岁月，不努力以后连"累"都喊不出。将春之播种拖延至夏天，秋天收成少冬天必然挨饿。自责之前不努力自欺欺人，没有后悔药较之没钱、没时间、运气差更悲凉。"上大学就轻松了"是真实谎言，即便考上心仪大学也不可以"颓废"。

大学是改变一生之地。未来模样终究由自己决定。筹划 40 岁、60 岁后生活不如把握好现在 20 岁上下的日子。忙碌是最强能力催化剂，自制力是制约大学学业第一能力。始终不在课堂睡觉你将非常强大，如果你想大学得过且过除非先买到一瓶后悔药。过去回不去，宁可累死路上也不"宅死"家中，宁可四处碰壁也不天天面壁。

不以学校或专业不理想自暴自弃。大学非只是学好专业，于许多人群学校及专业于未来人生无必然联系。不会就学，"大学之道"旨在全力以赴、"三观"纯正，学习最是自我教育。点燃并实践兴趣始终是大学王道，成功者多从事喜欢事情，非专业的照样专业。知识也许不能改变命运但一定可以改变人。"警惕"父母之不成功思维惰性桎梏，一味将"我不会"挂在嘴边只会越来越被鄙视。

于"道不同"者敬而远之。事久见人心，"多个朋友多条路"，真正好朋友也许几年后才会出现。性情直爽非是口无遮拦：大学同学来自五湖四海，人人需要收起此前傲娇和蛮横。做人最基本最重要，保持自我较之因害怕孤独和委屈附和别人更重要。有容乃大，包容最令你早日炼成出色领导力。一时孤独也许正是你之人生"增值"期。

"勉为其难"未必是坏事。半途而废者有上千借口，成功者只有一个"坚持"。每个时间点都为未来负责，中国有两千万大学生在假装上课。给大学生合理"增负"是当下"民心工程"。刻意根除拖延症，小心有一天被它毁了。教训就是教训，尽力了才不后悔。兼职不等于实习，大学本来就是成熟训练场。每年都有 N 多硕士生、博士生被清退，何况尚未瓜熟蒂落本科文凭？

"读书无用论"阴谋阴险。大学仍有"学渣""学霸"之谓，站稳大学肩膀拥有高清视野、广阔世界。只要你愿意就可以改变自己，只要你不想颓废有的是正事可做别闲着，为了你要的最好自己，做什么都做到极致。60 分"万不了岁"，大学老师很少领着你仔细复习、反复刷题。实力铸就人生，你与更精彩只差一道大学门槛。

有些"放飞"是放纵自诩。不随波逐流别人之偷懒放纵。大学之自由非是放纵，只是将高中被书本占据时间转做更重要事情。成功之路不拥挤，你只管努力，时间自然会淘汰频频停顿者。学业为主，同时收获容貌气质剧变。大学之"穷"是泛指。不只是有钱才过得像样，"身穷"者依然体现外在追求、内在品位。

高度关注健康。运动和自律向来相爱相杀、相辅相成。避免"英年"之某一天被健康"致命"一击。

2022 年 7 月 16 日

抖落"婴霾"高扬帆

——

东君和煦、山河回春，莘莘学子终于作别 2023 年超长寒假踌躇满志归来，同时个别"夹带"纵享亲情、任性娱乐等"报复"疫情"后遗症"，以致朋友圈时有"宝宝"活跃、童心霸屏，既有亲情回味兼备自娇自嗨：少数属"老莱子娱亲"，多数是自强自立"返祖""巨婴"陋习殄民，必须抖落而"后快"。

一众溺爱造就一干成年"巨婴"。"巨婴"特指某人生理已发育成年，心智及行为仍呈婴儿习气，典型表现人身依附、担当缺失，少良知底线及爱心，与国家期待、社会预期严重不一致。孩子必须要长大，于父母首先要做能做的就是"放手"。"巨婴型"父母惯以爱之名从小到大、从内到外掌控孩子，无视其独立自主，致其精神迟迟未"断奶"。许多娇宠其实是父母"自己满足自己"。有一种冷叫"你妈觉得你冷"："父母掌控 + 富二代式教养 + 无限度娇生惯养 = 一辈子无法断奶巨婴"。

大学生仍是"巨婴症"高发人群。一些人于家庭过分依赖，无足够心智区分现实和想象，独立思考、生活及人生经营能力欠缺：或因宿舍有小虫子半夜给辅导员打电话，或稍有小感冒请假一周回家静养，或将攒了一个月的脏衣服快递回家，或让妈妈连夜坐飞机来学校送感冒药……总之，"巨婴"生理已成年，心理仍停留于"母婴共生"，视全世界为自己所属，一贯以"双标"待人待己，极个别甚至不以他人为生灵。尤其生就一颗"玻璃心"，不知感同身受，不能承受任何质疑批评，永远以对抗心态应对批评、说教。

物质依赖是"巨婴"最突出点。失败之家庭教育导致孩子活得"畸形"：一方无尽索取，一方拼尽全力给予，视所有获得为理所当然。"巨婴"人群素怀"普天之下皆我妈"心态，偏爱以"宝宝"肉麻自谓，跻身"公主病""王子症"之列：觉得全世界都亏欠自己，一切都是自己应得该得，所有问题都是别人的，凡不能满足自己要求者皆是坏人。"巨婴症"较之"熊孩子"更可怕，个别甚至引发人伦惨剧，包括数典忘祖、认贼作父，甚至有人曾诟病父母"老家伙，养不起本仙女当年就别生啊"。

大多社会负面情绪及恶意来自"巨婴"。"巨婴"人生字典只有不断索取从无自力更生，既要西式自由又要中式宠爱，既无"别人家的孩子"之阳光上进又失传统教化之"温柔敦厚"。其一切以自己为中心钻空子谋私利之自私如毒瘤，最具蔓延人群、毒化风气感染力，包括游客擅入未开放景区探险、乘客高铁"堵门""霸座"及撒泼打滚等。之前疫情防控某种程度是一台人性显微镜加速器，现形了成年人群许多"婴儿"症候。

不将大学读成"网""宅"模式。明是非、懂荣辱、辨善恶。学习不只在学校，更是在路上。"假装学习""十分颓废"也痛苦。成长必须精彩且丰富实践，妥善处理好现实与网络关系。力避他人"这也不会，那也不会"负面评说。网络严重稀释现实空间，导致人与人性异化。适度"肥宅"是休整，过度"肥宅"是颓废。不活在想象世界自制满足和高潮，镜花水月只可一时放松身心。可以不玩手机，不可以不关注与学业、就业、专业相关信息。经验皆具个性，适合多数人群好方法不一定适合自己。

也不可将一切社会问题归咎"巨婴"。社会有方圆、职场有规矩，尊重、接纳现实是心理成熟重要标志及社会适应能力。凡事自别人找原因，凡事由着性子必然承担随之而来后果。"啃老族"有别于"巨婴"之无止尽自原生家庭敲骨吸髓。"精致利己主义"看来礼貌客气，实则冷漠而自私、毫无体谅，集智商、世俗、老到、表演、配合于一体，尤其善于利用体制达到目的。

"小成靠智，大成靠德。"可以"宝宝"昵称、慰藉、调侃只是不可以自居及自我麻痹。吃苦非是一味受穷和看人脸色，是为了某一目标长时间聚焦能力。凡"全能自恋"认为自己无所不能及欠缺职场考察"刚需"之"善良、正直、能干"者早晚被某一项害死。

2023 年 2 月 11 日

"磨刀不误砍柴工"

——

学而优则仕、仕而优则学，"精英治国"古今中外同理。考研最可跻身精英行列，最雄辩证明"我行"。读研与否，泰山、"东山"海拔之别。读研晚工作几年或许错过"星星"，锤炼不一般实力终究赢得"月亮"。

考研是优秀大学生人群最"热词"。读研不一定高人一等也不一定较之未读研者高薪，但一定可以于起步站位更高、将世界看得更通透。按时就业与读研探讨不冲突。环球在线数据："48.9％毕业生读研为了拿文凭、45.2％为了找好工作，做学问、搞研究者25％。"多数读研者"考定终生"，为赢得心仪职位值得一搏：读研最加持报国持家实力，最"捷径"问鼎心仪薪酬、理想待遇。即便2024年大学毕业生预计1187万再刷历史新高，其实高端人才依旧缺乏。

读研人生是璞玉遇卞和之"脱胎换骨"。能力决定薪水，文凭制约台阶。不可以低学历者较研究生挣得多之小概率"贼吃肉"事件否定读研。大学时光转瞬即逝，"常立志"众生居多，"立长志"仁人者少。澎湃新闻数据：2023全国报考474万，虽然三年来首降36万，仍高于2021年之377万，依然报考规模之巨、"二战"人群之众、负分成本累积。如若你笃信"学无止境"大可以再次跻身千军万马挤"独木桥"读研当"大大学生";如若你不能"拼爹"、家境一般、学非所好，总想着他日职场称雄更要考研多读"圣贤书"改弦易辙。

读研最可能活成想要模样。"近朱者赤"，读研中遇见最好自己：或做学术精英，练就终身优秀习惯，与"超牛"名家大咖为伍；或文凭改变命运，自万千人群脱颖而出。居教育体系金字塔尖，一洗身上牛粪味。不"会当凌绝顶"何以"一览众山小"？如若你家境多金、选择多多、内心强大至"混蛋"，能力魄力"舍我其谁"，兼之所学专业牛、就业形势好，本科毕业直接就业创业也是经社会、长才干，说不定下一"捐赠母校第一人"就是你。

"刘项原来不读书"是历史个案。极个别人群读研是为了"逃避"社会、拒绝长大。无知和少眼界之"陋生"多批判和否定考研，死扛"读研无用论"妄称"葡萄酸"。公平社会既问收获又问耕耘。袁隆平院士虽未读研，但他将报国之志"写在祖国大地上"，他的成就以"袁隆平行星"不朽于寰宇；钱学森1939年获得航空、数学双料博士后历尽艰辛"海归"新中国，高起点地推动"两弹一星"、铸造国之重器。坐井观天不可怕，可怕的是爬出井底后仍是一只大蛤蟆。

多数"研究生"因"研究"而生。非是人人随着时间成熟成长。学你所学、想你所想、更上层楼。读研催化批判性思维学术研究，学历永远是公平社会进步阶梯、登堂入室金钥匙。学历背后之获得更具意义，若你"眼光向外"且经济条件允许，出国留学"师夷长技"同样"爱国不分先后"；若你知足常乐，效庄子之龟"曳尾于涂中"颐养天年除外。口号震天于事无补。非是出国一定"镀金"，国内做不好者国外一样艰难。

大多普通人于世界只看到假相，想要改变命运必须掌握多数人未知真相。历来只有时间最公平，然而当你沉迷于游戏、追剧及某音某手无休止八卦，连它也变得苛刻和势利。

2023 年 12 月 2 日

第十三章

自强最强，将命运握在手中

『奋斗是青春最亮丽的底色。』

无论你站着还是跪着，命运都会不加改变地到来。

没有抱怨、没有放弃也没有借口，不能保持个性是一种『懦弱』，不尊重个性

是一种『霸道』。『我命由我不由天』，不退缩、不逃避，永不言败、拼尽全力。

人虽然无法决定自己出身，但是可以改变自己影响命运。

说语

师新

职场江湖实力尊严

———

学无止境、递进发展，专业是"学成文武艺"、是"饭碗"。无论读什么学历、专业终究要就业。人尽其才、不瞎折腾是职场生存第一法则。

到什么山唱什么歌。"术业"需"专功"，掌握技能易，融会贯通难。不盲目"入行"也不轻易"改行"。所谓新兴行业就是未来车水马龙目前门可罗雀。拳不离手，曲不离口。炉火纯青在于"致用"，"临阵磨枪"自欺欺人。没有人是万能王。牛顿点评不了梵高画作，嫦娥理解不了李逵生猛。

可以没有知识一定要有常识。天外有天，山外有山。"万联网＋"时代以前也少有一张饭票可以吃一生。未来你之最强对手或许非是同行而是"玩跨界"者。学然后知不足，教然后而知困。"妖"修炼千年而"成精"，学有所成者必经"苦"字，姜子牙、廉颇皆是从不懈怠之职业"老姜"。

优秀是最给力之脱贫。用专业提供技能，凭敬业解决态度。不"走"在时间前列、业绩末端。"知彼"对手且有自己独特方法而为核心竞争力，"瓷器店抓耗子"既需技能更需操守。师傅领进门、修行在个人，有些努力是"假勤奋，真懒惰"。今天同出师门相差无几，后天因修为不同天壤之别。

人生赢家"聪明＋勤奋"。专业精进，抵御风险。要务不可以随便假以 ta 人，"玩"不够的工作富有成效。贯通域内知识、技能、素养谓之"专业人士"。"三国"吴将吕蒙不过行伍出身，文墨没有、不知礼仪，因向学恨晚笃志不倦，终究以"白衣渡江"兑敌关羽且赢得"士别三日，当刮目相看"美誉。

2021 年 2 月 4 日

为你的专业插上翅膀

除了数值计算、过程控制等传统用途，当前计算机更多用于辅助技术、人工智能、大数据等现代领域，并成为"互联网+"牵引器，职场事务多倚之往来传递，专业之外电脑应用越来越为职场一族通用"必杀技"。

"菜鸟"级操控。具备机关、企事业文秘等基础办公信息应对能力，如明白 Word、会按要求胜任排版打字，会用 Excel 完成一般统计，会用 PPT 且做得漂亮新颖；能收发指定邮箱邮件。大学才是人生分化真正开始，以上项做不好者不要说你读过中国大学。无计算机二级证书者求职多数死于"网申"阶段。

"小妖"级使用。能初步维护企事业机关办公信息系统，能依照要求进行各种复杂检索，能解决同仁所遇网络问题，在小圈子初有名气。由此事业起步，精神抖擞、眼界开阔、社交圈变大，我帮人人、人人"赞"我。我有你无、你有我优皆为职业优势。计算机水平胜一筹者机会多多。

"妖精"级应用。充分锻炼而步入职场快车道。他人评价为"专业"，熟悉操作系统、信息管理和办公自动化系统，熟悉数据库，能受命领衔分析单位数据、图形等，筹备并建立图书档案、信息系统，业绩优秀、越来越"牛"。当下几乎没有行业、岗位可以离开计算机支持而独活。

"大神"级运用。计算机水平仅次于专业能力最为雇主看重。熟悉软件工程、数据库和网络组建，谙熟系统开发和维护，能结合部门业务和需要开发优化程序，是部门多面手，深受欢迎，要么领导提职加薪、要么早晚"乌鹊南飞"。计算机技能是通才最"硬核"，最具拓展职业边界资本。

2021 年 2 月 27 日

在信仰力量中高歌猛进

———

　　"信仰"语自佛教《华严经》"人天等类同信仰"，本义为对某种思想、宗教及人、物信奉敬仰，今义主要泛化为习俗、精神及"三观"寄托；"幸福"是对生活持续满意且希望保持状态，二者谐振为灵魂有趣、人生如意。

　　致力与"三观契合"者同行。"话不投机半句多"者"三观"不合，"一日不见，如隔三秋"者精神"门当户对"。有信仰而令强敌臣服，底气不足"拼爹"不如"一代更比一代强"提气。笃信"干得好不如嫁得好""宁坐宝马车里哭不在自行车上笑"是"拿青春赌明天"、是拜命主义。

　　受教育主要在于"长善"。你知道要去哪里，全世界都会为你让路。有信仰者不一定幸福，无信仰者一定不幸福。有信仰者如玄奘西游虽经八十一难仍千方百计捍卫长期所持根本信念，现在没有将来会拥有；无信仰者如商纣"玉杯象箸"江河日下，现在拥有未来也将失去。

　　信仰如爱情需"修成"正果。信仰力量，精神之钙。爱是一种信仰，因为爱、所以爱、所以被爱。真正爱一个人、爱一种思想、爱一种目标至信仰层次者信念强大、甘于付出，心无旁骛、执着无畏、向死而生，"曾经沧海难为水，除却巫山不是云"。

　　信仰是奢华人生"高配"。民政部统计，1921 至 1949 年有 370 余万烈士献身革命。有信仰自信自强、人格健全，道德模范、"时代楷模"、当代雷锋；无信仰朝晖夕阴、浑浑噩噩，前恭后倨、利欲熏心、鲜廉寡耻。"读书勤乃成，不勤腹中空"，人生如大海孤舟，"黑夜给了我黑色的眼睛，我却用它寻找光明"。

2021 年 3 月 5 日

"咸鱼"翻身"学渣"逆袭

　　"学渣"专指平时不爱学,临近期末突击磨枪、"抱佛脚"之学生群体,兼备逃课次数全身指头数不清、上课坐后排、若干科成绩"垫底"等特征。一般不含贬义,与"学霸"相对,也为诸多成绩不理想学生之自嘲。

　　努力到连自己都怕。所有"黑马"必经韬光养晦、黎明前黑暗,所谓"逆袭"多是厚积薄发、水到渠成。以不逃课"悔过自新",不要在"惨"了许多事后才痛心疾首之前顽劣"逆行"。于大学生逃课是严重自误、是成长绊脚石,绝非独立精神和自由思想,于眼前是缺了学时、丢了学分、瞎了学费"坑爹",长远是知识断链、学业"瘸腿"。

　　将所有时间都用上。如若考研开始就是冲刺,想学习在哪都可以,学霸之天赋其实在于"会学"而"学会"。交流群非是聊天群。"大数据"结论,上课坐"首席"学生事业成功率远高于其他排同学。因其心态积极主动,课堂参与度高、获得信息和自信多,与老师互动多,进而对课程更有兴趣。反之,坐后排之"末位"者参与度低,耽于手机听课易走神、多有小动作"每况愈下"。

　　全力消除"软肋"科目。合理规划时间,持之以恒落实,天天抱着书玩手机及学到深夜十二点皆非坚持。灵丹妙药是笨鸟先飞、不耻下问,实在不行偶尔为"打不死之小强",拿出一半高考劲头重修。考前先自测几次摸清水准,多请教"学霸"先学好课本,再整合相关知识点针对分数背后问题对症下药,找准"东山再起"切入点。

　　期末成绩挺进中上游。学渣考试心比天高命比纸薄,多数"逆袭"故事旨在获得熟悉感觉、心理满足及处境共鸣。不丢平时成绩,每课程提前预习、心里有数,上课认真听讲、消除疑惑,课后用心练习、巩固所学,不断以小胜积大胜,"学渣"最受诟病是基础薄、欠缺自律,多为大学之前长辈"陪读"教育"后遗症"。

2021 年 4 月 8 日

不做大学校园堕落者

——

在此"堕落"专指个别大学生自入学即放纵，视某些"上了大学就好了，想干什么干什么"谬论为圭臬，"五十步笑百步"，终致"腹内草莽"、一事无成而悔不当初。

不被诟病"不像"大学生。宿舍物放有序、整洁高雅不被抨击为"猪圈"；不以"出口成脏"张扬个性。朋友质量决定人生层次，真正优秀者呈点状分布。不将时间、精力、金钱用于错误恋爱，对感情负责，爱情不"快闪"；不透支消费做"伪白领"，省着花父母钱、不被抨击"坑爹"。不在公开场合卿卿我我、举止乖张；衣着社会化、不妖冶化。比焦虑更可怕的是拒绝成长。

不以逃课标榜"个性"。"翘课"只有零次和无数次，差距在堕落中拉开。你交了学费不假，扩招、老师水平低或许个别存在但非是懒学振振有词借口，上课睡觉或逃课非是潇洒只是堕落、放纵。每个人自控力不一样，选择自由必须高度自律。老师点名旨在尽责而非强制，于上课时间段恋爱、购物、旅游乃至赚钱皆属饮鸩止渴、自欺欺人。

不沉迷游戏无法自拔。在离梦想最近之大学季节莫负青春。没有生而勇敢只有选择无畏。活出人生意义，你要成长绝处也能逢生。游戏是双刃剑，天才倚之身价过亿、人才倚之发家致富、蠢才因之一事无成。一些人日常游戏、追剧等无谓熬夜甚于上班族，伤身心伤大脑，精神恍惚、行为迟钝，全无活力朝气，"夜晚自课堂开始"，补考达"专业水准"，被主流媒体痛批："你不失业，天理难容！"

以不"挂科"为学业"常态"。博览群书，学压群雄。同一样大学，不一样毕业。学习最需要一颗安静之心。走好选择之路，不选择好走之路。仍有人信奉"60分万岁"，认为大学再无必要如读高中般"三更灯火五更鸡"，轻视学习、逢科必挂，上课想着睡、下课想着吃，厚颜无耻地以为每一项技能很容易炼成，直接弊端为今日所挂之科皆为桎梏未来"短板"。

2021年5月2日

总有一段英雄历史属于你

梦想从学习开始，事业靠本领成就。自"为中华之崛起而读书"到实现"两个一百年"奋斗目标，青年责无旁贷、重任在肩，既是追梦者又是圆梦人，奋进、开拓、奉献是青年于历史最担当。

祖国是你之最牛背景。"90 后"不再是孩子，最小者告别"弱冠"、最长者已然"而立"，年龄精力风华正茂、干事创业正当其时。有家国情怀、具人类关怀，选择最能为人类谋福利职业书写历史，你之梦想有多雄奇，中国就有多美丽。没有人置身历史之外，没有人恩赐光明中国。2021 年中国将贡献全球经济增长三分之一，面临百年未有之大变局、实现"两个一百年"奋斗目标，同时直面更多竞争挑战乃至"真刀真枪，短兵相接"。

盛世青年不可颓废。火热时代必具战斗者、创造者勇气与决心。中华文化热衷英雄出少年，一众先贤年轻即登历史舞台。霍去病 17 岁率铁骑深入大漠反击匈奴，功冠全军获封"冠军侯"；开国上将肖华 17 岁任红军"少共国际师"政委且率部反"围剿"。抗日战争期间，八路军团一级指挥员平均年龄不过 27 岁却身经百战、战功卓著。发表《共产党宣言》时马克思仅 30 岁、恩格斯 28 岁。

于披荆斩棘中炼成想要模样。"从善如登，从恶如崩"，从一开始系牢人生扣子。于诟病中成长是"人之常情"。自孔子批评宰予白天睡觉"朽木不可雕也"，到"鸿门宴"项羽放跑了刘邦被亚父范增责骂"竖子不足与谋"，每一代人都曾在师长辈"垮掉的一代"断言中长成。毛泽东十三岁上也曾被父亲当众责骂"懒而无用"，否则或许不会有他十七岁上离家前"孩儿立志出乡关"赠父诗。

站在前辈肩上出彩。青年无理想不担当，国家没前途少希望。"长江后浪推前浪"，拍不死"前浪"之"后浪"不是好浪。不奋斗之青春有似老朽。"立大志，明大德，成大才，担大任"。幸福是奋斗来的，工资是挣来的。谁也看不到历史最后一页。"某某后"之谓不过是大家来世间顺序、接续历史先后，无所谓优劣尊卑、高低贵贱。一百年后所有"某某后"们都是祖先。

2021 年 5 月 4 日

学历是美好人生 VIP 票

——

每一人生皆是"持久战"，读书旨在学有所长、优化思维，锤炼担当、理顺"三观"。多数学历与实力成正比。社会很现实，高学历者多有好平台。想领先抵达梦寐以求诗与远方，必须提前"购票"、如期乘车。

读书最是改变现状捷径。学历既是敲门砖，也是升职硬本事。读书既为了一纸文凭，又是自我挖潜、锤炼格局。文凭第一要用有如亚当、夏娃腰际之一圈树叶，既遮羞包丑，又掩饰寡陋愚笨。身边人群主要分两类：一类努力提高学历，一类崇尚现实能力。高学历人群优秀者概率更大，父母多倾向于好好学习获得竞争力。短视频不能代替系统学习，只能退化思考、上瘾懒惰。名企青睐名校生旨在"人 - 职"匹配、节约成本。

学历能力非是简单对立。学历代表过去、制约未来，既是一纸文凭，又是读书生涯努力、认真、坚持体现。不被"鸡汤"误导，不轻信学历不重要。英雄不问出身，英雄必有出身，互联网大佬多名校毕业。尽管"一等座""站票"同时抵达，但其间遇见谁、在哪看风景以及服务、惊喜极其迥然。即便身边不乏低学历具能力者，文凭仍是目前用人单位招人最"硬核"，至少起薪点"博士生 > 硕士生 > 本科生"。

做有知识之社会"分子"。读书而接触更多精英，高学历者多敬畏知识、持续学习。非名校虽不带给你较多荣耀，也不会永远制约你振翅高飞。有些人学费来自父母"砸锅卖铁"，提升学历既可觅得心仪工作，又能于未来获得更多方便福利。大学遇见既决定思想洗礼，又影响未来"朋友圈""大数据"。名校和好成绩不一定代表能力，但至少证明起点高低、付出程度。

文凭因竞争体现不一样价值。坐井观天是人生最可怕敌人，不同人群学历、能力既相结合也彼此割裂。专科生有获国际金奖"大咖"，985、211 也有人混吃等死。持"读书无用论"者短视于"幸存者偏差"。学历是"敲门砖"，所敲开者或殿堂或草堂。读大学是人生最重要几年，若不能"拼爹"就"拼己"，若非"富二代"就修成"富一代"。外面世界既精彩又无奈，人生最大悲剧莫过于"他有你有我没有"。

2021 年 5 月 6 日

"好运来"就是加油干

甘于懒惰而贫穷，不以"运气不好"心安理得。不怕晚，只怕懒。懒是人格"癌症"。运气不好或是努力不够或"跑偏"了，不努力不付出还想运气好、赚钱数到"手抽筋"是白日梦。

好运气就是持续努力。"得到"的最好方法是"配得上"，"位高权重责任大"绝非挣着卖白粉的钱操着卖白菜的心。"好运来"背后多是努力，许多轻描淡写之成功是故为淡定。"稳定"环境最失去自控力，奋斗是最给力之"三十年河东转河西"。如秦二世三年败尽数百年祖业，朱元璋于寺庙崛起"驱逐胡虏，恢复中华"成就洪武帝业。

天下百病生于懒惰。弱者怨天尤人，强者事在人为。运气是因素但非为关键，"挣来的成功"谓之"幸福"，"喝凉水塞牙"是心态倒霉。自己不改变，换环境"换汤不换药"。即便天上掉馅饼也要起早捡，既懒惰又贪心者一无所获。几分之差而就学 211、985 是运气也是实力。贪睡是第一懒惰，整天玩游戏、追剧而失去学习力是"重症"懒惰。

"高手"多以"运气好"为托辞。会管理时间，能从容应对。"大咖"们往往更重视健康。实力不在脸上，本事不在嘴上。得意者自谦"碰巧"，失意者陈述"艰辛"。运气或可以为尽力后不成功之说辞，但非永远借口。三年"楚汉之争"，刘邦屡败屡战，老父沦为人质被威胁剁成肉酱还喊出"分我一杯羹"；项羽刚愎自用、妇人之仁，一战败至"四面楚歌"便以"天亡我也"霸王别姬。

不因运气怨天尤人。早起、勤奋、谨慎、诚实者极少抱怨命运。为欲望和懒惰松绑，为人生渡河摇橹。非是所有人都懒惰。恒久努力就是天赋、运气。不如意多是努力不够，运气不应该"背锅"。学习或暂时有痛苦，不学习终生痛苦。"祸不妄至，福不徒来"，懒人负面情绪高、脾气多暴躁。人生有如小提琴演奏——即便"断弦"，仍须"冒险"以余下琴弦奏完全曲。

2021 年 5 月 20 日

要么出彩要么出局

——

走上职场前先请收起"玻璃心"，工作中挨"批"、被"呛"属正常。正常而健康集体虽员工人格平等但分工永远有别。单位重人文不一定非得温馨，同仁共事在于创造价值而非宠溺娇纵，新人自杂事做起天经地义。

好心态是职场基本情商。控制情绪、弱化缺陷，用心工作、友善同仁。职场不相信眼泪，哭解决不了根本问题。有些问题是机会，帮上级节省时间是员工重要职责。多在意工作少在乎情绪，优秀和普通者差距多在于前者时时保持清醒及生活痛感。开始脆弱不可怕，只怕一直脆弱下去。职场"小白"当务之急非是遇事暗自垂泪、盘弄情绪，是早日修炼成有说"不"资本。

职场非学校没有人总得教你。公司发钱、学校收费，"档口"全然不同、大家自有角色。你不懂的网上多查不到。收起学校那一套，工作中没有人总帮你画重点，哭了没有人非得安慰你；职场崇尚公平但没有绝对公平。要么忍要么狠要么走。该说事说事，该谈情谈情。业绩就是尊严，用实力做人做事最被刮目相看。年终考核只相信有没有结果、干得好不好。

努力人让 ta 人看到结果。努力不等于成功，结果比过程更重要。"杀"不死我们者必将令我们更强大。某一时间、一堆事情，重要事情只有一件。很多事情无结果一无所有，差一点和差很多于目标前功尽弃。老板和领导非是导师，更多在意事情结局。弱者多以"苦劳"说话、强者只以业绩说话。示弱、哭泣只是一种借口，很多委屈源于将自己看得太重要。

不要轻易离开团队。少有完美个人、常有完美团队，合作精神、团队意识或是分享，或是"不打不相识"。不要老想着放弃，每个集体既有问题也有优点，再强大之个人也需要团队。哀怨和眼泪能博取同情换不来效益，无反省之人生不值得一过。人际交往或是往 ta 人情感账户存款。能给委屈买单的只有自己。积极主动者多会成为狠角色，你不努力哭也没用。

2021 年 5 月 26 日

没有一样工作不委屈

——

有些问题永远解决不了。初入职场者诚如小马过河，所遇之"水"既非老牛轻描淡写之浅，又非小松鼠夸大其词之深，不涉足不知深浅，前行难免困惑、委屈或尴尬。

一走了之消除不了委屈。没有事业不操劳，没有工作不委屈。因不够强大而委屈，因足够委屈"撑大"胸怀。大家都很难，委屈、不公于坚定职业目标司空见惯。真的委屈咽进肚里、鲠在喉里、埋在心里。"作妖"不是本事，被骂是一种能力。加快试错节奏，提高行动力。包容别人最省自己时间，"利他"思维偕顺诸事。尽量不"越俎代庖"反映问题，少"隔着锅台上炕"越级告状。

受委屈也是一门功课。一次"身教"胜过十次"言传"，教人做人较之做事更被记住。先以道德约束自己。受得何种委屈、成为什么角色，职场多相信成功少同情眼泪。做事非是每个人都被温柔呵护，有些委屈是欠缺换位思考。真有眼泪绝非"为赋新词"，是捂住脸仍自指缝流出。儿童争对错，成人看利弊。

委屈可倾诉、可抗争，轻率挟舆论以自重、动辄"曝光""揭露"是"搞事""扬家丑"事与愿违。

越懂事者越容易被委屈。职场不看好"玻璃心"，委屈是职业部分。越往上走越寂寞，自舔伤口是为领导者必修课，有些决策或许不到 30% 人同意。不要奢望上司都能哄着你做事，他们或许更委屈。犯错误必须付出代价，收入是抵御意外最有力武器。未达预期目的未必是失败，回报或许迟到但不会缺席。隔着玻璃观景有光明无前途，今天和风细雨无法抵挡明天暴风骤雨。

有些委屈是自己"觉得"。做人多大气，做事多成功。永远最对自己负责。生活不能处处令人满意。负面情绪赢得正面同情少，背后"减分"多。受委屈非意味自怨自艾、忍气吞声，也是认清缺点和改进方向。每一领域有高手，职场既是历练也是筛选过程。"强刷"存在感不一定获得尊重。委屈是强者珍贵修炼，曾国藩所谓"盛时常作衰时想，上场当念下场时"。

2021 年 7 月 4 日

机遇在首鼠两端中丧失殆尽

一念天堂，一念地狱，转念是希望。不怕"为时已晚"，就怕"止步不前"。人生关键除了当下位置，还有下一步迈出。踏实开始，任何时候做事都是时候。

警惕"哀莫大于心死"。以时间消除偏见，以经历丰富成长。不行动，知道再多、再早仅为谈资。专注而事半功倍，理想人生当如蜡烛燃烧从头至尾光明。即便错过昨天以及从前，不要再在明天悔恨今天犹豫不决。自我救赎，唯有自我。没有"为时已晚"，都是最好时间。很多"大咖"泰斗其实中年成长、大器晚成。孔子自七十岁编纂《春秋》，既"不知老将至"，更以"微言大义"垂范千秋。

输不起，做不到，赢不了。不怕你不会，就怕你不做。梦想，从来不晚。

每一步人生都是自己书写。昨天回不去，能把握的只有当下。很多人输给了自己，最怕非是"太晚了""来不及"而是明明可以"启动"你却选择"休止"。想到、知道不如做到。你不以时间为友，时间视你为过客。努力了，最坏之人生结局或许不过大器晚成。姜子牙 72 岁上垂钓渭水等来周文王，后为首席智囊助其子武王伐纣而被尊"武祖"。

现在开始为时不晚。花开自美，评说由人。觉悟 + 努力 = 成长。强大不一定赢，至少抗输能力强。理性掌控工作和生活，奇迹是努力之"别字"。学习过程其实是走出舒适区而"反人性"。自尽快漂亮完成几个优先事项开局。许多时候不是太晚而是你不敢。时间改变一切，你改变时间。最痛苦非是失败，而是本可以不失败。苏洵 27 岁"始发愤读书"，57 岁携二子进京应试且成"三苏"盛名。

追梦是最好抗衰防老。努力如储蓄，越早行动受益期越长。最高效之时间停留在哪，收获就在哪。海有舟可渡，山有路可行。最好时间做最好自己，只要你愿意，学习不嫌晚、奋斗不嫌晚。避免"过年效应"，不在年终盘点未完成之年初愿望。摒弃猪性思维，以儿时吃薯片劲头做事超额完成。人生该走的弯路谁也少不了。错过了就过去了，最重要是下一次不再错过。吴承恩 50 岁上所著《西游记》你今天还在看。

2021 年 7 月 24 日

适度示弱你依然是强者

强者懂示弱、弱者爱逞强，真正强大非是一味要强、隐藏脆弱。适度求助、示弱是一种真诚表达。"地低成海，人低成王。"生命之弓因有度弯腰射得更高更远。

示弱非是软弱懦弱。懂得低头，才能抬头。真诚待人，交往"走心"。"优越感"是良好人际死穴。谁也不能"一招鲜，吃遍天"，"倾听"者以智慧示弱。适当示弱别人才能帮你，虚心求助难以被拒绝。示弱非是真弱，逞强非是真强。人性本能礼让弱者，有时"当"弱者是一种智慧。"欲高反下，欲取反与"，善于示弱是高明智慧。毛泽东军事思想"敌进我退，敌驻我扰，敌疲我打，敌退我追"是经典之战略示弱。

适时示弱有助于问题解决。事事逞强，必有祸殃。人性同情弱者、嫉妒强者。"大事难事看担当，逆境顺境看襟度。"琴弦因张弛奏出美妙乐章。"示弱"非是认怂，必要"示弱"是温柔力量、低调哲学。成功求助其实成全对方自尊，适时示弱是接纳完整自己。在适度求助中强大，不逞强你就赢了。项羽"力拔山兮气盖世"，最后败于一介草民刘邦；曹操"挟天子以令诸侯"，赤壁一战输给不屑　顾之孙刘联盟。

优秀者多"忘我"。庄稼因成熟而低头，荆棘以芒刺示人活命。示弱既非认输也非犯贱。不掩饰坦诚于尖刻，"眼里容不得沙子"其实不智慧。向合适对象暴露软弱。苦撑"我还好"非是真强硬。发问须谨慎，职场非是学校。懂得求助是能力，不懂就问非是适度求助。缩回拳头是为了更有力出击，真正强者既在乎面子又守住里子。韩信能忍得"胯下之辱"在于不愿枉费时间精力，勾践"卧薪尝胆"在于时机未到。

一味逞强是一场灾难。小舍小得，大舍大得，不舍不得。"锋芒毕露者难赢，克己让人者易得。"求助非是狮子大开口，拒绝不一定心安理得。不示弱者太渴望被认同，狂傲喧哗者多怕被瞧不起。弓弦强拉易绷断，人生强撑不美满。不太高看自己，盲目较劲是痛苦源头。有些"自尊"之下是自卑。没有谁能独立于他人而活，人生最痛苦非是失败是"本来可以"。"女强人"非是"酸葡萄"，于女性强大非是强势及压制男性。

2021 年 9 月 6 日

努力非是"行为艺术"

———

许多人误解了努力。努力其实与年龄无关，只是一种坚持。有些成功有运气、机遇成分，有些努力充其量是自我安慰。不努力不一定不成功，真正努力不是作秀给别人看。

努力非是麻痹自己幌子。累者有事可做，忙者尚被需要。生而为人，必须勇敢面对。成功经历大致相似，失败原因各有不同。努力是有意识之活动，否则为寻常自食其力。许多人错以劳动为努力。努力过程不及结局雄辩。少几次翻脸多几级台阶，少撂几句狠话多几分余地。人之没有梦想无异于咸鱼，时有大学生在图书馆玩手机只是减少负罪感及自欺"曾经努力"，实质仍为间接性踌躇满志、持续性混吃等死。

好学者习惯性"打卡"。台上一分钟，台下十年功，多一点坚持少几次后悔。对自己狠点，三分钟热不了血。分内事必须做，分外事努力多做。万一天塌下来"高人"弯腰了呢。永远有人有借口掩饰不努力、不自律、不上进。很多成功者其实只做一件事、只坚持做一件事，重要路程需慢慢跑完而非一开始跑得有多快。努力之境界是习惯成自然。无结果之努力是无用功，很可能会收获同情。

漫无目的努力是瞎忙。努力是得到"想要"门票，有目标者奔跑，无目标者睡觉。努力不宜标榜、越多说越不值钱。努力是人生重要方法论和优秀品质。无目标之努力、缺计划之奋斗至多是行为艺术。真正努力须从自身强烈意愿出发，是每一有为人生底牌而非是粉饰懒惰遮羞布。低头是一种能力，是清醒之嬗变。有些"明天会更好"其实很消极，许多努力刚开始都不怎么好。

努力最是职场"免死金牌"。不沉迷过去，不恐惧未来。化热爱为习惯内驱力，为喜欢事情疯狂。生活非是林黛玉，不因忧伤而风情万种。"好之者不如乐之者"，努力非是能力，工作非只是"拼"。努力人生苦半辈子，颓废人生苦一辈子。"自律≠自虐"，亦非"头悬梁，锥刺股"恐怖场景。真正自律者从不觉得苦，许多成事无需拼智商必需好习惯。不动辄感动自己，许多人比你成功较你更努力。

2021 年 9 月 18 日

不被退而求其次"磨灭"了你

———

"出水才见两腿泥。"凡事试过了才知道，人生时有备选方案，但不要轻易退而求其次。或以为退一步更合情理，其实正被悄悄毁掉，令生活选项越来越少，困顿为挥之不去"主题词"。

信心越大耐心越大。努力踮起脚尖向上，做事起码有成效。鸡首、牛后各有角色。人生境遇拐点于"算了"一念间。习惯性求其次是"割地赔款"，导致恶性循环，造就低端格局。"读一普通大学，找份普通工作，做一快乐普通人"只是你一厢情愿生活模式。理想追求非一时得逞是长久完整充盈。少有人将成功拱手相送，于社会最有用是受教育之贵重获得。成功人士与世无争谓之"归隐"，你之还未奋斗就退居二线是"逃避"。

青春是"限量版"岁月。退而不求其次，退而不忘初心。害怕失去、息事宁人失去更多。眼里有星星，青春不留白。一再降低标准结果越来越失望。习惯性"退而求其次"是低端人生来源，是走不出之得过且过。多与图书馆、运动场交朋友。青春如花，害怕凋零而不开放暴殄上苍美意。不总是过打了折的生活，习惯性妥协难以鼓足干劲。时间自然会证明坚持的日子微不足道、风景独好。

动辄退而求其次生命"成色不够"。放过自己、放弃自己，人人都曾"退而求其次"过。没有令人称颂生活来自退而求其次。无能者最认为自己无所不能，"比上不足比下有余"是低端自我慰藉。有时候退一步海阔天空，有时候退一步万丈深渊。一再退而求其次下沉至"井底"，与大千世界"绝缘"。干对了、干出样子，不被"个案"阻碍追求卓越。除了绕行，"鸿沟"上可以架桥。设定底线不会失去什么，失去底线溃不成军。

"再等等看"害人不浅。能享受最好的，能承受最坏的。完美和完整不是一回事情。许多妥协只是看起来省力，许多 B 计划"侮辱"A 计划。凡事"差不多"结果差很多。"将就"再好填平不了心中空缺。事上可以权宜，心中标准不能降低。不做潦草决定，也不轻易妥协。"宁吃鲜桃一口不吃烂杏半筐"是操守问题。高标准不妨碍做好眼前事，"求其上"非是好高骛远、不自量力。

2021 年 10 月 14 日

"尽力而为"还是"竭尽全力"

———

　　"尽力"是尽力而为、能做就做、做不到拉倒你别怪我;"竭力"是竭尽全力、不辱使命、问心无愧,无论如何坚持到底。别人拼爹我拼己、"我命由我不由天","尽吾志也而不能至者,可以无悔矣"。

　　"尽力"其实没有衡量尺度。"置之死地而后生",竭尽全力能量巨大。偶尔考满分叫幸运,次次考满分是神话。人人皆有90%潜能未被激活,做事"尽力"或"竭力"是成功者与凡人分水岭。"行百里者半九十",轻言放弃者只看见路途遥远可惜之前一路坚持。"今朝有酒今朝醉"者与新时代脱轨。接纳自己失败边界,"尽力而为"于爱情是敷衍、于亲情是借口、于梦想是懈怠。受伤野兔能自猎犬追赶下逃脱活命主要在于两者用力程度天壤之别。

　　坐而论道不如起而力行。在对的时间做对的事,过一段能感动自己的日子,年轻是有限之试错资本。尽力而免于自我责备解放良心,坚持到别人所不能承受谓之"拼了"。各行各业皆需竭尽全力,社会既需求学有所长专业精英也欢迎一专多能之全才。成功与失败只差一点,很多不如意非是努力无用而是努力不够。非是所有的想要都属于你。努力却未达到预期效果要么方法不对,要么没有尽全力,"我尽力了"之安慰其实很苍白。

　　勤劳是以自己力量创造。因喜爱而尽力,为享受而行动。高质量人生尤其值得肃然起敬。努力如储蓄,所得终究与付出成正比。尽力而为,将喜欢做至极致。享受过程,从错误中习得正确。事事"竭力"不容易,将简单事情不断重复至完美谓之毅力,即便末位也要上进"越位"不总为分母。总以学习、工作多有压力者多不够尽力。非是愚公挖山不止何来"帝感其诚"而"命夸娥氏二子"移太行山于"朔东""庸南"?

　　努力非只是加班熬夜。大刀阔斧改变世界,禹步趋行累进千里。烦由心生、路凭人走,努力而有更多选择。前半生多想想自己,后半生多想想别人。今天手机用的电量是昨天充的。"尽力而为只是一种敷衍","竭力"就是坚持至无愧于心。没有竭尽全力，无以世界纪录不断刷新。"试水"心态至多"尽力而为"，破釜沉舟是"竭尽全力"。你只管努力，剩下的交给天意。嘲笑"笨鸟先飞"者其实既懦弱且笨。

2021 年 12 月 30 日

在"精进"中越来越"厉害"

——

"精进"与"志不立，天下无可成之事"异曲同工，与提高学识能力同为"厉害"途径。厉害非是突然间财富自由、身份显赫，而是具某项超凡技能或成就一般人不能成之正事。

做事唯极致不苟且。不唯"兴趣"为做事条件，不痛苦地坚持不懈。工作和生活有界限：可以处身斗室，不可以不眼观四方。不着急，不害怕，"不要脸"。目标"绝不是一马平川、朝夕之间就能到达的"。活得太着急者自我焦虑。长期坚持非是为了感动别人。会适当拒绝，谁也不是"生活频道"能适应所有人。同时提升能力和思维，做事目标一致、在精不在多。既可于人群中孑然独立，也能承受各类生活甩"锅"。抹黑别人不一定强大自己，许多捷径尽头是陷阱。

做高"段位"学习者。高手必有"亮点"思维，所有的"厉害"必有迹可循。长期"碎片化"学习致思维狭隘思考简单，对待时间方式决定人生层次。读经典而延长人生"半衰期"。长期培养之业余爱好或报你以始料未及终身成就，同样运行，CPU 空转较之处理大数据价值完全不一样。长期"安乐"令奋斗模样模糊，突破"忧患"最具实质性成长。"人不负青山，青山定不负人"，非千锤百炼之能力往往肤浅。低智商、少实力之"民族气节"是一文不值暴脾气。

不断扩展"努力"能力。精准努力，撬动惊喜。以核心优势塑造个人品牌。盲目努力至多是一种岁月缓慢叠加。成功急不来：付出就想得到回报者是"嗑瓜子"心态，只适合做钟点工。发展必须经历临界点达到新阶段，以强大内心为"野心"和目标更上台阶、发现选项。无坚定意志之"忧患"意识是不了了之。定下目标，不断逼自己走出舒适区。努力到了，时间自然报你以欣慰。人生每一步都算数，所有偷懒最终自别处补回来。勿以"怎么办"为口头禅，总有"一款"天赋令你做事完美、思考专注。

不必"万事俱备"才行动。习惯决定成长势能，刻意将知识转化为能力输出。救命"稻草"和武林"秘籍"皆为职场必备，"现在"永远是恰当时机。始终专注于最要紧事务，尽量少做"半衰期"短事情。"拖延症"代价昂贵，许多别人眼中"怪癖"或许正是你之核心竞争力，勿挥霍金钱、浪费精力、崩塌人设。最好之"树木"时光是十年前，其次是现在。世人所见成长其实是努力之后期质的飞跃。快速解决问题能力令每一时刻有意义。"木桶理论"其实不适用于自我发展和成长。

2022 年 1 月 2 日

坚持最是英雄主义

——

"尽力而为"是能做就做、不能做拉倒，"竭尽全力"是无论如何不辱使命、无愧于心。小事看作为，大事有担当，你所有坚持别人所不能承受谓之"资本"。大多寻常人生只有一种英雄主义：别人"拼爹"我"拼命"，我命由我不由天。

生命第一要义在于体验。不是我们见得太少，而是人生自我束缚。人人都有 90% 潜能未被激活，竭尽全力能量巨大。一辈子很短，许多人走着走着只剩下"曾经"：或成为神话，或被视为笑话。心中有热爱，眼里有光芒，坚持出结果。轻言放弃者只惧路途遥远不知一路观景，受伤野兔能自猎犬追赶下逃脱活命主要在于两者用力程度有别。

于平凡生活中谦卑努力。做好人以一颗善良之心，生活有时就像初学唱歌，或者跑调或者不靠谱：太精明被厌烦，太挑剔被嫌弃，太骄傲被孤立。认真者改变自己，执着者改变命运。任何年龄之梦想皆可以五彩斑斓。"水滴石穿"既是水之功还是坚持之伟大品质。

看透生活本质依然热爱。"今朝有酒今朝醉"者与社会脱轨，犹豫不决成事不足。许多人之"躺平"不过是过过嘴瘾。各行各业皆需竭尽全力，自同一"起跑线"总做得更好自然脱颖而出。社会既需学有所长专业精英更需一专多能之全才，年轻是有限之试错资本，避免老大不小了还以"孩子"自居。有志者即便不能"事竟成"至少也要上进"越位"不总为分母。

"努力""尽力"迥异于"信心"。鸟贵有翼，人贵有志。自深爱出发充满激情。将喜欢做至极致，将简单事情不断重复谓之毅力。成功失败人群主要差距干热爱程度和发力方向，大多努力终究之如储蓄正比于付出。非是愚公挖山不止何来"帝感其诚"而"命夸娥氏二子"移太行山于"朔东""庸南"？

"尽力而为"终究是一种敷衍。自骨子里热爱，将事情做到极致。努力时总觉得尽了全力，尽了全力仍觉得不够用力。无数人意欲改变世界，少有人锐意改造自己。烦由心生，路凭人走。非是所有努力皆得到对等回报，嘲笑"笨鸟先飞"者既无把握且更懦弱，坐等人到中年者活得很累、别无选择。

糟糕未来始自不努力之当下。反思非是总结。"仰不愧于天，俯不怍于人。"你之独特非止于"包装"。何谓不懈努力：就是明知有危险义无反顾，明知有困难坚持隐忍，明知没有条件为难自己。学而优则仕，人求上进先读书。态度永远第一位，装睡者永远唤不醒。

"尽人事，听天命"是万能开脱。只要在路上就有可能抵达，每一困境同时意味着一次机遇。自以为是之努力最迷失自己。平庸者人群只知道按部就班、随波逐流不知道想要什么，也无举措捅破窗户纸，为模糊不清未来踌躇不如为实实在在当下努力。

做事成功非是做人成功。熬过艰难时刻，收获温暖力量。没有"躺平"青春，只有奔跑岁月。庸人总是抱怨自己之不懂，不检讨自己之无为。于学生人群，在该"充电"年龄耽于追剧网游同时恨天高叹命薄是提前"老龄化"。

2022 年 4 月 9 日

非是为时晚只是你不敢

—

你不需要很厉害才开始，是需要开始才会很厉害。乾坤未定，人人皆黑马。"东隅已逝，桑榆非晚"，一生而言做正事任何时候都不晚，只有想不想做、愿不愿开始。

多数"太晚"是伪命题。有人是耄耋青藤，有人是年轻朽木。比预期较晚发挥潜能、人生"开挂"者谓之"大器晚成"。人生其实无太晚开始，很多人只是以年龄逃避责任、推脱担当。十年前认真付出者如今站在喜欢高度，现在认真投入者十年后也将站在心仪位置。20 岁也好、70 岁也罢，只差一个开始。齐白石 53 岁由木匠"转行"绘画，63 岁以画虾称绝京城画坛。

于犹豫不决中坐失良机。"树木"最好时间是十年前，其次是现在。原地"徘徊"是庸碌人生致命伤。幸福有似鸟和猪之生活模式：一种早起一种晚起。兴趣所在，所有时间都是享受生命。"岁岁年年人不同"，自我怀疑较之犯错成本高得多，有些事宁以冲动失去也不以犹豫获得。"鸿门宴"一次犹豫毁了项羽"破釜沉舟"一世英名，落得"天亡我也"悲壮下场。

"我不行"是凡人世界第一谎言。一味依赖别人养成惰性，人生走出来美丽等不来辉煌。有人找借口失败，有人找方法成功。不于成熟中退化人生勇气，你所说的许多"太晚"往往是顾忌面子、不敢试水。时间和年龄终究是成功之路宝贵铺垫：一年之木只能为柴、三年五年之木可做桌椅，十年百年之木很可能为栋梁。

许多人自己阻止自己成功。庸碌无为者最安全，无所事事者擅嘲笑。不与傻瓜论长短，于喜欢从无迟到一说。人生没有太晚，晚的是你总不敢。人之最大惰性在于想要太多做到太少。失败是机会别称，很多富人都穷过。克服自卑感也是重要竞争力。坚决向人云亦云说"不"，眼前时光正好体验当下人生故事。老腊肉、小鲜肉只是味道有别，博古通今姜子牙暮年才幸遇周武王"愿者上钩"依然大展才华、斩将封神。

放弃不难、坚持很酷，大多人群在人生取舍中越来越小心翼翼。自卑人人

师说新语

都有，以内心充盈盖过现实疲倦。不以幸与不幸为人生设限、阻挡阳光，趁着现在努力年老时不鄙视自己。在生活漩涡中追寻和坚守热爱，不踩出脚印何以找到自己的路？许多成功就是比放弃多坚持一次，找到人间值得。一份努力，一股狠劲，一种坚持。好机会多于最不经意时出现。嘲笑笨鸟先飞者其实最怕自己刻苦了比不上他人。

以做喜欢事情对抗岁月力量。你之为时已晚恰恰正当其时，追梦成真必须永不气馁。行动胜于空谈，真正喜欢的事情是激发无限可能天赋所在。工作可积累实战经验但非是想要专业知识，职场生存"不二法门"是不断获取专业知识和信息。起落是人生本色，工作非是短跑而是一场马拉松。"中国烟草大王"褚时健前半生"三十年河东三十年河西"，85岁东山再起熬成"橙子大王"。

2022 年 1 月 16 日

活给自己看活给他们看

——

"人过留名，雁过留声。"人生故事既唯长度更重精彩。多数焦虑来自比较，活得越好者越"挑剔"。过好自己日子，体谅别人辛苦。生活非是行为艺术动辄展示，活着不是为了证明给谁看，但至少证明"我"是谁。

努力不是为了与谁较劲。生命中一定要爱点什么以免"枉在世上走"。谁都不完美、众生有缺点，"四大美人"为掩饰先天不足发明长裙、披风、耳坠、香水玉成无数"翩若惊鸿""矫如游龙"典范。人间烟火最可慰藉自己、愈合身心，被嘲笑、被同情皆属弱者际遇。穷了思变、富了思变，每一生活别人不看自己也得看。惰性于习惯性凑合中拉开差距，一味降低标准只注定"退而求其次"结局。将日子过成别人"向往的生活"也是生活，除了至亲其实没有多少人心中一直有你。

不公平不一定都是坏事。人间万物皆洋溢生之欢喜，生而为人活着就是一种意义、一份责任。人人需要"心理平衡"，挑剔生活、工作者不一定多被机会"偏爱"。青春之旅殊途同归，慢慢成长是最正确姿态。人生"出息"与否见仁见智，于过程以交代必不可少。"偏坐金鞍调白羽，纷纷射杀五单于"，成功过程就是不断试错。肯低头者至少较之他人少撞门框，为人处世、言行举止一味率性者"情商"欠缺。

"我还小"不是我行我素理由。计划没有变化快，努力知道为了谁。你可以放纵岁月，但时间从来不会容你从头再来。"还年轻""未长大"不是放纵理由，一味随性而为必然前程堪忧。恋爱凭喜好，成事靠三观。不卑不亢：不一味低调，不一味张扬。世界于人人不宽容，有时候退一步万丈深渊。许多原则性错误根本犯不起，许多标准一旦降低难以复原。"玩物丧志"最终被毁者是人而非物。

越执着东西越具伤害性。现实留给别人，梦想留给自己。外在风光与否是面子，内心悲喜最重要是里子。你是真金也得碰上具"慧眼"者，你是施主也得遇上懂感恩者。可以自己眼光认知衡量 ta 人、判断对错，少以苛求别人观点苟同于我，太在乎别人评价自己最难受。举头三尺有神明，王熙凤"机关算尽太聪明，反误了卿卿性命"在于居然不识字，于"圣贤书"一窍不通，无做人做事底线。

自律是一种态度一种选择。吃天下第一等苦，做世间第一等人。我就是我：痛我自己，累我自己。做事越强势，做人越谦卑。活法不一样结果不一样：要走的难留住，装睡的难叫醒，不喜欢你的难感动。交友之道：少谈眼前，多谈过去。谁活着谁就看得到一切，全神专注一事者必然有所成就。梦想可能一时兴起，行动令前路越走越清晰。"春风得意"过了头是"高处不胜寒"。

懂事同时多了许多不懂之事。当下之自己褪尽昨天幼稚，明天之自己较之今天更美丽。三十年前，周围人根据父母境况待你；三十年后，周围人根据你之境况待父母。鱼离开水会死，水没有鱼依旧清澈。该动脑时不动情是重要成熟。你放不下的人会放下你，明知你傻还跟着你犯傻者谓之"死党"。

"记住"是最好怀念。人要活着，不要被活着。人间所有遗憾始于"再见"：除了父母之爱随儿女一天天茁壮成长、展翅高飞挥手别离，所有的爱都是为了相聚。不知道究竟喜欢什么者你认真寻找了吗？

2022 年 8 月 13 日

第十四章

不我负，活到老学到老

学习是人生需要，也是人生态度，是一辈子事情。

想要紧跟时代潮流、不被社会淘汰就必『学而致之』。『一招鲜，吃遍天』是事实也是淹没于时代浪潮之传统。

年轻时，学习是为了理想、为了安定；中年时，学习是为了丰富精神、充实灵魂；老年时，学习是一种意境，慢慢品味、自乐其中。

师新语说语

你距成功只差一本笔记

"好记性不如烂笔头"，人之大脑既容量有限且"喜新厌旧"，笔记本质是知识内化及消化。笔记最能为你强大思想之藏宝图，学业成长之"路线图"。

记笔记是学霸"标配"。养成好习惯，一辈子受用；形成坏习惯，一辈子吃亏。"不动笔墨不读书"，笔记能力反映思考方式。有条理是好笔记关键，每科备一固定笔记本，可以不华丽但须结实且便于携带、利于保存，一本未记满不要随意换另一本，完整本身即"善始善终"也。

笔记是永恒"备忘录"。按照自己习惯给笔记分类，如读书体会、阅读摘抄、外语单词或创意草图、日常随感等，若如林林总总，自然别有洞天。好日记闲暇玩阅如对故人、回味无穷。历来巨著成于读书笔记者不乏其人，马克思著《资本论》前曾阅读和做札记书籍千余册。

以笔记为人生"必修课"。笔记最能贮存著书立说素材，读书过程即记录过程。因笔记而对所学"有所思"理解透彻，卓有成就学者必于笔记方面下过苦功。真正笔记似知己、如伴侣或手机一般，以之为生活必需随身携带、不时翻阅，一刻别离不得。

读书莫"要"于笔记。"善抄书者可以成创作"。天才之别于庸才多在于探究"方法背后""思考背后"。许多名人既有好记性还注重做笔记。晚唐"诗鬼"李贺平生最爱骑着毛驴且行且走、读书交游，并随身携一锦囊，途中想到佳词锦句马上写在纸上装入锦囊，之后整理推敲为传世佳作。

2021 年 1 月 2 日

读专业杂志具专业精神

——

专业书刊较其他书籍更具开阔视野、获取新知及把握学科前沿优势。"常态化"阅读而与学科与时俱进，提升学养、丰富阅历，升华学业、绸缪前程。

长期阅读习以为常。"追踪式"亲近优秀专业杂志，如数家珍有关学术渊源、热点探讨，谙知学术动向，同时参加相关赛事，并在老师指导下尝试投稿。一年需佐以阅读四五本非是路边摊随意买到、非是近五年出版且看了不犯困之严肃书籍。专业阅读专业化成长，阅读史即精神发育史。

读业务杂志是"修行在个人"首选。教材字数相对较多适合系统研读，杂志篇幅短小适合"碎片化"阅读。杂志之"杂"于专业普及面极为广阔，阅读难度合理、可控且可持续。杂志阅读之新鲜感、现实感、知识面较之书本极其不同，读电子书多在意设备使用及无关链接，读纸质书较之更有获得。

练成科研和写作双翅。学术杂志重要作用在于培养新人，提升行业水平规范，避免陷入杂乱泥沼，与学校培养相得益彰。专业期刊成就专业之你，日积月累而在领域内与"世界同步"。"动笔"能力是众多眼高手低年轻人业务"短板"。写作过程既是思考凝练，又是屏息敛气、明月当头。

"有备"关注若干专业杂志。人不读书蠢如猪。无阅读不教育，信息爆炸非是"走马观花"理由。自大二开始，有意识结合学业听取老师建议长期阅读两种以上专业期刊避免"不看书"。专业杂志不排斥外文阅读。初步培养专业见识，至少略知业界"动静""风向"，唯读书而日有精进、更上层楼。

2021 年 1 月 24 日

你的"天花板"首先是自己

——

严格说来，"三岁看老"，个人成才与否不完全取决于"大学大楼"，也非取决于高学历或"海归"经历、成绩优劣以及家庭境况等，但成长一定取决于个人志趣、理想和信念执着程度。

立命以读书为本。如果不读书，于孟郊"慈母手中线"先是无奈潦倒后是不舍亲情，"春风得意马蹄疾"才是圆梦和"一本万利"之回报，"第三者视角"看生活。林语堂所谓"一个人有读书的心境时，随便什么地方都可以读书。如果他知道读书的乐趣，他无论在学校内或学校外，都会读书"谓之真正读书。

在不太喜欢工作中脱胎换骨。"居必择乡，游必就士"，环境于个人成长起点、上限至关重要。于学校，旨在引领学子渴求知识、熔铸思维，弄潮"融媒体"时代；于学生，必须珍惜光阴，杜绝有学历无能力、有知识没文化笑柄。目标不要过于高大上，跳起来至多可以摘果子而非摘星星。"程门立雪"拜师佳话后续故事是当事人修炼成才不辱"师门"。

管理不好时间者什么也干不好。珍视时间，卓有成效。滴灌效率从来高于大水漫灌，"大鱼前导，小鱼尾随"。师傅领进门，修行在个人。风能吹灭蜡烛也能助虐山火，有些"大数据"视野"眼大漏光"，譬如搬砖等体力活"一机在手"搞不定。文科生不"孤芳自赏"，理科生不"一枝独秀"。既在意专业又筑牢学养根基，爱国和体育"一个都不能少"。

尽量能与高人"共振"。寻找自己破局点，至少不将好牌打烂。与智者同行最可以应对意外。"为治者不在多言，顾力行何如耳。"人是唯一能接受暗示动物，"心有灵犀"为治学最高境界，悟性既关知识多寡及学历、学位高低，更与勤奋与否休戚相关。"富而不贵"是一种悲剧。孔、孟既师出名门，又修炼学业至举一反三、触类旁通化境。

2021 年 2 月 28 日

心动不行动人生一场空

能力是基础，态度是关键。按时按质按量完成任务能力谓之"执行力"。要么将就要么行动，除了嘴上喜欢更要付诸行动，普通人、牛人云泥之别既是思维更是执行力。

最强执行力是"今日事今日毕"。自"足下"积累，兴趣是最好老师。有条件要完成，没有条件创造条件也要完成。切中要害，不留死角，不怕麻烦。既"重赏之下必有勇夫"，又"志之所向，金石为开"。庸人做事"夜里千条路，早起卖豆腐"，通常不"死到临头"不迈出第一步。执行力是赚钱最"硬核"，"有钱难买我乐意"尤可攻坚克难。没有执行力，别说今年，就算明年生活也不会变好。

执行力制约人生高度。执行力强悍者于困难中持续不断践行，执行力低下等同于资深拖延症患者。"田忌赛马"旨在胜出。多数完美主义背后是恐惧心态，一念即起之执行力最了不起。蠢才常犯同样错误、原地踏步，"摸着石头过河"推动改革开放跨越式发展。"确定目标，想做就做"是方法论也是执行力。三分战略、七分执行，特别擅长"处世之道"者鲜有大为，计划风口上那只飞猪永远不是自己。来自《精准执行 6 大关键 7 大环节》观点：集体成功 5% 在战略，95% 在执行。

执行不等于执行力。"立即行动，马上就办"，不过于苛刻、能正视延迟。重视任务分解，做事赶前不赶后。善于利用零碎时间，习惯每睡前"醒悟"明天工作。"黎明即起，醒后勿沾恋"，天亮就起床、绝对不赖床。嘴上"辛苦"、朋友圈"加班"绝非执行力。"为者常成，行者常至。"在执行中跨越平庸。诸葛亮"锦囊妙计"再神机妙算没有关羽、张飞一干猛将执行到位也只是"一声叹息"。

坚持再坚持就是胜利。一盎司责任胜过一磅智慧，将一件事做好较之把所有事情做好更有成就。立即行动，想要的生活正向你而来。不轻易为外界声音左右，有许多事现在不做以后没有机会做。"不问收获，但问耕耘"，杜绝"晚上想想千条路，早上醒来走原路"。从小事做起，积小胜为大胜。许多条件不成熟是决心不坚定。一时吃亏非是一辈子吃亏。上级最讨厌遇事当吃瓜群众且喋喋不休者。

2021 年 7 月 26 日

别怕被利用就怕你没用

——

　　"天生我材必有用"其实就是人之"被需要"、有"存在感"。谁都懒得理你，你之人生一定糟糕透顶。一味怕被"利用"就是"怕吃亏"，由此内心障碍，包括阻断善举善行、既不帮助他人又不成就自己。

　　有些吃亏实质"隐形"投资。善于吃亏是真学问、会做人。很多人非是输于吃亏是亏没有"吃"到位、到底、到透。韩信被刘邦"筑台拜将"大用，诸葛亮被刘备"三顾茅庐"重用。领导"御人之道"就是善"用"他人能力特长，予之以"利"而得人心、成大事。好生活是自己创造的，想不一直被利用，你只能"菜"一点、再"菜"一点。每一份工作都适应不了者多半是"废柴"，等待被弃之。

　　有能力养活自己是人生"底价"。金钱本质是有用，被利用也是一种人生"价值"，工作实质就是以你之擅长换取想要生活。大家都选择的捷径往往最难走。做大事成大事，先被"利用"后被重用。除了至亲，人际交往既讲感情也有功利。自己不够优秀，许多"人脉"不过是一条通讯录。秦国王子异人为"质子"潦倒赵国期间偶入卫国大商人吕不韦慧眼且被认为"奇货可居"而处心"利用"，后上位庄襄王，并荫及其子嬴政为"始皇帝"彪炳史册。

　　以"被利用"为价值体现成就自己。所谓成长其实就是懂得将哭声调为"静音"过程，多数"利用"非是被算计是合作。工作、友谊及婚姻皆需要契约精神，总认为别人不对你也不一定对。不要总是倾诉困境、袒露脆弱。强大者才敢独处，平庸和卓越人群最容易没有朋友。"有用"者多具强大磁场、雄厚人脉。你的利用价值越高越被重视、被重用，反之越被轻视，"贫居闹市无人问"，陶渊明之所以敢铁骨铮铮地"不为五斗米折腰"放弃优渥俸禄在于"底气"充沛。

"被利用"很多时候是相互成就。"学成文武艺，货卖帝王家"，过不了河转身回来也是智慧，"被利用"是职场"面子""颜值"。因服务对象所迫"行行出状元"。能力水平"半桶水"者别人怎么青睐你？"大忙人""抢手货"是较之别人忙一点、累一点甚至偶尔还被不公平，同时也更多得到能力提升职业发展。有些"利用"是以平台磨砺你、造就你。无以"太史令"家世及深厚学养"护身"，司马迁或可因"诬上"被诛难以成就不朽《史记》。

"读书无用论"从来是弥天谎言。看轻学历者必定被生活看轻，读书才是跨越阶层最佳阶梯。学历最可以选择未来生活、跨越社会阶层、对抗他人"拼爹"。有学历之能力锥外囊中，无学历之能力砖石蒙尘。

可以被利用不可被欺骗。于被利用中卧薪尝胆成长壮大，努力修炼为值得被利用之"有用"者。即便被利用也不迷失自我，真的被利用了先以良好心态报之一笑。只要不过分、不损害尊严和健康，上司和师长安排的活动皆可视为锻炼和培养。是"金子总会发光"，是沙子终究散为一盘。人活一世本来就是为了实现自我价值。没有年轻时摸爬滚打，何来盛年时中流砥柱、快意平生？

最酣畅报复是让对手顿足后悔没有起用你。要么强大到任性走人"自有留爷处"，要么闭上嘴老老实实干活吃饭。交往受阻多因为价值和潜力不够强大，一味谦卑非是作践自己便是不懂得自尊。警惕当你红得让人眼馋时关于你的口水也就多起了来。

2022 年 3 月 22 日

热屁股冷板凳做真事

——

有人住高楼，有人在深沟。"人在江湖"受冷遇、被无视等一众不得志谓之坐"冷板凳"在所难免，泰然处之、应对得当者依然可以"柳暗花明"，重返"C位"。

有些"冷板凳"或许是分水岭。无回报之付出令人悲伤，无尝试之失败尤其悲哀。"冷板凳"既砥砺利剑也消弭韶华。身陷"枯井"哭泣无济于事，抖落身上泥沙垫脚是最务实自救。"沾枯发枝叶，磨钝起锋芒"。"小不忍则乱大谋"，不安于、不甘于冷板凳需勇气具智慧。"板凳要坐十年冷，文章不写半句空。"语言学大家王力先生 84 岁上仍每天伏案笔耕 8 至 10 小时，著成《汉语语音史》不朽经典。

有些"冷板凳"是心浮气躁感觉。"座上宾"寥寥无几，"冷板凳"比比皆是。每个人出场机会都有限，"主角"炙手可热前时有坐"冷板凳"者。人人企盼"一举成名"，东山再起、欲"适千里"者必须下得一番苦功夫。人之"被"无所事事时表现最可判断是否可塑、可用。屠呦呦教授 39 年研究青蒿素默默无闻，84 岁上率团队斩获诺贝尔生理学或医学奖将"冷板凳"坐成大美。

有些"板凳"之"冷"于心态。有"红"就有"黑"。始终觉得板凳冷者多是心太热。人生在世难免不坐"冷板凳"，于"冷板凳"正确态度是"甘坐"而非"只坐"。1918 年 8 月至 1920 年 7 月青年毛泽东任北大图书馆管理员是坐热了"冷板凳"。成功不是"一锤子买卖"，你潜身领悟了成功便不再遥远。职场"小白"最忌讳"三分钟热血"，鲨鱼因无鱼鳔不停游走炼成海洋霸主。

"冷板凳"也可以是"平平淡淡"。坐"冷板凳"者大致两种心态：其一急功近利自毁前程，其二隐忍不发顾全大局。不高估周围人关注度，将别人的冷水泼回去是真本事。"欲速则不达，风水轮流转。"不急于求成，人生真相就是越过一个又一个逆境。努力捍卫梦想，努力实现理想。"沉得下心"与否最反映社会心态、民情风貌。"名缰利锁"同时制造繁华热闹、人间悲剧，有些顶流圈子即便居 C 位仍有"冷板凳"感受。

坐"冷板凳"不一定是输家。练就看家本领，静候成功敲门，有些"冷板凳"之谓是职场习惯性鄙视。坐"冷板凳"非是苦熬苦等，是以时间为刻度再次锤炼新高度。把冷活做实、冷事做热、冷门做火。人生于反复"冷""热"锤炼中趋于成熟，"冷板凳"其上者至少可以藏拙、可以被对手疏于防范避过风险。强者和凡人云泥之别于坐"冷板凳"，被坐"冷板凳"最好回应是下一次精彩"雄起"。

仓促登台较之坐"冷板凳"更可怕。没有谁能一步登天，"冷板凳"非是想坐就坐。多数集体只有一名"主角"，其他人要么做"配角"要么坐"冷板凳"。坐"冷板凳"较之"演砸了"更具回旋余地。坐"冷板凳"重要益处在于既"避风"且"避险"，同时因较低"关注度"易于"十年磨剑"。许多"跳槽"者一致怀有"他时若遂凌云志，敢笑黄巢不丈夫"齐天心态，极少备足坐"冷板凳"受挫心理。

2022 年 9 月 25 日

"过得去"还是"过得硬"

——

"过得去""过得硬"皆具哲理，一字之差、云泥之别，两种结局、迥异境界："过得去"是"及格"和"差不多"，不能算太差，但标准不一定高；"过得硬"是"优秀"、精益求精，必须走出"舒适区"，自抬标杆、实干苦干，至少对标业内乃至国内、国际高水准。

只求"过得去"往往"过不去"。"过得去"是"及格"水平，基本按表面要求完成，"不求有功，但求无过"；"过得硬"是"优秀"成绩，聚焦满意度，将事情办出质量。严从细中来，实在严中求。七分做人三分做事，全力以赴是对时间和人生最负责。决定做的事必须在意"投入产出"，崇尚"图难于其易，为大于其细"。从"人字形铁路"到京张高铁，从杂交水稻到海水稻，从外来技术独大到华为鸿蒙系统放飞……中华民族伟大复兴从不因"几个苍蝇碰壁"停下脚步。

脚踏实地是最具力量回怼。"过得去"是推脱责任、得过且过，"过得硬"是担当作为、问心无愧。"明者因时而变，知者随事而制"，真学问需要"坐"和做，不读书者思考停止。阅读水平制约精神境界，引经据典既是传承也是创新。"互联网+"最副作用是资讯越来越发达、文盲越来越少、不读书人越来越多。专注者分分钟给自己"镀金"，时时"过得硬"最终"过得去"。亚洲"飞人"苏炳添最爱回复关注："不要活在纪录里，要为破纪录而活。"

风格"霸气"必需过硬底气。说话要"软"，做事要"硬"。语气不对，说话门费。太"圣母"有时很可能也是一种恶。能力没有，不能长久。有能力、有原则、有底线。一个"硬"字体现决心和力度，"过得硬"榜样比比皆是。有理不在声调高，"只栽花不栽刺"是不作为、老好人。自1950年10月中国人民志愿军"跨过鸭绿江"到1953年《朝鲜停战协定》签字，新中国"短平快"地用敌人最懂的语言阐释了什么叫"打得一拳开，免得百拳来"。

"悔不当初"是最遗憾词汇。"欲得其中，必求其上；欲得其上，必求上上。"人生经岁月之锤而缓慢皮实。只求"过得去"者"小富即安，小进即满"，对付应景、游戏人生；唯求"过得硬"者"人生在世，会当有业"，不断"较真"、开阔人生。做事不求质量"过得硬"，可能酿成生命悲剧。做事作风"差不多""过得去"，同样害己损人。"百尺之室，以突隙之烟焚"，多数事故非是"运气不好"是天算不及人算。2011年3月日本福岛核事故既有不可抗拒之9.0级地震"天灾"，更有设计考虑不周、救援不及时、不有效导致事故升级全人祸遗患全球。

钉子精神既"过得硬"且"过得去"。主动靠前、积极作为是一种态度和担当；提高素养、增强本领是一种水平和能力。只求"过得去"态度往往导致"过不去"结局，"差不多"其实"差得多"。质量只求"过得去"可能导致悲剧，作风"过得去"带来损害。人生实质是不断追求更好自己。能做好一件事者往往举一反三做好别的事，"百年未有之大变局"暴风骤雨，新时代"拼图"日益加速。具劳动能力者不吃"低保"是起码回馈社会，大学毕业"标配"选项是继续深造、

"人－职"匹配就业或创业。

做事要"硬"本领要"真"。作茧之蚕，眼里再无大千世界；坐井之蛙，唯观头顶一方青天。定力源于信仰，信仰铸就忠诚。"没有人是一座孤岛，可以自全。""过得去"与"过得硬"是谋事做人、干事成事迥异境界。新时代千帆竞发，青年辈奋楫起航。远方不远，未来已来。

2023 年 3 月 11 日

"放飞"与"放纵"咫尺之遥

心有猛虎，细嗅蔷薇。"放飞"是不为现实物质功利羁绊，精神意识主动减负、轻装上阵；"放纵"主要在物质欲望方面不节制、少自律。英雄征服天下，圣贤敬畏天下。"青春都一晌"、韶华托厚望，游戏人生者终究为岁月所弃、惨不忍睹，咎由自取、怨不得别人。

放纵是不可承受之毁"三观"。"治生于忧危，乱生于放肆"，放纵是人之常情，克制是人之理性。自由非是随心所欲是自我主宰，放肆最是"动心忍性"。放纵者"翻车"之前往往胆子大、本事大，自律者不逞能、胆子小、没本事。"小不忍则乱大谋"，现实和世界、挫折和矛盾从不因为你之"放纵"而变化和消除。青春之叛逆疯狂、风流自我从来不敌优胜劣汰、弱肉强食。即便如李白一生狂放不羁从不敢忤逆厚待自己、激赞自己为"谪仙人"之贺知章。

一时放纵或致一世卑微。是花，就要优美绽放；是树，就要努力长成栋梁；是石头，也要争取打磨成偶像。自律、后悔之痛苦分量完全不同。大学生涯较之高考学业相对拥有自由时间不免放飞，"常态"陷入唱 K 密逃各种局、通宵达旦玩网游、晚睡补觉自然醒是放纵至自弃。每一学渣嘴里至少有一或 N 位不读书且成功同学为一再放纵之自我安慰"幌子"。不学无术者往往以为扎堆就拥有全世界、社会本来就这样……

于生活放纵成习者轻视生命。失意忘形活得消极，得意忘形自我毁灭。放肆也好，放纵也罢，皆因思想放任。目前火爆各媒体之"吃播"属最不该发生之人身放纵和生命前悲剧。电子产品是一众自控力不够者精神"鸦片"，一众人群因好奇和放纵"涉毒"毁了人生、万劫不复。人生是精彩马拉松，放飞绝非放纵：前不久几位 90 后驴友自驾高端越野车擅闯罗布泊全员遇难、遗体碳化虽是悲剧不幸也是草菅人生。

师长辈放纵最具"诱发"效应。放纵是自毁和堕落、不能很好地管理自己，放肆是胆大妄为、轻率任意、毫无顾忌。小放纵不求上进、不拘小节，大放纵三观不正、数典忘祖。放纵者做人愚笨，自律者人生智慧，想要的效果和局面不一定都是放飞心灵、放松精神。"亲其师，信其道"，于成年人群尽量谨言慎行、朴绝放纵，温文尔雅、举止有范。师长辈在学生、孩子面前玩游戏、抽烟、酗酒、赌博、撒野等尤其教唆学坏、蛊惑堕落。

不为欲望所吞噬之生活真正自由。得意时放纵或致飘飘然，失意时放纵或致自暴自弃。"想赢怕输"是既自卑又自大心态，大多自卑来自于自身缺点抗拒。"天下至拙，能胜天下之至巧"，许多笨功夫极具真智慧。时有大学生人群因"战略性放纵"放弃时机、少有补偿。做不成大事者多看不上小事。想做及做成"惊天地，泣鬼神"大事是人之常情。怂、懦弱、妄自菲薄，暴躁、怨气、怼天怼地是人类不同时代不同自卑。自律者出众、放纵者出局，都知道"早睡早起"，"过劳死"依然时时发生。

炼成"转频换道"止损能力。"我不行"暗示令无数人望而止步，想一炮走红既需运气更需能力。现实之朗朗乾坤既无"流浪地球"危机也无"力拔山兮"异禀，绝大多数人只能踏实自眼前事开始做事成事。及时由"放纵"调整至"放飞"，自律 = 自由 + 自信。古今中外，每一成功必有不为人知背后之努力、强大意志。大学生活成老师不想管、家长舍不得管、外人管不了之"三不管"人群越来越放纵、越来越放弃。

"傲不可长，欲不可纵，乐不可极，志不可满。"身体可以放松但不可以放纵，身段可以放下但不可以放肆，思想可以放飞但不可以放任。

2023 年 8 月 26 日

听讲座也是"大学之道"

——

饱读诗书非只是文人风雅。除了课程，讲座是大学"一师二馆三社团"资源重要补充及激发学子求知欲、提升教学科研水平重要"杀技"，且因主讲者"术业有专攻"，令你于学业启迪同时激发兴趣、"顿开"茅塞乃至一生受益。

有些讲座"授业"效果事半功倍。有别于书籍和网络，讲座往往浓缩学者多年研究精华，内容多展示最前沿成果，讲座形式、内容、质量与学校精神、学术品位及地位相得益彰。讲座是重要"大学之道"，听讲座非是"填鸭"是启发答疑、少走弯路，其魅力在于峰回路转、醍醐灌顶，避免舒适感与被甩开同时到来。

不只对名人讲座有兴趣。"大咖"前身是"菜鸟"，讲座层次不一定与排场成正比。讲座是大学知识文化传播和精神风骨底蕴，有些"必须参加"讲座也可以一听。非仅仅台上台下面对面，包括之前因抗疫形势所需之"云端"会议、网课及分享皆属"开卷有益"。好的讲座不要独享，"独乐乐众乐乐孰乐乐"，集体分享更有氛围，笑声与掌声往往可以催化智慧灵光。

有些讲座"蹭"着也要听。针对教师之学术会议学生可以"蹭"听：没门票"想办法"进、没有座位站着听。理想听讲座状态是须听、须看、须想、须记，或是金玉良言或是连珠妙语，皆可兼容并蓄、为我所有。讲座期间大师最聚集、最可以近距离接触、最可以与之互动，冲着主讲者阅历成就也要去，听讲座同样可入大师之门。

大学听讲座多多益善。最可于大师讲座感悟最新、最前沿，"听君一席话，胜读十年书"。文化源自熏陶而非拼凑。听讲座先关注兴趣所在，避免于盲目"追逐"中迷失自己。有些讲座没有学分也要听："高人"教你读万卷书、行百里路，教你收获真爱、情场得意，教你思维睿智、撬动世界。用心把握每一次与名师大家对话机会，参与讲座比参加讲座更有效，或许就有某一场讲座开启你之新天地、新人生。

听讲座最是大学生涯记忆。大学历来汇聚学识渊博大家、行业顶尖翘楚，听其讲座最是靠近并读懂直接、方便、生动方式。"所谓大学者，非谓有大楼之谓也，有大师之谓也。"名人讲座除了自身效应，主要还是因为其有质量、有深意。除了讲座，大学也有课程外请名师讲授。大学"借师""借读"非是拮据是大度，办讲座旨在丰富学生课外生活、拓展学习平台。

不令父母心血如风飘过，人生一世可以带走几片云彩——大学是人生之"夏"，忌讳得过且过、蹉跎韶华。

2024 年 3 月 23 日

避开这些"烂泥"坑

——

"烂泥"本义泥太稀了抹到墙上糊不住，所谓"扶不上墙"，一般喻指能力差、水平低、成不了气候或见不得世面者，多被师长辈用于指责年轻人群，如孔子批评大白天睡懒觉之弟子宰予"朽木不可雕也，粪土之墙不可圬也"，该类现象其实人人或多或少存在，可以通过后天刻意修炼尽量避免。

只可"高成"不可以"低就"。当前高等教育体系日益完备，越来越多人群拥有本、专科乃至同等学力之硕博文凭，也不乏众多留洋"海归"者，因为门槛不一、其实能力云泥，终致学历不代表显赫身份、优越工作。时有个别毕业生主观"缓就业""慢就业"甚至"不就业"，抛开客观原因，大多实质小事不愿做、大事做不了，只能"宅家""啃老"，连自食其力都不能，也无以奢谈孝亲、报国。

做事先图安逸少有"长性"。"行百里者半九十"，做事无"长性"、凭兴趣及三分钟热度者，其实什么都会一点又什么都不会并且也花费不少冤枉时间只是一事无成，工作中问题不断，或与同仁关系紧张、与上级性格不合，要么嫌工作累得过且过、要么嫌挣得少入不敷出，终致年齿日长一事无成，司马迁讽刺为"无岩处士之行，而长贫贱，好语仁义，亦足羞也"。

惯以"躺平"代替抗议。一些人做事把结局"交给命运"，于二三十岁上即于日复一日模仿自己中"死"去。虽有体面工作，但愣将其做至内容单一、波澜不惊、重复性强，不求工资有多高，只求"事少""别找我"。无论面临什么任务一律不评估、不想办法只是抱怨抵触；凡是上级指派工作千百个不乐意，未开始就嫌弃，更无创新开拓；工作模式"早八晚五"、按月领工资，加一次班水深火热、稍奉献几次就苦大仇深、"整顿职场"，嚷嚷"世界这么大，我想去看看"。

生活随遇而安没有目标。每天于混沌中度过，因为不知道"我是谁"也就不知适合"做什么"和"怎么做"。就算有目标，也是"如何才能月薪十万""买彩票中大奖"之类不合实际，缺乏于工作生活正常理解、合理谋划。平凡人听从命运，自强者主宰自己。"光说不练"者就算天上真的掉馅饼也没有能力接住而被砸蒙。

小肚鸡肠气人有笑人无。多与人比身体"三高"不与人论人生"三观"，认为身边凡是升职加薪者不是上司偏袒就是歪门邪道，强于己者一律予以仇视或鄙夷。对于家庭条件和工作状况不如己者则又笑话嘲讽，于"比下有余"中没来由地趾高气扬、优越感爆棚。

逃避现实拒绝学习。自出校门之后"书本入库，笔放南山"，满足于现状、不主动学习，每天将大把时间用诸"刷屏"，除了吃喝玩乐"赚地球"之外一律"躺平""摆烂"，奉某音说、某手说为圭臬，不尝试新事物，一件事还未着手就自我施加 N 多退缩困难理由。"沉舟侧畔千帆过"，非是人人都眼瞎，真遇到贵人、伯乐也不会为一摊烂泥浪费金贵时间、溅自己一身！

思想巨人行动侏儒。多沉浸于"过去时"、喜欢吹嘘"想当年"，自认为"可上九天揽月，可下五洋捉鳖"，无所不知、无所不能、时运不济，真遇到棘手事情马上"打蔫"，说来"嘴炮"震天、有事临阵脱逃。可能稍有才华但远非"横溢"，终究被身边能力稍逊但更有担当精神者甩开而陷入烂泥状态！

"一日不作，一日不食"。人生全程大多与自己抗争，很多失败非是"天亡我也"。如若你已对号入座、膝盖中枪赶紧改变自己，真的青春既是年华又是心境，"活到老，学到老"，什么时候都不晚。

2024 年 5 月 11 日

第十五章

事情练达，生活处处皆学问

『生活中处处都有美，只要你有一双善于发现的眼睛。』

生活中除了藏匿着众美好，还富含各类学问。只要你肯发现、肯探索，就会发现寻常日子原来如此奇妙。

人情练达即文章。『三个臭皮匠，顶个诸葛亮。』多向能工巧匠学习，每个人都能安身立命。

师新语说

从用好生活费尝试"理财"

——

读大学重要变化之一在于生活独立、"经济"自由。穿不穷吃不穷，算计不到一世穷，随着学业进程学会合理支配生活费、养成一定理财意识，力求每个月有结余也是大学生涯兼备"获得"。

制订一份储蓄计划。"蓄积者，天下之大命也"，会"存钱"是大学生活之最"理财"。定期整理个人财务，虽然不当家，要知"柴米贵"，不为"月光族"。金钱有秘密和规律，"理财"而有选择余地和退路。今日理财能手，明日富甲一方。尝试每月节余部分生活费聚沙成塔。

开源节流也是理财。养成理性消费习惯，尽量将钱用在学业上，减少日常无谓开支。"谁知盘中餐，粒粒皆辛苦"，无论家境如何都要体恤父母挣钱不易。以不影响学业为宜适当兼职，既积累社会经验、还小有收益、更练就挣钱意识。为现在和未来精打细算谓之"财商"。

每有消费前自问一下"有无必要"。"从南京到北京，买的没有卖的精。"避免"激情"消费，若非急需尽量不"秒杀""剁手"，不为了强买高档消费品"自虐"或"花呗"。学会记账，量入为出。若你经济条件确实好，不妨适当参与几次"水滴筹"或帮助身边困难者"予人玫瑰"、升华精神。

可以不挣钱但要会省钱。有人花钱甚至比父母赚钱速度还要快。让每一分花销有所值，你可以不知道钱怎么来的，但要知道钱怎么去的。你每年学费、宿费等各类花销非是小数字，对比你之每 不菲学时，你没有理由不做好学生。

2021 年 1 月 25 日

工资并不意味着总收入

———

多数时候工资不同于收入。工资 (Wages) 是依法或约定报酬，不包括社保、劳保、补偿和福利等；收入 (Income) 为个人日常经济总流入，语自《礼记》"……有五等，收入不同也"，类似"生活必需品"之薪水、薪资。

可以光明磊落地谈钱。说到钱不怯场，找工作实质即谈钱。想要高薪是人之常情。面试不谈钱后悔整三年，职业前景≠画饼≠梦想。90% 职场白领不具谈钱能力，"谈钱"是重要职场技能，懂得且勇于谈钱既是优秀也是格局。谈钱要趁早，能力需跟上。"君子喻于义"是警醒唯利是图，公务员、事业单位薪酬体系固定除了升迁、提薪外薪酬标准谈无可谈。

在知彼知己中面试。结合自身能力在 HR 可接受区间争取薪酬最大值。谋一役而谋全局，面试议及薪水须"心里有数"，既结合行业期望值，又参照同业同学、好友薪资情况谈钱。注意留后路，遇有心仪职位懂得以退为进、缓兵之计，双方留有转机。钱给得多了不是人才也成了人才，职位前景、个人喜好、未来价值同样重要。

证明价值后可以谈钱。求职须"稍安毋躁"，全面权衡充分研判。不同行业决定成长上限，不同单位于薪水反应不一、差距甚大。制度健全、如日中天之业界翘楚无谈及必要（国企亦然）。有单位重实力，或许无须开口已加薪，若错估形势先人提出反而被认为斤斤计较。须事先做足"功课"，竞争不淘汰能人，于"菜鸟"求职最需要提高身价。

不只为薪水而工作。勇于为薪水"发声"，面试中可以"请教"薪酬体系，直接、间接报酬、岗位前景为求职"刚需"。工作可提升心志、锻炼人性，是人生最尊贵、最重要、最有价值行为。付出有回报、奋斗有收获，工作热情、理想薪酬最可以使人长期做好一份工作。职业到一定境界，薪水不过报偿之一，"成就感"自得其乐，事业之乐"至乐也"。

2021 年 4 月 18 日

得体拒绝彼此成全

—

尽力而为是态度,量力而行有智慧。职场最看轻无担当者。拒绝非是不礼貌,逆来顺受是坏毛病。于新人而言锻炼越多、经验越多,或许今天份外事就是明天份内事。优秀者很少以借口拒绝,得体拒绝可减少 90% 不必要麻烦。

拒绝可以解释但无需太多。有些过分请求"绑架"道德,助人为乐非是违背本心,融入"圈子"并非就得有求必应。合理拒绝不影响赢得尊重,可减少工作、生活不必要烦恼,也是被人接纳第一步,尊重彼此时间成本,能力不及者应第一时间明确拒绝避免误事。从不拒绝者易被误会为"好使唤"、好欺负,只适合干无足轻重事情。无条件帮忙多了会被视为理所应当,一旦有拒绝之前好感荡然无存且被指责"变了"。

为好人不一定成好事。心甘情愿说"好"、温和而坚定说"不",来者不拒是高估别人贬低自己,许多"老好人"很善良很苦恼。不勉强帮不想帮助者,拒绝是亮明原则和底线,"拒绝"是生活和职场避不开话题。拒绝不自私,自己非万能。允许他人提出需求,掂量自家成事实力。有求必应者"存在感"弱,难以当重任。拒绝过分要求是成熟和能力,合理拒绝即便僵化关系强似一直受委屈。"钓于濮水"庄子以"神龟曳尾于涂"之喻婉拒楚王使者出山做官之邀。

全力以赴兑现承诺。会拒绝是对双方负责,不会拒绝或导致感情变质。一旦答应帮忙必须全力以赴,尤其事关求助者前途、事业乃至身家性命且在能力范围内,即便短期内影响利益仍须施以援手。真的拒绝要及时、果断、明确,实现承诺之感觉非常幸福。如若你当前角色只是一颗"螺丝钉",或许分外事最可证明你之一"钉"多能。

不自私也不完全无私。会拒绝别人,也尊重别人拒绝,谁也不可能取悦至每个人。"以直报怨,以德报德",所有轻率答应是给自己挖坑。你在他人心目中"地位"不完全取决于帮多少忙,而在于能量以及他人是否重视、珍惜之前帮助,因施舍、帮忙而成朋友往往非是真正友谊。无条件善良是"助纣",

有些"涵养"害人害己。一味拒绝会被视为不近人情，选择性帮忙会被诟病"厚此薄彼"。

2021 年 8 月 14 日

好心办错事也是失败

——

互助是人类相处之道，人生十之三四困扰源于人际关系。职场生涯无非在公序良俗框架内做人做事，委屈和悲催莫过于好心办错事。一再好心办错事是智商情商双重问题。

"都是为你好"不是犯错理由。划清自我与职责界限，既不一味说"不"也不总说"是"。雪中送炭帮助值得帮者是善举，锦上添花或许多此一举、火上浇油，费力不讨好，东北话讥之"破车好揽载"。相辅相成、好心好报，有些"为你好"是以行善之名干涉或操控。"不患人之不己知，患不知人也。"《庄子》之"鲁侯养鸟"悲剧于鲁侯不知"鸟事"盲目示爱，每天给海鸟美酒佳肴、歌舞乐器而致其最快一命呜呼、笑柄留史。

"揠苗助长"心态极易办错事。看对人，说对话，办对事。高估自己牺牲、低估对方付出最可引发龃龉。多学一样技能，少一次低三下四。很多人在嘲笑声中活成"揠苗助长"农夫样子，所有"催熟"食品满足非常欲望同时其实既"打折"口感外观又伤害人类健康、破坏环境。有些"关注社会价值"损害自身价值。1069 年之王安石变法本意富国强兵其实用"猛药"罔顾民意、与民争利，是一场典型好心办了坏事之历史悲剧。

有些委曲求全"一地鸡毛"。礼让是姿态、起点而非终点，做好人非是做老好人。真心助人是不加评判语言、不投同情眼神之施以援手。怕"欠人情"为人之常情，正常人际非是一味取悦。领导决策，下属执行，且收集、整理、提供正确信息供领导"迭代"工作。不贸然替领导"当家"，对直属上级负首责。懂得提前预估工作量，适时向领导求助。助人时必须顾及别人之"乐"，常将施恩助人挂嘴上者令人生厌。"嗟来之食"悲剧于行善者低下表达能力和高高在上嘴脸。

懂得拒绝不乱大方。言而有信、不随意乱花钱；绵中有刚，善良与锋芒兼备。不使善良成为伤害他人帮凶，适度拒绝不影响被尊重。但行好事，莫问前程。好好说话降低沟通成本，激发受助者能自行解决问题也是帮助。人闲是非多。维护切身利益是人之常情，"善良"非是简单之心一软就"好好好"，更不可只图一时之快失了底线。"东郭先生"悲剧仍不时上演，除了狼"禽兽之变诈"，主要在于当事人没有说"不"，不知好歹至麻木不仁。

2021 年 8 月 22 日

很多人不会诚恳道歉

——

道歉不丢人，越趁早越容易修正补救。"不好意思"本义"羞涩、害羞"，同时指"碍于情面不便或不肯"，现代语境下用于程度较轻道歉或自谦，郑重道歉依然是"对不起""抱歉"，否则被视为不诚恳、无庄重。

"错误"道歉甚于错误本身。认怂是态度改变，认错是方法改进。正视历史、知错就改是做人做事起码道理。"过而不改，是谓过矣"，做了错事必须承担应有责任，不认错是错上加错。道歉在于"揽过"，善于道歉是加分项。师长辈及权威也难免犯错，主动承认较之别人指出后被迫承认更能得到谅解，死不认错、把握不当或令你徘徊不前、高处"跌落"乃至自毁前程。人之常情在乎"面子"，民谚"打死犟嘴的"教训最惨痛。

不会道歉者无处不在。道歉体现良好人品与教养，适时公开透明道歉最具歉意。"过则勿惮改"，自勇敢认错中获取力量。"解释就是掩饰"，以谎言掩饰错误、文过饰非越抹越脏。选择"认怂"，顾全大局，会道歉者有担责诚心和勇气。低头鞠躬是真诚悔悟而非妄自菲薄，是人格完善而非卑躬屈膝，是性格成熟而非丧失尊严。有些人道歉是"认怂""服软"但非是认错，之前曾有某名校校长于演讲中读错了"鹄"字后"道歉"少有诚意依然不被国人谅解。

道歉是"愈合"别人伤口妙方。道歉时不要试图澄清，同时因人而异佐以技巧。"不迁怒，不贰过"，认真道歉后如释重负。"对不起"包含冒犯者悔过、被冒犯者之宽恕。"认怂"最可于千钧一发时刻救你一命。中国道歉文化源远流长，道歉从不贬损正人君子强大。道歉是个技术活，不可以随意轻率。先有蔺相如出于国家大义谦让，后有廉颇"负荆请罪"相向而行成就"将相和"佳话。你上一次道歉是什么时候？

道歉同时佐以补救措施。"人非圣贤，孰能无过"，在被理解中实现道歉。认识错误真诚道歉，别人没有责任替你"背锅"。人生难免会犯错，讲理者才会"认怂"。修正与否关键在于道歉，很多职场受挫非是犯错本身而是糟糕道歉。即便天王老子，道个歉不会死人。"认怂"是个人成熟标志，汉武帝曾以《轮台罪己诏》检讨自己工作失误，唐太宗曾向谏官魏征认错，《论语》中孔子不止一次向弟子们认错道歉甚至赌咒发誓取得谅解。

2021 年 11 月 12 日

有关大学生"财商"问题

"君子爱财，取之有道"，笔者作为就业部门专职辅导员，2023 届就业季期间时常陪同来校企业线下宣讲，得以直接接触和正面了解大学生们"原生态"求职表现，包括不时因为一些同学于"钱"途诉求、于"起薪点"盎然"兴趣"

引发思考看法。

　　做人做事必须有目标。熬过黑夜得见日出，生命是最昂贵一次性产品，在做喜欢事情中过一生。生活无目标如无罗盘之航行永远逆风，无实力之愤怒只是徒劳挣扎。会分解目标具成功者智慧。不以"不知道想做什么"自欺、自毁，越成功者目标感越强，有目标激励之青春不浑浑噩噩。美国哈佛大学一项调查显示：27% 人群无目标，60% 有模糊目标，10% 有短期目标，3% 有明确目标而为社会精英。

　　受教育程度与"财商"非直接相关。养成正确运用金钱、处理物质欲望、把持匮乏与金钱极限之青春能力。大学生于财富避而不谈不现实，透支人生财富不可取。正确看待财富、学会理性消费、规避财务风险，以良好理财习惯规避贫穷。除了学业成长之"刚需"，理性消费同样为大学生必需，健康财富观是大学生涯亟待弥补课程：每至新一学年"高考经济"红火依旧；每一起"校园贷"悲剧背后正是大学生群体缺乏相关知识和引导使然。

　　不守规矩之"豪横"是蛮横。"月初挥霍，月末吃土"，大部分大学生手头不富裕想"搞钱"主要靠"抠"。注重生活品质提升、理性选择超前消费，无独立经济来源之大学生人群必须树立理性消费观、财富观。在校学生打工非仅仅在于增加收入，还在于加深对金钱正确认识，一部分人超前消费惯性难止、尺度失控。在"规划"中缩短人际差距。据益阳日报报道：相比 70 后、80 后主要围绕家庭消费，更多 00 后"对自己更好一些"只是并未形成收支平衡、量入为出理性。

　　生活不可以跟着感觉得过且过。可以苟且一时、不可苟且一世，教育差异致众生区分为有、无思想群体。眼光永远比闪光重要，绸缪远景远较当下安逸更具魅力。以努力成为别人茶余饭后话题。有目标之生活有动力，坚持梦想过程是人生最精彩。时有人边想着成功模样边实现成功。实现财富自由必需获得收入办法，胸怀强烈使命感创业较之纯粹为了赚钱工作更容易财富自由。

　　会收拾烂摊子标志成熟。选择有风险、得到有代价，自做好手头事情开始。你艳羡有些人腰缠万贯，有些人艳羡你兼备知识品位。顺境提供知、逆境提供行，试试而自知斤两。能自己扛的事尽量不声张。未来属于青年，青年创造未来：

实力最打看轻你者之脸。没有优秀是大觉睡来的，有些放弃非是认输是认真。

做好想做且能做好事情。不存在无风险工作。困难、挫折和失败于顺境逆境皆存在。喜欢本身就是价值，从事喜欢兼高薪工作是初心也是贪心。人生不可能永远顺流或逆流，工作为了更好生活但非是生活全部。所谓"天生自带"优秀者是你没看见其时间精力花费。除了出身和使命，白龙马之"西游记"和驴拉磨皆属于坚守本分原则，迥异于目标而非十万八千里。

平静湖面造就不了精湛水手。有目标者奔跑，无目标者流浪。相信奇迹者才会被奇迹选择，明确目标最具激励作用。少辜负大学时光，她是你人生最新篇章。莫名其妙"吃瓜"、心急火燎随大流、为别人操碎了心也是"挥霍"青春。

2022 年 6 月 18 日

师说新语

即便"不当家"应知"柴米贵"

———

知"柴米贵"是一种担责及全局意识。没有什么比活着更快乐，也没有什么比活着更艰辛。许多人为了活着竭尽全力仍不如意，许多"这山望那山高"其实是乱象。不论你多少岁生活不会一直眷顾你，"花销""成本"之虞不应只有家长、经营者人群独有。

容易生活多不属于成年人。人生非是做菜，备好所有料才下锅。有些苦无处诉，努力只是为了生活有更多选项。生活不易，许多人一边绝望一边给自己打气、打拼。"也无风雨也无晴"，"善待"成年生活不容易。大多人群于"当家"后既"知柴米贵"且真正读懂"母爱如海，父爱如山"，包容父母之喋喋不休、"指点江山"。包括父母，许多人只能陪你走一段。朱自清之《背影》最具警醒众生避免"子欲养而亲不待"悲剧。

负担落在肩头方知生活之重。真心离伤心最近：可以和"爱人"吵架，少与陌生人说话。天上不会掉馅饼，竞争也不会给你太多准备时间及撒娇。事事满分者谓之"过关斩将"。父母不易，为子女者须竭力报答；为父母不易，须竭力为子女提供更好条件。赚钱多少，老板和打工仔从来着眼点、算法不一样。刘备"白帝城托孤"是典型之后继无人"不容易"。"此间乐，不思蜀"兼有败家子保命昏招和"不知柴米贵"骄纵。

踏实走好通往成年路程。无经济基础既不能"说走就走"还缺乏"诗和远方"。有些成长是"一瞬间"事情，从不放弃者是"真心英雄"。成年除了欲望和失去，还有勇气、责任、坚强及必须牺牲。谁也不能永远活在向父母索取年纪，想过想要生活先学会过不想要生活。白领不比外卖配送员高贵，行业精英未必如全职妈妈辛苦。"手机控"者多被海量且鱼龙混杂资讯占据精力无暇思考和想象未来。

生活压力下竟老不过几年，痛楚从不说谎，有一闪光人生背后多有心酸故事。岁月是把杀猪刀，个人形象是重要自律。譬如于个人"颜值"，25岁前可以"追责"父母，之后自己负全责。多数人群生活开支与腰围成正比，除了容易老、容易胖，有意义事情都不容易。读书可以治愚，充实人生、富有灵魂。《西游记》之二师兄动辄"回高老庄"是典型"散伙"。

许多责任与年龄无太大关系。不要粉身碎骨才知道"弱肉强食"。前行路上难免经历狼狈不堪，生不逢时未必错失良机，怀才不遇终是能力有限。除了"梦回唐朝"，有些人因孤独而醒着。成年人生活少有"容易"，为了生活拼命是真努力。"流量为王"时代个别人花样调侃、搞笑父母者很有"忤逆"成分。"大河涨水小河满，大河无水小河干"是"当家"真谛。"供给侧改革"是国家降成本之"知柴米贵"。

成年人既知道疼且坚持忍。美酒之所以好喝就在于其难喝到嘴，活着也许很累唯有活着才有意义。生活如硬币之两面，人人于其中不断跌倒反复站直。"子非鱼，安知鱼之乐"：既不自我"傲慢"，也不"偏见"别人。"先淡后浓，先疏后亲，先远后近，交友道也。"时间不能抹平一切，许多事情之"过去"因为自己谅解和放下。受教育旨在准备未来生活、负责未来人生，真正教育既是给予更是点亮和唤醒。

谁也不比谁容易，只有谁比谁更能扛。每个人都活过，都有过峰、谷之仓促和无助。心中有远方，到哪都是旅行。劳动不丢人，轻慢劳动者才丢人。你笑了世界跟着笑，你哭了只有自己在哭。

2022 年 8 月 6 日

大学生微信礼仪知多少

礼仪是日常社会交往行为规范与准则，是个人道德修养外在体现。"不学礼，无以立"语自《论语·季氏篇》，旨在警示众生不知礼仪礼节者难以立身处世，也足以见得礼仪于美好人生之重要。即便当下之便捷"微信社交"，知书达理、以礼待人依然是所有人尤其是即将步入社会之青年人群必备素质。

礼仪直接目的是尊重他人。礼仪教育是高校培养学生高尚品德重要起点。"听其言，观其行"，礼仪之用于人际交往表达尊重、亲善和友好，是每一社会人必备人品。礼仪是人之内在道德、文化和艺术修养折射，是深层次生命化妆。良言一句三冬暖，恶语伤人六月寒。"相由心生"，许多人群多数时候忘了换位思考。

不懂礼仪规范者行事冒失。路遇师长打招呼是不失礼，于教师人群校园所遇致意者不一定都是庭下桃李。"在吗？""我们在哪集合？""今天要上晚自习吗？"……有微信以来作为一线辅导员之本人已无数次接到学生人群诸多不加称谓突兀询问，且在每一次"解惑"后想到大学生人群礼貌问题。"礼多人不怪"，打招呼方式透露性格教养。微信诞生已近十年，仍有很多人或聊错对象，或以错误方式将天"聊死"。

微信社交依然遵循礼节约束。不在朋友圈互骂、少以微信争议问题，使用健康积极头像，可以屏蔽他人、可以已读不回只是不可以标榜……于微信聊天令对方如沐春风也是实力。在朋友圈"凡尔赛"多了树大招风、后果严重。有事说事轻易别问"在吗？"或者问完赶紧说事，只回复"哦"者容易被理解为态度冷漠。除非特殊情况，发长语音者既致消息不直观且招人烦、少礼貌，"表情包"轰炸最令人无语。

"你""您"称谓本质之别于礼仪。当下普通话语境之"你"多称谓辈分、资历、职位与己相当或较低人群，"您"则尊称辈分、职位高于自己者如师长辈、领导等。据考证，至有唐一代汉语尚无"你""您"之别，金元时期受阿尔泰语外在影响逐渐衍生表意将"你"置于我"心"上之新造字"您"。以得体语言谈吐展示修养，礼仪因缺少尊重流于虚伪：迄今为止"您"既展示中华民族淳朴、谦虚美德，又提升社会文明、融洽人际氛围。

根据事情紧急程度以不同方式联系师长。于学生尽量不影响老师休息，能线上沟通尽量避免线下交流。不做不速之客，养成提前预约办事习惯彼此从容：非紧急约见可提前以微信、短信及其他方式联系老师得到许可，学术性问题还可以邮件沟通；紧急约见或是长时间无回复可以致电询问，之后再微信或短信表达礼貌且留文字提醒。偶尔乃至一次约见老师可以直接短信或电话联系，加微信既烦琐费事且"廉价"了"好友"关系。

加了别人微信后应尽快寒暄。先说"加个微信"者未必有所诉求，主动添加者先扫对方二维码且发出"添加朋友申请"。"尊称＋问好＋自我介绍＋来意"是加人微信起码礼节。虽然微信朋友圈理论上限五千人，但人类智力精力上限一般只允许社交网络拥有约150名稳定对象。流言止于智者、聊天止于"呵呵"，爱理不理或"拉黑"意味缘尽，再相见既尴尬还可能激恼对方。

提升文化修养强化社交"底气"。知礼、守礼、行礼者赢得尊敬信任，"做人先学礼"，有教养者大都懂科学、有文化。站有站相、坐有坐姿、走有走态，得体服饰是最生动自我介绍："帽子＋口罩＋耳机"是当前"社恐"人群标配"三件套"，反其道而行之者练成现实版"社牛"。"眼里有活"、主动机灵者容易博得好感。真正自由是想要时有权力、有能力选择。于大学生人群成长最好时机是入学那天，其次是现在。

文明礼貌是通行明天最好名片，"礼节"实质即克制、自令对方舒服角度行事：如果你失去今天明天还会再来，如果你失去礼仪难以见证闪光未来。

2022 年 11 月 12 日

宿舍状况灵魂样子

《后汉书》故事：东汉名臣陈蕃15岁上独处一庭院读书。一天，父辈老友薛琴来看他。因院内杂草丛生、污秽满地，被责以"不洒扫以待宾客"，陈蕃答以"大丈夫处世，当扫除天下，安事一室乎？"薛琴欣慰之余警醒其"一屋不扫，何以扫天下？"陈蕃无言以对、幡然悔悟，后官至太守、尚书。

窗明几净是重要"环境育人"。"房室清，墙壁净；几案洁，笔砚正"，中华传统历来于读书环境、书写姿势、笔墨摆放要求严格。从整理卧室做起，养成有条不紊、物放有序好习惯。"只有创造一个教育人的环境，教育才能收到预期的效果。"除了浑然天成，大多好环境需要创造、维护。曾国藩、《朱子家训》皆将洒扫庭除当成"持家"重中之重，"小事不想干，大事干不成"最令理想流于不切实际。

"扫一屋"是重要劳动教育。劳动最收获肯定、得到快乐。劳动意识淡漠、劳动技能欠缺严重制约个人成长成才。炼成学生劳动意识、精神，"唤醒"青年劳动习惯、能力是高校重要育人使命。很多"熊孩子"毁于孩提时代家长过度"代劳"而衣来伸手、饭来张口，或因一点挫折崩溃发作、怨天忤地，印证了"富贵不过三代"魔咒。爱劳动是朴素之"仁者爱人"，包括"扫一屋"、垃圾分类，包括体恤保洁、家政人群皆是以劳动"积小善"。

自"扫一屋"质变"扫天下"。"智能智造"时代或许"五谷不分"必须"四体可勤"，绝不允许闹出如白痴晋惠帝"何不食肉糜"赈灾笑话。"斯是陋室，惟吾德馨"，整理房间、打扫庭院包含处理、选择、扬弃等与环境互动，放下高傲、学会谦卑。"大道至简"，层次越高者越以清扫杂物、垃圾扬弃内心淤积和负累。珍惜大学璀璨时光，在劳作中塑造自己、触类旁通。今天读大学身在课堂、心无旁骛，处置个人琐事心无杂念、用心如一，明天临大事不乱阵脚、胸有成竹。

屋舍状况潜移默化人生命运。"鬼屋"长满蛛网灰吊、阴暗晦气，"天堂"满溢光亮、富丽堂皇。无论家庭还是团队，成功者往往明窗净几，失败者大多破落颓废。"眼里窗明几净，心里安宁舒畅"，心态制约命运。人生状况有似屋舍，房间样子是精神模样。内心干净澄澈者运气一定不会太差：整洁环境蕴含幸福因果，透露人生态度、生活层次。人生真正断、舍、离始自清扫房间，扯得远一点，搞好宿舍卫生、养成劳动习惯，毕业后找份好工作、成立小家庭、欣享幸福生活。

"收纳"内务其实有"章"可循。做好一件小事并非如想象之简单，历来能真正沉下心重复做好一件小事者并不多。天下事，起于易，成于细。大学生整理宿舍实质是"在相应的时间，严格按照要求，完成相应的事情"，每天不过七八分钟，而且是越来越快、越来越熟练。清扫宿舍是最务实之"人人有事干，事事有人干"细化分工。于读书人今天习惯性明窗净几，未来于职场自然不至于杂乱无章、手忙脚乱、进退失据。

"一室之不治，何以天下家国为。"目前尚无专门"家政大学"，但读大学必具"家政学问"。搞好宿舍卫生，学校检查督促只是"外因"，真正"内因"是每一成员正视劳动、心动行动，倘若修成能将卫生间清扫得比某些人厨房还干净之敬业和执着，没有什么事情做不好。

2023 年 11 月 11 日

"听话"是重要成熟和情商

"听话"本质"听得懂""做得到"，也即"明白"与"照办"之"知行合一"。"是非只为多开口，烦恼皆因强出头"，自小学至大学再到职场，许多人虽然读书生涯"十年寒窗"并不意味着就会"听话""说话"乃至听懂话。

人人难免"双标"听话。被嘱托"听话"旨在被希望"合理、高效、正确"成长。"言为心声"，语言最直接暴露心态。以圣人标准衡量别人、用贱人标准要求自己最引发人际矛盾。许多人潜意识坚持己见、捍卫个性，置身舆论制高点说及别人、理所当然开脱自己。多点耐心，允许别人把话说完。"听话"水平取决于见识程度，能说会道其实从好好听别人说话开始。

乌合之众不"听话"。高手多听懂"弦外之音"、听出"言外之意"。不将好话当耳边风。不"听话"非是"恃才傲物"。"依义不依语"，"听话"是能力有学问含态度。"听话听音"，捕捉言者真正意图。读书学习终究在于"应用—学懂—弄通—收获"。排除干扰、抓住关键，社会发展既刚需"硬核"又必需"螺丝钉"。军队所向披靡及军人阳刚之美在于军令如山、令行禁止。

"听话"前提是"用脑子"。说得巧、说得少，予人舒适、予己自在。会说话难会听话更难，否则造化就不给人人"装备"两只耳朵一张嘴。善于紧跟言者思路找到想要答案，"聆听"美好而慎重。职场更青睐能放下固执、听从指挥、执行任务员工。听出较之原来观点"远近高低各不同"谓之"悟性"。孙悟空之十万八千里筋斗云、七十二般变化就是优于菩提老祖一般徒众"聆听"偏得。

教养包括听话说话。高手不见得喜欢侃侃而谈和掌控，"听话"与"照办"是智者"标配"。长期被"点赞"易受暗示失去自觉性、个性。克服不良"听话"习惯如为"手机控"、随意插话、只顾记录或无眼神交流、经常看表等。聆听是重要鼓励，可激励言者思路大开、才思泉涌。能力强也需"听话"，诸葛亮"七擒孟获"之胜，马谡事先"攻心为上"肺腑建言功不可没。

懂事听话是重要"称职"。"听话"减少沟通成本、提高工作效率，还包括眼里有活、先行一步。"照办"是职场"硬道理"，乱"抖"机灵是"不安分"。"不听老人言，吃亏在眼前"是既未"听懂"也没"照办"。职场规则非是生活之"谁喜欢谁"，是不能赚钱、不能干事只能"出局"。"听话"非是一味盲从领导意图，至少懂得"不当面"拒绝且会私下"提取"契合成分日渐修炼为左膀右臂。

学"听话"是终生必修课。善良者一定懂得好好说话，说话最折射修养水准。谨慎听表扬，认真听批评，选择听奉承。会"说话"、会"听话"是强大人脉两大法宝。得意时不妄言，失意时不乱言，承诺时不失言。真正倾听是一心一意地体会他人。"三年学说话，一生学闭嘴。"耳朵直接通向心灵：大家都夸夸其谈，你沉默向隅"一枝独秀"。

2024 年 4 月 27 日

自信文化，中华节日中国梦

中华传统节日承载大量优秀文化，记忆先民丰富多彩社会生活，是凝聚人心、涵养文明强大力量，是文化自信源头活水。

不忘本源开辟未来，善于创新更好继承。振兴传统节日重要意义在于其内涵之文化价值——传承斯文、文化自信，彰显文化自信，滋养民族精神。

民族的才是世界的——光大中华民族传统节日非是夜郎自大或『自负』，而是一种含元守真。

说语
师新

有心拜年十五不晚

拜年仍是当前过年重要节俗，实质"过年言好事，出口称吉祥，免谈粗俗事"，包括"拜年""贺年"两方面，历来有传统、讲礼数、重规矩。"拜年"实质是向师长辈"叩岁"，包括叩头施礼、祝贺新年、问候安好等，"贺年"是平辈亲朋间施礼道贺、互致美意。

拜年节俗源远流长。由中原外延之拜年习俗成于两汉年间，唐宋之后更加盛行，时人遇有特殊情况不能亲身前往者还可委托他人以书面名帖"投贺"，东汉时称之为"刺"，故名片又称"名刺"，文征明所谓"我亦随人投数纸，世情嫌简不嫌虚"是也。明代以后有大户人家过年期间专门在门口贴一红纸袋收纳"投贺"称之"门簿"。当下人们以微信、短信拜年更为方便快捷，只是需避免缺乏创意、尽量原创尤其不要连同落款一起"抄作业"或群发。

拜年是大年初一核心活动。正确拜年时间一般在正月初一至初五（包括走亲访友），因故未及循例行礼且补行者谓之"拜晚年"。大年三十核心活动在于阖家团圆、不受打扰地"守岁""除夕"。当前有许多人于大年三十一早就微信、短信照着通信录一通输出，初一当天反而无所事事其实只是图方便、偷懒之非常不讲"年德"。再就是拜年时别去得太早，尤其不能将主家"堵"在床上或餐桌上；其次是上门拜年要提前预约，避免和其他客人"撞车"；此外是尽量不要久留，半小时左右即可，给主人和其他客人留时间。如果事先约定有招待则根据开饭时间提前到达。

拜年顺序讲究长幼尊卑。首先是拜家中长辈，小辈们上门当面祝福，是规矩也是孝心，长辈受拜后具备条件者将准备好的"压岁钱"递给小辈；其次是拜师长辈人群，一日为师终生感恩，帮助和教诲之恩铭记在心；最后是拜邻里乡亲，远亲不如近邻，过年时道一声"恭喜发财""新年快乐"吉祥话最可感谢平日照应和包容。

拜年礼数恭敬严谨。传统拜年礼仪一般是叩拜长辈（当下有些演变为鞠躬），抱拳拱手致意平辈亲朋。通用行"拜"礼是男左女右、两手相抱高抬，男性右手握拳、女性两手相拱且身体略倾、两脚并立"吉拜"，务必注意手的位置别放反了成了"哀拜"。男性左手在上既是"尚左"传统，也是以左掌包右拳表达礼貌、善意，同时晃三下"作揖"表意磕拜。女性还可以右手覆半握拳之左手于右侧腰间微微下蹲数下行礼同时口称"万福"。

拜年时必需衣着整洁。由南宋吴自牧《梦粱录》"正月朔日，谓之元旦，……细民男女亦皆鲜衣，往来拜节"可知先民拜年讲究从头到脚、从里到外穿戴全新寓意万象更新，也有人戴顶新帽子寓意"鸿运当头"。至于衣服质地档次并无要求，经济条件不宜者"全洁"即可。衣服色泽主打亮丽，女性儿童以暖色为主、红色更佳，既渲染喜庆还寓意趋吉避邪，切忌穿一身黑或一身白。再就是别忘了理发，"有钱没钱，剃头过年"。

拜年所携礼物必须双数。具体物品以投主家所好为宜，既不宜太奢华给对方增加心理压力又能"拿得出手"。上一年"欠人情"者尤其不要空手上门，正好买些礼物于拜年同时"还情"。长辈所送礼物一般不要拒绝以示尊重。

收受红包意在"压祟"。收红包人群以青少年及儿童居多。收到时要双手接过避免掉地上且需面带微笑说出"谢谢+称呼"。再就是收到红包要告诉父母，还要记得是哪位长辈给的。红包内涵重在祝福、贵在心意而非钱之多寡。于给出红包者同时注意不要用旧钞，再就是所给红包无需封口。

"岁岁年年，共欢同乐。"拜年既重人情世故、情感互动，又展示个人素养、家史家训。"愿新年，胜旧年"，无论过去、现在还是未来拜年形式如何变化，人们发自内心之向往美好、祈福迎祥永远不变。

2024 年 2 月 8 日

春在千门万户中

——

事业进步、阖家安康。正月初一是汉字文化圈农历"新年",因"元者始也"称"元日",春节自即日至正月十五结束,在我国已有四千余年历史。除秽化浊最是"元日"正确打开方式,祈愿所有亲朋、桃李们壬寅年"踔厉奋发,笃行不怠"。

"开门大吉"一年好运。除非极特殊人群,"元日"所有人须穿戴整齐早起。正式开门前家中男丁可帮助家长燃放"开门炮仗"以示"爆竹声中一岁除"、象征辞旧迎新,爆竹声后碎红满地、灿若云锦,预示"满堂红",《荆楚岁时记》谓之"鸡鸣而起,先丁庭前爆竹,以辟山臊恶鬼"。家长们同时焚香致礼,敬天地、拜岁神、祭列祖,并备好新年"第一餐",早餐前家庭成员给共同生活尊长者拜年领取"压岁"红包。"元日"当天尽可能亲人团聚、当面祝福祝愿,一般不出远门。

拜年是"元日"核心习俗。"一年更比一年强"是"拜年嗑","天天都过年"是最高祈盼。除了给家中长辈拜年,早餐后外出相遇左右邻居、亲朋好友务必恭贺新年,互道"恭喜发财""新年快乐"等吉祥话,在互动中完美"愿景"。春节"愿景"源于先人"把酒话桑麻"之新年稼穑谋划、收成祈盼,既除旧布新又捐弃旧怨、增长新谊。拜年是形式、"愿景"是内容,自"小年"诉求、"大年"夜全面铺陈。"新时代"今天中国"抗疫"节节胜利,"一切都好,一直'阴'着(核酸检测)"仍是壬寅年最"虎"心声。

"礼"多人不怪不要"拜"错年。"拜年"习始自汉代,至今仍为重要年俗。崔寔《四民月令》所载早期"拜年"专指晚辈问安祝福长辈,后延伸至同辈亲朋。正式拜年时间为初一至初五早餐后,特殊情况"小年"后"拜早年"、十五前"拜晚年"。拜年、问好时视辈分、亲疏行叩头或鞠躬、作揖礼,作揖最是文明拜年主要"吉礼"(男左手上右手握拳下,女手势反之)。中华传统吉事尚左、凶事尚右,《道德经》谓之"君子居则贵左,用兵则贵右",所以抱拳或拱手拜年需以左手包右手"吉拜"。

"禁忌"也是过年文化。"元日"家中长辈必须履行迎禧接福、拜祭神祖、祈求丰年等"要务"。拜年时自幼而长依次出行且"过年言好事，出口称吉祥"，其中"拜年"是向长辈叩岁，"贺年"是同辈互祝，"团拜"是单位同仁聚集一起相互祝愿问候。囿于当前疫情，手机平台日益成为重要拜年途径。因俗传正月初一为扫帚生日忌讳扫地赶走好运各地仍有大年夜清扫说道，遇有非扫不可只能自外向内"逆行"清扫且不倒、不泼以免犯忌，如若儿童不小心说了不吉利话家长需及时念叨一声"童言无忌"破解一下。

2022 年 2 月 1 日

"儿女犹争压岁钱"

———

"压祟"年俗始于汉代，民俗中因孩子易受鬼祟侵害长辈给以"压祟"驱邪，最初叫"压胜钱""大压胜钱"，其实为钱币形玩赏物只可观赏或佩戴不能流通市面。当前主要为大年前后由长辈将钱逐一分发给晚辈，有别于之后其他亲朋赠与或网络"红包"。

"红包"是典型"人间烟火"。西汉五铢钱有铸有"脱身易，宜子孙""千秋万岁""天下太平"等字样者，为中国最早"压胜钱"。宋元时期给小孩儿"压岁钱"日渐成习，元人吴当《除夕有感》最早记载压岁钱"家人共守迎春酒，童稚争分压岁钱"，生动描摹物质匮乏年代得来压岁钱者之欣喜忙乱。此外，"压岁"非是"压祟"：长辈所予祝福红包谓之"压祟"，成年晚辈所呈长辈红包谓之"压岁"，寓意给老人往下"压压岁"而健康长寿、福泽深厚，当前统一称谓"压岁钱"。

"红包"分分是人情。"百十钱穿彩线长，分来再枕自收藏。"初期"压岁钱"

即被先人串以红绳有似今日红包，明清时期给"压岁钱"习俗真正普及且称谓固定，成为春节期间长辈赠与晚辈重要表达。收获满满，分分是爱"压岁钱"。迥异朋友圈所抢概率"红包"，来自非直系亲朋之"压岁钱"其意重在礼尚往来、"等价交换"。当下"压岁钱"更多是人情互动、新年祝福，所谓"三十岁之前看父重子"，"红包"之得主要为父母人脉、面子，得之除了心存感恩并务必使父母"心里有数"来而有往。

"压岁"之乐在天伦。"压岁钱"之喜乐欢愉重在"施""取"过程仪式感，授受者既可"强给"也可"坚辞"也可"索要"，有似出出"喜剧"，意在营造天伦之乐及佳节喜庆，尤可缓解一些长辈平日"长幼有序"之严肃，又可教化年俗亲情"一辈传一辈"乃至缓解龃龉、融洽归属。民国时期过年始有长辈以红纸包裹百文铜钱给晚辈"压岁"寓意"长命百岁"、象征吉祥如意而称"红包"，包括演变至今数字人民币，"压岁钱"寓意从不改变。

不攀比红包金额淡了"年味"。天伦至乐中国年，压岁钱是长辈爱意表达，多少不重要。培育青少年理财"压岁钱"至少可以养成努力、等待和耐心，处理好孩子"压岁钱"每年后都是中国父母难题。不以金钱为念扭曲孩子"三观"，同时拥有富足精神才是真正腰缠万贯。孩子征得长辈同意且指导，"压岁钱"可储蓄、可购买学习用品或游学考察等，总之用得其所是最好饮水思源。自成人开始，坚决杜绝横向比较"压岁钱"多寡得失，警惕致其物质化、铜臭化变味乃至成为"面子工程"。

另：正月初三为"小年朝"，清人顾禄《清嘉录》载有"不扫地，不乞火，不汲水"禁忌，是日还不宜外出，正合回家过年游子待在家中陪陪父母。因古人视正月初二为春节最后　天，所以晚上还有"烧门神"传统，寓意年已过完行将开始新一年营生。

2022 年 2 月 2 日

问候华人"生日快乐"

——

正月初七又称"人日""人胜节"，始于两汉，魏晋后日渐为全民接纳，是过年节俗"礼包"之一。汉人《占书》载，女娲补天创世后自大年初一陆续造出鸡、狗、猪、羊、牛、马，第七天抟土造人，自此造化从新，主要风俗有戴"人胜"、吃七宝羹、登高赋诗等。国人有不知三皇五帝者，但无有不知晓女娲造人神话及奉其为中华人祖者。

"造人"旨在崇尚"生命至上"。每一民族皆有极其尊重先祖："人日"实质反映中华先民"人"本尊重、生命至上；造人神话是国人之于民族渊源及祖恩铭记，其实蕴藉先民智慧：人类虽则万物之灵实质自然之子，必须服从自然、遵循天道，约束自己、善待别人。"举头三尺有神明"，"天道"永远高于人类智慧。"今年人日空相忆，明年人日知何处"，"人日"节俗于祈祥祝安同时还囊括思亲念友，既饱含国人向往吉祥如意、渴望和谐美满、执念至善至美，又浓厚"年味"、加持"过年"。

节俗实质宣扬"国泰民安"。多地民俗有"人日"天气关联一年运气，如遇阴雨诸事不宜、忌讳外出远行之说，还包括家长不训孩子、家人不吵架生气以及尊重包括犯人在内每一人。"人日"祈福纳吉、求平保安既是国人"敬天地，事鬼神"、心怀敬畏，又是道德底线、"人本"意识。人类生于自然长于自然，位列"六畜"之后排名"老七"，没有其他生物，人类难以生存。"人人生而平等"，被尊重是人类共同心声：中华"人日"倡导"生命尊严""生命质量"早于西方"人权"两千余年。

"女娲"身份宣扬骨肉亲情。"人日"实指中华民族诞辰日。"造人"神话凸显洪荒时代女性显赫角色。"世上只有妈妈好"，"良""女"为"娘"，任劳任怨为子女牛马之贤"女"谓"妈"。亲情最是念母恩，源于"天人感应"中华古风和"敬天法祖"伦理，有父母在堂者"人日"尽量不出门走亲访友，最宜待在家团聚"七不出八不归"，享受年假最后团聚时光："百善孝为先""孝

师说新语

亲须及早"，珍惜双亲在堂时日，用心报答父母养育之恩，避免"子欲孝而亲不待"。

传统节日"载体"人伦斯文。古人认为"七"结合阴阳、五行，是"天道"循环周期拐点：依据《岁时广记》载，先民"人日"户外活动宜于文人墨客、仕女闺秀踏春出游、登高赋诗，爱美女性多有仿效南朝宋武帝寿阳公主于额头绘"梅花妆"仪态万方、回眸倾城。有华人处有"中国年"，传统节日最承载祖先以来优秀文化、经典文学。如"春晚"之成功嵌入除夕夜守岁，中华民俗先是中国的才是"联合国"的：传承民族传统节日非是夜郎自大是含元守真、文化自信，是警醒民族文化不于开放吸纳、兼容并蓄同时迷失自我。

嗨过节日继续加油追梦。多地"人日"晚餐主食面条"拉魂"富于人性教化：既寓意面条缠住如歌岁月亲情长驻，又意在拉回人们过年期间东走西串的"野心"，警醒年后该收心过日子准备新一年牛计。人生因奋斗彰显价值，过年只是休憩小站。"人日"也是多数职场人群新年"第一工作日"：于长年在外奔波、打拼游子今日思亲更进一杯酒，之后再次远行"撸起袖子加油干"投入新一轮打拼。

人人渴求美好生活，"幸福是奋斗出来的"。"天行健，君子以自强不息"，新的一年努力前进、龙行龘龘。

2024 年 2 月 16 日

年轻的朋友来相约

——

"元宵节"古称上元节、灯节，为华人及汉字文化圈农历新年后、春耕前第一次狂欢。因正月为农历"元月"、夜之汉语古称"宵"，故尔每年第一轮月圆谓之"元宵"（天官生日），至此春节正式结束。节俗有观灯、赏月等，活动人群主要为青少年，正合发生浪漫美好故事，是先民时代第一"情人节"。

元宵节缘起先民"开灯祈福"。公元前 180 年汉文帝官宣正月十五为元宵节。汉魏后逐渐为民俗节日，自隋唐开始"放节假，驰夜禁"，同时法定是日市民皆可以张灯饮酒、尽享欢乐，与中元节（7 月 15 地官生日）、下元节（10 月 15 水官生日）合称"三元"，2008 年 6 月入选国家第二批"非遗"。

"闹"字最是元宵节压轴大戏。元宵节是新年第一个满月夜及过年收官之欢，依据明人《上元灯彩图》，节俗还有猜灯谜、耍龙灯、舞狮、踩高跷等。"正月十五闹元宵"，人们由"宅家"过年逐次走向街坊田间"男妇嬉游""单衣试酒"，全面突破"日出而作，日落而息"时间空间，如此"欢乐无穷已，歌舞达明晨"一定不要错过。

享用元宵寓意家道兴旺。当下许多都市人群元宵节俗仅存吃汤圆遗憾且无奈。元宵即"汤圆"，各地做法成分风味各异但愿景、寓意相通，无论北方人"滚"元宵、南方人"包"汤圆皆寓意家和业兴、迎福纳祥。天上明月、盘中汤圆，是夜享用元宵美食富于仪式感和甜蜜味道；春光明媚、血脉舒张，中华民族置身新时代更上层楼、追梦成真。

"观灯"高调表达先民"人本"关怀。先人更重视"人命关天"。"灯""丁"谐音、吉兆添丁，北方元宵夜"走百病"、南方"走太平"本意在于生殖祈愿。"食色，性也"，中华文化有"守"有"变"，祈求人寿年丰、多子多福始终为元宵节核心诉求，正合年轻人群浪漫相会，"见许多才子艳质，携手并肩低语"。"破镜重圆"虽是南朝才子佳人故事，其实正是先人于元宵节承诺彼此珍惜、共度余生第一典故。

"有情人终成眷属。""月上柳梢头，人约黄昏后"最以含蓄语言、唯美意境敦告众生正确时间、地点及人选才是爱情"刚需"：约 1153 年"上元"夜，南宋都城杭州，痴情女苦等心上人一宿，岂料那厮临阵变卦没有践约，致使伊人嫁非所愿、英年早逝，空留一卷《断肠集》遗恨千古；"那人却在灯火阑珊处"同样警示众生两情相悦或非轰轰烈烈但一定心有灵犀、可遇不可求，约 1162 年元宵夜，临安城的"那人"历经怎样"众里寻他千百度"而后"蓦然回首"早已无人知晓。

元宵节远较"情人节"浪漫蕴藉。不早不晚、正好是你，元宵之夜既看烟火更重看人；蓦然遇见、结成良缘，真爱于灯影交错间最美遇见：1101 年，"元宵佳节，融和天气"，李清照与赵明诚同样"相见恨晚"于元宵节漫天灯海。缘始于初见、爱终于坚守、情长于陪伴，爱情除了花好月圆也有风风雨雨、一路坎坷，玫瑰、巧克力既费钱且远不及元宵、汤圆甜蜜实诚。

"一曲笙歌春如海，千门灯火夜似昼。"冬去春来、山萌水欢，元宵节非是过年结束，是国人新年初再一轮强化追求吉祥、团圆、和谐传统美德和人文精神。

2024 年 2 月 24 日

今日始春耕华夏"龙抬头"

今天农历二月初二，又称春耕节，为中华传统节日之一，各地自有节俗。"龙"本义为二十八星宿之"东方苍龙"，每至仲春卯月初之黄昏"龙角星"升自东方地平线而曰"龙抬头"，象征大地复苏、万物勃发。

"头"等大事从"头"开始。今日理发为多地节俗。儿童剃"喜头"祈祷茁壮成长，大人"剃龙头"希冀新一年鸿运当头。多地正月不理发、谬传剃头"死舅"，其实源于 1644 年清廷"剃发令"打击明朝遗民"思旧"，本与舅氏毫无瓜葛，却无意造就埋发业"拥堵"。小编在此"免责"赠送一"发财"秘诀：来年正月外甥们或可以"头发长了"为由向舅舅"追索"几次红包。

大快朵颐有"说道"。二月二，年已过，月将捱，肚里油水耗尽，正好借祭龙神之猪、牛、羊"三牲"（民间多以"牲首"代之）顺理成章吃顿大餐既寓意"食龙头"又修修"五脏庙"。自《西游记》"二师兄"八戒因"挑担有功"修成"净坛使者"正果后，中华文化中"猪"越来越回归"龙祖"，象征转危为安、平步青云，食之"从头"改变、一年偕顺。

"一年之计在于春。""龙抬头"寄托国人祈龙赐福强烈愿望。《尔雅》称农历二月为"如月"、二月二别称"花朝",是日为"百花生日",如爱美女士、"水做骨肉"。年终于过完了,新一年农事即将开始。"二月二日新雨晴,草芽菜甲一时生",春日播种愿望,秋来获得收成。这个春天尤令人振奋、满怀希望、决胜抗疫、未来可期。

今天是土地公公生日。此翁是华夏最"亲民"神祇,各地多有"派出机构","春祭"旨在祈求一年五谷丰登,所供祭品正好为参与者"打牙祭"。作为文化元素,龙意象渗透于中华儿女血脉,居于中华文化重要地位。中华儿女以农耕为本、执念土地,所以遇有天灾大义"流浪地球"宇宙移民。

2021 年 3 月 14 日

永远的好人永恒的你

———

"好人"古称"贤人",即品德高尚且顺应天道、地道、人道规范者。岁月如歌、时光飞逝,"向雷锋同志学习"已 61 年,你的精神依然闪亮、"叔叔"形象从未远去,始终是人们在需要帮助时最希望出现之"好人"。你"是时代的楷模",你的"精神是永恒的",我们一如既往地"学习雷锋好榜样"。

甘当"螺丝钉"最"对人民有用"。雷锋虽为普通一兵,一直胸怀天下、情系苍生、铁肩担当,"别人的困难就是我的困难"。在老家为农场买拖拉机捐款,来辽宁后为辽阳县水灾、抚顺市和平人民公社成立捐款。1960 年 1 月初为了保卫新中国,反击美、蒋勾结"反攻大陆"毅然放弃蒸蒸日上的工作费尽周折应征入伍保卫新中国。"爱人"是人类共同本能、心理进化。"叔叔"身高 1.54 米,境界令人"高山仰止"。

象征好人但不止于"好人"。看到好人好事想起你的名字,帮助别人后留下你的名字。无论是雨夜用唯一的被子盖集体水泥，还是帮助迷路大娘找到儿子家；无论是悄悄给困难战友亲人汇款还是批评身边同志工作错误，你早已脱离了低级趣味，甘为祖国大机器一颗忠诚"螺丝钉"。虽有个别宵小说你"傻子"，其实你大爱无疆。

干一行、爱一行、钻一行。无论是工作后做生产队记工员、乡通信员、县勤务员，还是做农场拖拉机手、鞍钢铲车司机、解放军战士以及常年义务担任小学校外辅导员，你对待工作像夏天一样的火热，始终以"钉子"精神学习知识、钻研业务。因为"业精于勤"，所以职场"逆袭"。六年间获四十余项荣誉，你的成就至今仍为绝大多数同龄"白、骨、精"望尘莫及。

心怀感激"知恩图报"。草木知春人念恩。由旧中国命悬一线之赤贫孤儿成为新中国"与时俱进"劳动者，你对党和毛主席感情深厚，"一日三省吾身"拷问灵魂，警醒自己忠于革命、铭记党恩：日记中"党"出现 168 次、"毛主席"出现 115 次、"人民"出现 112 次。"雷锋出差一千里，好事做了一火车"。如果还有人笑话你傻，实在是他们读不懂"崇高"本义。

毕生追求"为人民服务"。"光为自己活，太没意思了。""叔叔"职场生涯不过六年、总收入不到 1400 元，但俭朴生活、执着事业，勇于剖析错误、数年如一日地修为，做大小好事 30 余件，支援集体、帮助他人将近 600 元。你是最普通之"不朽"，铸有限生命为无限、渺小为伟大、短暂为永恒；你的名字升华为好人、模范、英雄、榜样代名词及至一个民族之精神图腾。

雷锋精神民族品格。人类永远需要善良和美德。雷锋精神是人类发展进步智慧力量。强大民族必须精神达一定高度而于世界之林屹立不倒、奋勇向前。伟大复兴既需强大物质力量，又需强大精神力量。雷锋是榜样、是追求精神富有之阶梯。不了解那一时期的历史就不知晓雷锋。即便当下每一行业每一成员履职尽责、分工明确，仍然有"空白地带"需要雷锋。

贴近生活、贴近时代，让身躯更伟岸、让精神更璀璨，人人皆可以成为"雷锋"。

2024 年 3 月 5 日

师说新语

281

第十六章 自信文化，中华节日中国梦

致意美丽的节日灿烂的你

——

今天是第113个"联合国妇女权益和国际和平日"（"妇女节"）。春风十里，不妨送花给你——男士们除了慰问家中女神，也可绅士地致意身边异性，"长得帅"者或可以"见行动"取悦女神们——"男女搭配，干活不累"。"赴春天之约，绽巾帼芳华。"自1857年3月8日纽约纺织女工争取"面包＋玫瑰"以来，多彩世界日益"乾""坤"和谐、阴阳协调。

三月暖阳，予你灿烂心情；三月清风，拂你人面桃花。

世界是一本女性的书。三月有诗、陌上花开，胜日如画、草长莺飞。每一女性是一枚璀璨钻石，每一女性都是一处阆苑仙境。你们步下生风、自带仙气，没有女性之世界缺少八分生动、九分精彩、十分美丽。你们的爱温暖了春天，赢得一曲曲"感恩的心"不绝如缕，是每一孩子记忆之"李焕英"。每一男性皆有两次生命：一次是"来到"地球，一次是遇见了你。

女性社会角色越来越多。母亲、妻子、女儿、同事、爱人……你们"是水做的骨肉"，不论何种身份、居身何处，永远是最美"人间三月天"。"女娲补天"、孟母择邻亲情无价，梁祝化蝶、牛女鹊桥真爱无疆。"战争让女人走开"，女性是一切美好缔造者，是星辰大海最美花朵；女性是天使降临人间，是男性世界最好学校。

三月的风，吹走你疲劳。三月的雨，滋润你心田。三月的花，娇嫩你容颜。

女性精彩丰富了"人世间"。花之妩媚、花之娇艳，花之灿烂、花之柔美。又是人间三月八，芙蓉国里赞芳华。因为女生，家庭甜蜜温馨；因为女生，生活有滋有味；因为女生，世界完整精彩。女性巧手烤出面包、盛开玫瑰。女性之美波澜不惊、撼动心灵。没有女性"人间颜色如尘土"，既没有爱且没有英雄、没有诗人。

女性从未缺席"先锋队伍"。你们既貌美如花又赚钱养家。既能当程序员、开挖掘机，又能跻身要职、救死扶伤，还能巡天遥看、问鼎"诺奖"。岁月不老，芳华自在，你们都是"追梦人"，在不同岗位闪闪发光，"她力量"从未缺席。中国女性劳动参与率约70%，一骑绝尘、世界第一。联合国数据：庚子春以来"逆行"抗击疫情人群有50%女大夫、90%以上女护士巾帼英雄、不让须眉，用如花青春撑起半边天，以柔弱肩膀挑起祖国和人民生命重托。

时间和故事皆属于女性。因为风，大海波澜壮阔；因为雨，大地满溢生机；因为女性，世界清新美丽。人间烟火因为女性而美丽精彩，伊人每一年龄皆可称颂。你是交织历史和当下每一声回响。用微笑化妆，让快乐绽放；以气质塑身，看美丽天成；用优雅造型，展万种风情；以浪漫编梦，与真爱相拥。寻一路花开，绽百种芬芳。以花之名，致敬女神，即便到老你依然优雅端庄。

女性体力柔弱是天性非是逊色。温柔且坚定，强大亦柔弱。世上没有绝对平等，但一定要相互尊重，"谁说女子不如男，易安诗文谁比肩？"（注："易安"即李易安，李清照的字），伊人既非"笼中雀"更非"弱者"，柔肩担道义、忠诚为人民，既可小鸟依人也可自力更生。不以性别"论英雄"，尊重平等源于成绩贡献。春风桃李女神节，美景良辰半边天。"同行十二年，不知木兰是女郎"，"贡献"与"成就"从来是洗不尽之铅华。

"男尊女卑"是旧习更是陋习。心中有梦，内心丰盈。中国女性越来越参与社会事务。你们越来越星光点点，连缀为河汉璀璨。"休言女子非英物"，国家召唤，你们主动请缨、义无反顾，或参与建设、或冲锋陷阵。你们果敢优雅、未来可期，既可爱又值得爱。妇女已顶"半边天"，母亲都是天才哲学家，世上没有女性，至少失去十分之五"真"、十分之六"善"、十分之七"美"。

草木萌发，春和景明。春风十里，芳华如你。愿你永远为岁月温柔以待：温婉似水、知性贤淑、智慧能力。靠父母是公主，靠男性是女神，靠自己是女王。

2023 年 3 月 8 日

正是风筝飞满天

—

农历三月初三古称"上巳节"，春秋时期已流行。先民以"干支"纪日，因三月蛇类复苏活跃称为"巳日"，月初谓之"上巳"，魏晋以后定于初三，又称"三月三"。主要活动为祓禊（fú xì），"禊"同"洁"，即青年男女于水边洗濯去垢、消除不祥，拜祭主婚姻生育"高禖"神，因而同时偏得"遇见爱情"契机。

"上巳节"为上古先民"情人节"。"饮食男女，人之大欲"，先民之如今人重视两情相悦相、缔结婚姻、生生不息。《周礼》"仲春之月，令会男女，于是时也，奔者不禁"，大白话就是"三月三"这一天适龄男女可以尽情表达爱恋，他人不得以礼、法之名干预，也为各地官方必须履行"政治任务"。"奔者不禁"之"奔"专指男女户外相会。因而是日专属先民之未婚男女"法定"欢会，领先于西方"情人节"千年。

据载，汉武帝19岁之"上巳节"得遇绝世佳人卫子夫一见钟情，之后发生不拘一格起用其弟卫青、外甥霍去病等一批青年将领成就反击匈奴、"封狼居胥"一连串酣畅历史，助推了青春洋溢之"上巳"自此成为重要民俗沿袭至今，并随着中华国势和文化魅力走出国门足及日本、朝鲜、琉球，形成各具特色东南亚节俗。

"上巳节"主要风俗是祓禊踏青。阳春三月、万物复苏，古人感于"天人合一"遵循自然规律清洁身体、洗去不祥，屈原称之"浴兰汤"，将心中陈年旧事一并清除、了无挂碍。《论语》谓之"浴乎沂，风乎舞雩，咏而归"，即"三月三"当天齐鲁大地少年男女身着新制春装至沂水沐浴、登舞雩台吹风，之后放歌还家。后世演变为水边饮宴、郊外游春，最属永和九年（353年）三月初三"书圣"王羲之兰亭"曲水流觞"酒会著名。

"三月三"今日仍为西南少数民族地区盛大节日，典型如大理三月街"泼水节"，已入选国家非物质文化遗产名录，影响几代中国人之《刘三姐》对歌其实源起"三月三"民俗。

《诗经·溱洧》是描写"上巳"节俗第一诗。春暖花开、草长莺飞，"维士与女，伊其相谑，赠之以勺药"，先民之郑国青年男女响应号召于"上巳日"早起赶路，至溱、洧水畔游春踏青、情定终身，经过一波三折、情节令人捧腹，是先民生殖崇拜文化及婚恋"水"意象经典遗存。因主人公以芍药之"药"（通"约"）代表相约，今日各地仍有以芍药定情民俗。

这一天还是先民时代汉族"女儿节"。民间适龄少女无论富贵贫寒，皆举行成人之"及笄礼"，请来家族德高望重女性尊长将女孩儿长发盘起、别上簪子，从此不再是任由"长发飘飘"、举止张野"丫头"。

"上巳日"相合轩辕黄帝诞辰日。多地民间有"三月三，生轩辕"之说。"停止内战，一致抗日"之第二次国共合作初期1937年清明节，两党皆曾派代表前往陕西黄帝陵共同祭祀中华人文始祖黄帝。近年时有民意倡议设三月三日为"中华圣诞节"进一步扩大黄帝和"上巳节"文化影响。

当前清明节"合并"上巳节喜乐成分。"上巳"节俗演变其实与中华文化及先民思想"俱进"，因宋代以后理学盛行、礼教趋严，"上巳"风俗于汉文化中逐渐衰微，于后世承袭中汇入邻近之清明，同时也致节俗于祭扫先人同时可以郊游踏青、放飞心情，如杜甫《丽人行》之"三月三日天气新，长安水边多丽人"，如杜牧之"借问酒家何处有"。

过好我们的节日、守好自己的文化。文化是民族灵魂和生命，节日是文化凝练和精髓。

2021 年 4 月 2 日

清明今日"意如何"

———

"清明"居春分后 15 天、冬至后 108 天，仲、暮春之交，是唯一兼备节日、节气身份特殊日子，又称"踏青节"。"清明"纪念先人节俗源于"寒食"，踏青愉悦氛围脱胎"上巳"，当前为中国三大"鬼节"之一。置身汉文化大家庭，我国有 24 个民族共享"清明"。

祭祖习俗源起"寒食"节。"寒食"早清明节一天，公元前 636 年始发于山西介休绵山，为晋文公股肱重臣介子推忌日，是日百姓家中不得举火，但贵戚之家享有"日暮汉宫传蜡烛"优待。自战国始，"寒食"当天举国上下以整修坟墓、挂烧纸钱、供奉祭品等祭拜先人亡魂之行弘扬孝道亲情，强化民族凝聚力。华人祭祀轩辕黄帝起源最久远、影响最重要，中华人民共和国成立以来陕西黄帝陵祭祀最具民族感召力。

祭扫非是"清明"全部节俗。"梨花风起正清明，游子寻春半出城"，野外郊游、赏春踏青也是后人承袭重要内容，非是有特殊情况谁都不傻待家中"无花无酒过清明，兴味萧然似野僧"。"阳春女儿笑语喧，绿杨影里荡秋千"，荡秋千因兼具挑战性、娱乐性且可就地取材最为妙龄女性青睐，同时寓意春风拂面、驱除百病。民谚还有"清明不戴柳，红颜成皓首"之说，至今多地仍有人佩戴柳枝柳叶意在挽留春意、珍视韶华。

青少年是"清明"最活跃人群。因"鬼节"悼念逝者有别于祭天、酹地，国人一直"敬而远之"，参加者多为亡人后代，意在"香火有继"、人丁不息，既涉及伦理婚姻又事关男女情感，反而致节日气氛悲中有喜。也正是中华先民融汇自然节气、人文风俗为一体，崇尚"天、地、人"和谐合一、顺应天时人本思想之体现。也说明"清明"不仅有哀思、泪雨，更多被寄予活力与生机、希望与成长。

"清明"为唐代重要法定假日。"国之大事，在祀与戎。"《唐会要·卷八十二·休假》载，自开元二十四年（736），寒食节与清明节合而为一四日为假。其时文人作品多寒食、清明并提，如白居易《寒食野望吟》之"清明寒食谁家哭"。至宋、元，"清明"渐由附属"寒食"取而代之。是日还多有无法返乡为先人培新土、献清酒之游子以"遥祭"表达思念、祝福同在。

《清明》诗尽抒先人豁达生死。"清明诗"始出南宋《千家诗》而非《樊川集》，虽不一定是杜牧原作，依然千古慰人心灵。尤其"牧童遥指杏花村"一句，有色彩有心情、有温度有人文。自民俗视角认定，"牧童遥指"极可能发生于 844—846 年间诗人于池州刺史任上。因"小杜"籍贯京兆万年（今西安），大概率于江南无直系先人，因而清明出行非是上坟"随悲"而是凑热闹"随喜"踏青、沽酒买醉。

《清明上河图》是风俗画卷。该"网红"国画长卷图宽 24.8 厘米、长 528 厘米，曾是 2010 年上海世博会"中国元素"镇馆之宝，为中国十大传世名画、国宝级文物，现藏北京故宫博物院。画师张择端以散点透视法生动记录 12 世纪宋都汴京面貌，画有各具情态官吏、仆役、轿夫、乞丐八百余人。画名之"清明"兼备"清明节""清明坊""清明盛世"解释，"上河"有"上游""逆水行舟"以及"上坟""赶集"释义。

过往皆为序章，感念源远流长。因临近"上巳节"，清明节还"并蓄"愉悦色调，可以安放所有心情。当下节俗除了追思祭扫，也是亲朋好友还乡聚会、叙旧问候"小长假"，大可以"谨慎"问候如互致合家平安、尊长安康以及春日吉祥等。

2024 年 4 月 4 日

劳动是最单纯收获与快乐

——

今天是国际劳动节，是 80 余国家、全世界劳动者共同节日，谨向所有现在的、曾经的劳动者致以美好祝愿。"百行业为先，万恶懒为首"，梁启超认为，除了非劳动力人群，无业懒人是社会蛀虫，"掠夺别人勤劳成果"，要"彻底讨伐，万不能容赦"。

每一天价值于劳动中创造。创造物质财富是劳动，创造精神财富也是劳动。劳动最体现人生价值，是生存和发展唯一途径。"不劳动者不得食"，无论体力或脑力劳动，皆有物质和精神收益。劳动开拓视野、检验实力，能体会劳动快乐者人生不会虚度。"爱国""孝亲"第一要义在于自食其力。没有劳动，"支付"手段再先进只是空头支票、"物流"再高效也是画饼充饥。

每一辛勤劳动者皆值得尊重。勤劳者被赞美,懒惰者被唾弃。劳动本质满足吃喝等基本生理需求,劳动愿景追求人生价值、导向自我实现。生命离不开劳动,人人于学习和劳动中成长壮大。劳动是生命最主要进行方式,劳动状况最体现修养、道德、文化、内涵。"民生在勤,勤则不匮"。工作最证明自己,实现自我首先来自劳动。上班之最大意义不仅有工资,还包括有规律之生活。

自珍惜他人劳动"懂事"。家政、环卫同样是值得尊重之劳动。劳动因和平环境、公正氛围更具快乐。自觉过"低碳"生活,杜绝"衣来伸手,饭来张口"、"一粥一饭常思来之不易"。于在校大学生,每一学时来自父母"夙兴夜寐",最好回报是不慵懒、取得好成绩,不"宅"、不"啃老"。"幸福都是奋斗出来的。"劳动本质无大小、行业、贵贱,视工作为一场热恋而产生浓厚兴趣。快乐劳动更易导向健康身体、幸福家庭。

劳动是一切欢乐和美好源泉。"拜金"者或得逞一时、越"雷池"一世,"宁愿在宝马车里哭,不愿在自行车上笑"是精神"缺钙"、人格"缺德"。劳动是成功必由之路,小事情做极致而为"大国工匠"。无"扫一屋"之做小事意识,难有"扫天下"之大局历练。热爱工作、以劳动为乐是劳动者最佳状态。身体勤快者不会木讷与痴笨,心灵自由者不会死板活得有趣。长期无所事事者内心充满焦虑,与社会渐行渐远。

学而致知螺旋上升。刚吃三天素,上不了西天。耐得寂寞是储备知识能力、提升人生前提。孙悟空在学成"七十二般变化"前曾七年打杂。"磨刀不误砍柴工",由"中国制造"升级至"中国智造"既是愿景更需砥砺。不间断系统学习较零散"省悟"更具成效,"知本家"较"资本家"更具"后劲"。生命之真正悲剧非是个体不够强大,而是很多优势没有发挥。于大学生之生涯规划就是提前筹谋将韶华生命正确用诸劳动。

会劳动会休息是优秀和能力,想要提升劳动效率、获得生活体验必须学会好好休息。愿我们的劳动快乐有意义!

2024 年 5 月 1 日

以"不负韶华"的名义

———

致意所有的青年和曾经的青年朋友们春光正好、节日快乐。梦想从学习开始，事业靠本领成就。追求进步是青春最宝贵特质，将一己小梦融入中国梦，与历史同步伐、与时代共命运，青年责无旁贷、使命在肩，既是追梦者且是圆梦人，"不负韶华"最是于个人、明天和历史之担当和承诺。

每一时代必需青春力量。国家不可一日无青年，青年不可一日无觉醒，有追求之青春人间值得。为韶华挺膺、将梦想担当，虚度年华青春褪色，从不放弃最是青春常驻。致敬"前浪"、寄语"后浪"，在斗争中干练、因煎熬而坚韧，苦是奋进人生补药。奋斗是最生动许国，奉献是最可贵报国，"以身许国"是民族大义。成为最好自己致敬青春，"不入虎穴，焉得虎子"最是坚定意志第一制约成功与否典型案例。

没有人置身历史之外。有家国情怀、具人类关怀，国力是人人最强"护照"，最具"身价"职业是谋天下利、书写民族史。不做别人节奏"跑马场"，没有人恩赐光明中国。你之梦想有多雄奇，中国就有多美丽。"00后"同义"雨后春笋"，最小者"背着书包上学堂"，最长者学有所成、风华正茂。2024年中国继续贡献全球最新质增长力，应对百年未有之大变局、实现百年目标依然直面一众竞争挑战。

厚积薄发一鸣惊人。盛世青年不可颓废，火热时代必具战斗者、创造者勇气决心。无风暴之海洋似极池水，吃苦可以补精神、强信念、厚品格、全才能而抵达理想彼岸。中华文化历来"英雄出少年"，一众先贤年轻即登历史舞台：霍去病17岁率铁骑深入大漠反击匈奴，功冠全军获封"冠军侯"；开国上将肖华17岁任红军"少共国际师"政委且率部反"围剿"。抗日战争期间，八路军团一级指挥员平均年龄不过27岁个个身经百战、早已战功卓著。

不奋斗之青春老态龙钟。站在前辈肩上出彩，拍不死"前浪"之"后浪"不是好浪。"立大志，明大德，成大才，担大任"，青年无理想不担当，国家没前途少希望。才从苦中长，功自苦中建。幸福是奋斗来的，收入是挣来的。谁也看不到历史最后一页，唯有工匠精神雕琢时代品质。"某某后"之谓不过是大家来人间顺序、接续历史先后，无所谓优劣尊卑、高低贵贱，一百年后每一轮"某某后"们都是祖先。

于诟病中成长是"人之常情"。从一开始系牢人生扣子，于披荆斩棘中炼成想要模样。思考是需不断练习而提升之能力，网络只是改变思考抵达方式而非改变思维实质。"从善如登，从恶如崩"，人之第一懒惰是思想"随大流"，"草莓族"把握不了人生方向盘。自孔子批评宰予白天睡觉"朽木不可雕也"，到"鸿门宴"项羽放跑了刘邦被亚父范增责骂"竖子不足与谋"，每一代人难免于师长辈"垮掉的一代"断言中长成。

每一时代自有气质，未来以怎样面貌书写取决于当下行动表现。一群时代骄子，一代家国希冀。抱诚守真，自信和希望是青年特权。生命不可以自谎言开出灿烂鲜花，铁人王进喜"宁肯少活二十年，拼命也要拿下大油田"是争气而非斗气。

2024 年 5 月 3 日

终究是家国情怀为念

雄黄酒烈，千帆竞发。端午节又称"龙舟节、诗人节"，属中华四大传统节日。赛龙舟主要源自吴越水乡龙图腾崇拜，意在驱灾攘祟、祈祷丰收，吃粽子节俗则为当地先民收割前"尝新""热身"。后融入追思吴国贤臣伍子胥、楚三闾大夫屈原身许家国等忠孝成分。

"避邪驱疫"是端午节最初驱动力。始出西晋《风土记》，"端"义为"始"，地支五月为"午"、五行属"土"，居九毒之首，因此需避邪毒、祛瘟疫，后于传承中杂糅多种民俗为一体。"碧艾香蒲处处忙。谁家儿共女，庆端阳"，人人生活于节俗中，端午节俗其实蕴含先民生存"宝典"，喝雄黄酒、挂艾蒿菖蒲、佩香包、戴五彩线及赛龙舟等既为先人诉求平安、吉祥，又具当下"伟大复兴"启迪意义。

屈原是端午节永恒精神坐标。前278年农历五月初五，屈原因秦军攻破楚都悲愤交加，写下绝笔《怀沙》后投身汨罗江殉国警醒世人。"当年忠血堕谗波，千古荆人祭汨罗"，屈原"虽流放，眷顾楚国"遭际最合中华儿女精神诉求。伍子胥早屈原两百年，虽难以确认"端午节"究竟先纪念谁，但二人之忠贞、爱国气节几千来始终存活于民心民意，铁定了变节、事敌等行径永远为中华人伦所不齿。

端午节俗蕴含时代伦理道德规范。爱国主义生生不息，忠诚、孝道操守于端午节起源得到生动诠释。实现中国梦必需爱国美德，过端午节意在重温炎黄归属、亲近"父母之邦"，厚植华夏儿女共同家国情怀。抗击疫情以来无数壮举再次力证中华志士仁人历来不惮以生命捍卫尊严、诠释爱国。辛弃疾"男儿到死心如铁"、林则徐"苟利国家生死以"，至今仍富于感召力。

传统节日生命力在于深厚内涵。端午节起源各地有异，所蕴含之道德伦理相通相融，为新时代所需。传承节日文化除了外在物质消费满足，更应深入其精神内核。实现中国梦只有"撸起袖子加油干"，国家强、民族兴，维护祖国统一、民族团结，发展经济、构建和谐社会皆为"新时代"爱国内涵。太平盛世或不抛头颅、洒热血，但须以脚踏实地、爱岗敬业将爱国之志变为报国之行不负韶华。

2021 年 6 月 14 日

不可以替祖先原谅强盗

——

90 年前今天，日寇处心积虑发动"柳条湖事件"。14 年间，锦绣山河沦丧，无辜同胞殁命，五千年华夏文明古国生生被忘恩负义之日本强盗蹂躏成人间炼狱。

忘记历史就是背叛。珍爱和平必须居安思危，国耻不能忘、不敢忘。侵略者在我邦土所犯罪行罄竹难书、不共戴天，正视历史真相非是为了延续民族仇恨，史实不因时代变迁而改变，不因巧舌抵赖而消失。旧中国巴黎和会外交失败至今令人椎心，之前叙利亚代表于安理会即便雄辞激辩仍未能阻止美英法联军空袭一幕虐心全球。

诋毁先烈其心可诛。有些人死了依然活着，有些人活着已经死了。"利于国者爱之，害于国者恶之"，爱国是立德之源、为人本分。历史不容无知，遗忘屠杀是第二次被"屠杀"，时有一些人好了伤疤忘了疼。侵略者曾经恶行惨绝人寰、罪不容诛，英雄既是精神"血性"又是肉体坚贞。

后人不可代表先辈原谅仇敌。世界从不太平、和平需要捍卫，和平"话语权"与实力成正比。有些国际规则虚伪势利，维权效果取决国力"底气"。中国梦圆日益临近，时有魑魅魍魉翻云覆雨、兴风作浪，朋友、敌人一目了然。自来"落后就要挨打"，我们要比日本人更关心、更在意自己历史，自大和自卑民族皆源于对自身历史文化无知。东瀛右翼势力无视事实，否认、歪曲乃至美化侵略是嘲弄世界历史、侮辱人类良知。

没有发展便没有"维和"资本。"昭昭前事，惕惕后人"，牢记历史真实样子，牢记先辈所流血泪。和平如阳光似空气，受益而不觉、失之则难存。富强和崛起湮灭不了苦难和屈辱，强大自己而令他人心生敬畏，"可爱的中国"饱受欺凌时代一去不复返。历史无言、精神常青，新中国至今既成就斐然，仍不时面临风险挑战。"中国人民也绝不允许任何外来势力欺负、压迫、奴役我们"，任何力量阻挡不了中华儿女推动构建人类命运共同体、建设更加美好世界。

2021 年 9 月 18 日

事鬼神敬而远之

———

农历七月十五其实是被众多国人忽视之传统节日，又称"七月半"，道教称"中元节"，佛教称"盂兰盆会"（解逝去父母、亲人"倒悬"之苦），主要源于上古之春秋二祭（春为清明，秋为中元），与清明节、寒衣节并称为中国三大鬼节。2010年5月18日经由香港特别行政区申报以"中元节（潮人盂兰胜会）"入选第三批国家"非遗"名单。

烧纸钱是多地祭祖核心方式。常见节俗是各户提前备好冥衣纸钱，写上先人名号于太阳刚落山之际觅一安静路口焚烧祭拜，同时还以各色素荤、财宝祭烧。某种意义而言，纸钱烧给逝者、慰藉活人。从白居易"风吹旷野纸钱飞"，到葛绍体"纸钱灰起祭中元"，再到开国元帅陈毅"捷报飞来当纸钱"，纸钱一直是华人极重要精神载体。非是简单迷信，是于生命朴素敬仰、血脉亲情召唤。敬生重死礼度中，阴间和阳间、逝者和活人，借着暮色火光浑然一体。

敬天法祖是中元节核心元素。"中元"祭礼首先是教化众生不忘先人遗泽，在追思中自勉自强、不堕家声；其次在于给后人敬畏感，约束自己、善待他人，有所为有所不为。民间传说每年七月月圆之日地府鬼门关洞开，阴间亡魂得以重回阳间、探望子孙俗称"鬼节"，故有"七月半，鬼乱窜"之说，富于传说色彩，也是超度历代宗亲、普度亡魂重要时节。其时还因暑尽因而"褚衣"（纸衣）为必备祭品，正合"七月流火，九月授衣"节气。

中元节是道教传统民俗相结合产物。天、地、水为道教世界"三元"，天、地、水"三官"为道教信仰之神。道家以正月十五为"上元"天官赐福，七月十五为"中元"地官赦罪，十月十五为"下元"水官解厄，唐、宋以后"三元"日渐为重要民俗节日。因泰山府君掌管人间生死，汉魏六朝前国人之"地府"所在地，其后佛教传入，鬼之居所逐渐演变为"地狱"。当前"中元"节糅合儒、佛、道三教因素，主要包含祭祀之孝道、救赎之慈善、珍惜当下之娱乐，其中敬祖尽孝为最核心。

感恩之"祖先崇拜"为中华文明所特有。"慎终追远，民德归厚矣"，"中元"节俗其实可追溯至上古土地祭祀，先民向逝去先人报告秋天收成"秋尝"时祭。荀子说过："君子以为文，而百姓以为神。以为文则吉，以为神则凶。"君子视鬼神之说为一种文化，小人当成一种灵异迷信。当成文化是好事，当成迷信就坏事。剔除迷信色彩、环保之不提倡，"互联网+"之当下鬼节启迪依然在于不忘祖先、不失良善、珍惜当下。

"敬而远之"且"畏而不怕"。上元、中元皆有放灯习俗：前者于陆上放灯祈求好运，后者于水中放灯为逝去生灵照路。"举头三尺有神明"，鬼神固然不可怕，仍须心存敬畏。国人源于"含蓄"传统不擅告别，死别尤甚，却因为不舍有了清明、中元、寒衣……祭祖之风，千年未断。

"君埋泉下泥销骨，我寄人间雪满头。"真正死亡非是肉体消弭，而是后人彻底忘了自己。"中元"节俗更多蕴含中华儿女尊敬祖先、珍视亲情、懂得感恩。

2022 年 8 月 12 日

恰是人间情浓时

——

"七夕"节俗其实始自中华文明"童年"星宿崇拜。"牛郎织女"与孟姜女、梁山伯与祝英台、白蛇传并列为中国四大民间传说，2006 年入选国家"非遗"名录。因"牛""女"为忠贞感情、眷顾家庭之夫妇，故尔"七夕"其实为"夫妻节""家庭节"，是中华民族理想婚姻、家国情怀重要范本，与商家之"情人"节蛊惑消费并无瓜葛。

"牛""女"故事始自先民星宿崇拜。《诗经·大东》"跂彼织女，终日七襄"最早萌芽故事浪漫情怀，后被历史和民意赋予二星"人格"；汉初"鹊桥会"传说已具雏形，《迢迢牵牛星》正式融入爱情元素且故事定型；南朝《述异记》

最早明媒"牛""女"夫妻关系且演绎至故事情节完整曲折；"天阶夜色凉如水，卧看牵牛织女星"，唐德宗贞元十四年（798）于长安建成最早牛郎织女庙；宋人秦观约于1097年7月以一曲《鹊桥仙》令"牛""女"故事婉约蕴藉、余味盎然至峰巅，全词字面状写天上双星，其实句句道尽人间痴男怨女"我欲与君长相知"，自此"七夕"故事美丽而忧伤千年。

"牛""女"身份为先民"男耕女织"社会分工。故事主人公称谓蕴含中华先人农耕社会自给自足家庭经济自然分工，明人赵弼《青城山隐者记》谓之"女织男耕，桑麻满圃"，后世逐渐汇入国人自然、时间、数字崇拜。"乞巧"既是先民女性勤劳及创造财富不逊须眉，又是对劳动角色及社会地位理性追求。因故事还有"老牛""小儿女"配角，更为先民"半亩地，一头牛，老婆、孩子、热炕头"之"小康"社会理想生活及"儿女双全"家庭模式关满"标配"。

"鹊桥会"是忠贞不渝爱情范式。真爱是百年孤独，直到遇上那人矢志不渝。"牛郎织女"守望中华经典爱情，先民"七夕"节堪比春节隆重。"河汉"两侧，"牛""女"因不可抗拒之力"盈盈一水间，脉脉不得语"，星河契阔、执爱共赴，终究感动上苍恩准每年一次"鹊桥会"。"两情若是久长时，又岂在朝朝暮暮"以凄美笔触和人文观照激励着一代代有情人"断肠也无悔"，无数相爱男女于"夜半无人"山盟海誓"在天愿作比翼鸟，在地愿为连理枝"。

"乞巧"节俗意在教化"淑女"。"七夕"其实是一大型"女子祈福节"、名副其实"女儿节"，也为先民之重视女子教化。古城长安兼为牛女传说和"七夕"文化发祥地。据东晋《西京杂记》所载，"七夕"当夜，趁着牛郎织女"金风玉露一相逢"，未婚女性们于庭院就着清风明月，以时令瓜果拜祭织女星乞巧、乞美、乞姻缘，既求娴熟针织女红，又愿得配君子、良缘天赐。女生狂欢同时，因魁星执掌考运，"七夕"又为读书人魁星节、晒书节，儿童们也于一旁"蹭流量"乞聪慧、杀馋虫。

"七夕"是历史"热词"非是情人节。每一代人于先民精神财富忽略或致不可逆转且断层。"家齐"而后"国治"，"七夕"节俗更注重以伦理为核心之家庭建设而非只局限于爱情。即便曾经西风东渐、习俗弱化，"牛郎织女"忠贞爱情从未褪色，坚持潜移默化为当下之文化自信、助力复兴，而非一些商家所包装、曲解为"情人节"意在蛊惑恋人们"激情"消费，庸俗为秀恩爱大赛。

"牛女"传说重大启发中华民间文学。"家家乞巧望秋月，穿尽红丝几万条"，"乞巧"是中华文化、民俗、史学重要观照。"愿有岁月可回首，且以深情共白头"。历代多情者咏叹诗词歌赋逾三千首，至今读来依然心田生津、唇齿留香。遇到良人，好好珍惜；遇到爱人，好好对待。依据《诗经》有"维鹊有巢，维鸠居之"，是日于"银汉"搭桥之"喜鹊"身份其实为仗义男性成人之美。

思念汇聚成河，久别终能重逢。

只要你来，我便等候。"爱"字温润如玉、暖若春风。较之西洋情人节，中国"七夕"更具文化内涵、人文关怀。

2023 年 8 月 22 日

今日心上念人尔

———

"中秋"是最具中华传统节日之一，始见于《周礼》"仲秋之月养衰老"，流行于中华文化圈。节俗普及于汉、流行于唐、盛行于宋，明、清与春节齐名，主要因苏轼《水调歌头》倍受青睐。2008 年始为新中国法定假日。

"中秋"本义庆祝丰收。"秋"本义"庄稼成熟"。"中秋"实为古人天象崇拜、秋日祭社等"秋报"遗俗。中华农历每季分孟、仲、季三月，秋季第二月谓之"仲秋"，民俗称之"中秋"，《唐书》载有"八月十五中秋节"。至今华夏多地仍存有"拜月坛""拜月亭""望月楼"等古迹，各地节俗虽异但必有陈献新收瓜饼及各色果品内容，《北京岁华记》所谓"陈瓜果于庭，饼面绘月宫蟾兔"是也。

"月亮情节"为华人主要节俗。中秋"月亮情节"始自春秋，《礼记》所谓"天子春朝日，秋夕月"，后来贵族、文人相继仿效"祭月"并逐步扩散至民间。中秋夜出游赏月谓之"走月"，兴犹未尽者次日观赏"十六圆"是"追月"，祝花好月圆、家和业兴情感不逊于前夜。"团圆节"主旨"怀人""思念"。即便"互联网＋"令今人沟通交流日益"坐地日行八万里"，其实从未消减家人亲朋彼此思念、当面致意，一家人围坐、共赏皓月当空仍是中秋节不可或缺内容。

明代始将月饼与中秋联系一起。"月饼"始自《梦粱录》，象征"圆月"、承载人文精神。"饼以象形价倍增"，寓意家人团圆、寄托思念，为中秋时节感情联络重要礼物，而非仅仅满足口腹之欲。天上月圆、人间月半，中华儿女情感于如水月光下灵动浪漫、细腻温情。当前"祭月"节俗虽式微但月圆兆"人圆"、思念故乡、牵挂亲人及祈盼丰收等"文化自信"主旨从未改变。

"中秋"节俗蕴含"天人合一"。月缺月圆是自然现象，聚散离别是人之常情，至亲团聚是人间美事，他乡月亮永远不及故乡之皎洁撩人，赏月是天人合一、对话自然，同时有效协调和谐人际关系。不以经济效益淡化民族节日。中华文化之游子恋家、思乡情结如慈祥母爱，于每一异乡节日温柔召唤且呵护着内心最柔软：故乡亲人最是心中牵绊，骨肉团圆是华人永恒情怀。

"露从今夜白，月是故乡明。""秋收"既指一年收成更是阶段性总结。文人士大夫于饮酒、赏月、赋诗情有独钟，留下一众如宋神宗熙宁九年（1076年）中秋苏轼作于密州任所《水调歌头》之"千里共婵娟"，唯美怀念远在河南任所不能相见胞弟苏辙，至今仍为千古典范、脍炙人口。

2023 年 9 月 29 日

盛世华诞新时代

——

月圆仲秋、丰收在望，我们热烈庆祝新祖国74华诞，衷心祝愿民族繁荣富强。"国庆"本义国家喜庆，初见于陆机《五等诸侯论》"国庆独飨其利"，今天专指国家成立纪念日。1949年12月2日中央人民政府委员会第四次会议决议自1950年起以每年10月1日为中华人民共和国国庆日。

爱国情怀是"不二"选择。国家是每一公民梦想源头，目光所至皆为华夏，五星闪耀皆为信仰。知国、爱国、敬国，有些爱必须与生俱来，如父母、子女之爱，人民之于国家之爱。爱国主义是唯美民族情怀。爱国是做人本分、是镌刻人伦深处烙印，是每一中华儿女必备人品。生于盛世不负盛世，生逢其时奋斗其时。爱国就是与国家、民族同呼吸共命运，是人生之于国家建设、民族壮大绽放光芒，是热血韶华之于国计民生一起闪耀、使命梦想与百年梦圆共同创造。

民生始终与国运共"交响"。祖国是一首永恒恋歌：祖先倚之繁衍生息，子孙荫之富庶辉煌。无祖国者"身世浮沉雨打萍"，欺祖叛国者"为盗为侯总不成"。有一种远行是中国改革开放，有一种崛起是中国富强，每一寸国土活跃着奋进和自豪。你我立足处就是中国，你我有光明中国便不黑暗。民族不能没有英雄，先烈绝不容衣冠禽兽玷污。尽管74年前毛泽东主席就宣布"中国人民站起来了"，仍有极个别宵小之徒精神"缺钙"崇洋媚外、习惯"跪舔"数典忘祖。

"中国特色"是伟大复兴"原动力"。坚持中国共产党领导最是行稳致远根本保证，中国成就、中国制造、中国模式"风景独好"最是雄辩伟绩。"新时代"日新月异、"中国特色"动力强劲，中国力量不可阻挡。74年来，中华民族自贫穷到温饱，到"富起来""强起来"，到"坚持人与自然和谐共生""人类命运共同体"，实现中国梦。中国现象"不是天上掉下来的"，中国特色是"中国号"巨轮奔向"伟大复兴"目标泰然前行"压舱石""定盘星"。

文化自信不"自负"。"周虽旧邦，其命维新"，无限过去以现在为归宿，无限未来以现在为渊源。方块汉字承载了中华文化一脉相承、博大精深、魅力悠久、民族振兴。颂扬祖先辉煌旨在骄傲和启迪，成就民族梦想目的守成和超越。不努力就会被生活踩死。74年，中国综合国力剧增、国际地位空前。任尔魑魅魍魉"东南西北风"、极限施压，"我的国"撸起袖子、百姓乐业，民族团结、坚如磐石。

以实力而被尊重原则和底线。国庆节承载民族凝聚力，象征国家、标志独立，国庆日大规模庆典是政府动员与号召力体现。熟知过往，方能读懂祖国不平凡，知史而为曾经苦难警醒、为当前成就自豪、为未来责任绸缪。人民有信仰、国家有力量，无知历史者少有民族敬畏心。"打得一拳开，免得百拳来。"幸福不会从天降，社会主义等不来。祖国是民族载体，是每一人民不受欺凌钢铁后盾、扬眉吐气雄壮"丹田"。

中国文明推进"人类命运共同体"。"讲信修睦""亲仁善邻"，人类只有一个地球、万方共处一个世界，必需共同利益、可持续发展和全球治理。你好、我好、大家好，中国智慧和宇宙观、天下观、社会观、道德观最契合人类共同发展需求，最可协调人与自然环境关系，最可为世界提供应对挑战、共创未来最优解。如果奇迹有颜色，一定是中国红。

为伟大祖国庆生，为今朝华夏喝彩，"我和我的祖国，一刻也不能分割"。

2023 年 10 月 1 日

过"洋节"没人领你情

——

顾名思义，"洋节"主要指欧美等西方国家节日，背后多有宗教链接、意识形态等"零碎"而不适合所有人。即便有极少数人出于标新立异、赶时髦、凑热闹追逐之且妄自菲薄、唯外国月亮是圆，实际效果依然"非我族类，其心必异""亲者痛心，仇者鄙夷"。

不追逐"洋节"事关民族气节。一方水土养一方人，一方精神塑一方气节。中华文化历来开放大度，虚怀若谷、继往开来，崇尚"百家争鸣"、兼容并蓄诸多外来优秀文化。全球一体化既非一个民族热衷于过另一民族节日，更非全球同一声音。如若某一国度热衷于另一国度节日，说明文化入侵、数典忘祖极其严重。

中华儿女自有"圣人节"。"坚定文化自信，是事关国运兴衰、事关文化安全、事关民族精神独立性的大问题。"中华民族人祖、文祖、先贤如女娲、孔子、毛泽东等伟大历史人物诞辰皆为"圣人节"，是日足以追思、纪念或庆祝。2017年1月《关于实施中华优秀传统文化传承发展工程的意见》明文支持全民过清明、端午、中秋、重阳等传统节日，传承和弘扬其深刻文化蕴含，实质发动一场"文化反侵略战争"。

传统节日最寄托民族情怀。"知恩图报，善莫大焉。"中华传统节日是民族文化瑰宝，或崇拜时节或敬畏祖先或铭记历史。光大传统节日在于了解其中民俗，知晓其中文化，传承其中经典。学习了解不同文化不意味非要过"洋节"以示"同化"。青少年必需谙悉父母之邦、祖宗之国，铭记种族和人文归属，不动辄"言必称希腊"，于西洋鸡零狗碎趋之若鹜。

文化自信来自底气充沛。传统节日里有气节，传统风俗中有人文。以"过洋节"为时尚绝非"接轨"国际。商家关注"洋节"重在"商机"、旨在"洋财"，虽不代表民族化，却是文化渗透第一渠道。过"洋节"也不等同于被西教腐蚀，大多过洋节之国人纯粹出于好玩和自我放飞，同时也折射文化少信、传统苍白。

文化差异至一定程度而为意识形态分歧、"三观"冰火隔膜。假如清明节不感恩祖先、缅怀先贤，端午节不吃粽子、不划龙舟，中秋节、春节淡忘了家国兴旺、人文关怀，我们民族岂不成了"转基因"怪胎？

2023年12月23日

"小年"因何分北南

——

小年也称"交年节""灶神节""祭灶节"。"过了小年就是年"，说的是人们自这一天开始无论有多忙也要腾出精力准备年货、洒扫屋舍，自祭灶等活动开始辞旧迎新。所以单是听到"小年"二字往往心生暖意、满怀喜气。只是很多人在看日历盼过年同时心存疑惑：为什么"小年"会有北、南之分？

"小年"分南北是典型"十里不同风"。过腊月二十三之北方"小年"区域大致包括陕西、河北、北京、辽宁、吉林、黑龙江、内蒙古等地；过腊月二十四之南方"小年"区域大致有湖南、江西、广东、广西等地。首先是中国地大物博，各地风俗历来多有差异；其次是祖先以来于"小年"其实无具体日期限定，因此哪天过完全依据于当地民风约定俗成。

"小年"北南之分源于历史政治经济渊源。因为我国古代王朝帝都大多分布于版图北方，自然于政治、经济形成历史、文化乃至民俗影响。北方腊月二十三过"小年"大致始自清代中后期，依据《清嘉录》记载，"俗呼腊月二十四夜为念四夜，是夜送灶"，即在清代中期之前北方小年也是腊月二十四。因自雍正年间开始每年皇家于腊月二十三祭天时为了"开源节流"顺便将灶王爷也给祭拜了，久而久之习以为常，影响了北地民间。南方区域因距离政治中心相对较远影响衰减，依旧维持了腊月二十四过小年之"原生态"民俗。

"小年"日期还有日历之外民间"版本"。多地民间还流传有"官三民四船五"小年日期说法，就是历来过小年日期有官方腊月二十三，百姓腊月二十四，沿海地区腊月二十五旧俗，细究起来既呼应《清嘉录》所载腊月"祭天"，又说明我国不同地区历来于"小年"日期、概念有所不同。自南宋范成大《祭灶词》之"古传腊月二十四，灶君朝天欲言事"看来，腊月二十四过小年历史更为悠久，当前南方地区农历二十四过小年是现实版"古风存"。

不同日期之南北"小年"同时节俗迥异。北方"小年"通常吃饺子、黏糕、灶糖、火烧、面花等，南方"小年"则吃年粽、甘蔗、米饼、汤圆、炒玉米等食物。再就是北方"小年"民间有贴窗花者，之后理发沐浴准备过年，而南方则不贴窗花且只集中在除夕前理发沐浴。贴窗花不仅是装饰，更寄托于未来美好期待、祝愿新的一年越来越好。南方多盛行"二十四，写大字"，就是写春联。民间讲究有神必贴、每门必贴、每物必贴，所以春联数量要多、内容要全，尤其大门对联是一家未来一年的门面特别受重视。

南北"小年"同时于精神层面"交集"。虽然南、北"小年"日期不同，但大部分习俗内涵契合：临近春节，家家户户都要扫房擦窗、清洗衣物，南方叫"掸尘"、北方叫"扫房"。再就是所祭拜之灶王爷又称"灶神""灶君"，身份皆是民间传说专司饮食之神，"小年"当天要上天"述职"，向玉帝禀报其"驻家"成员过去一年所行善恶、评定新一年福禄等级。因此人们于"小年"当晚供奉糖瓜、水果、酒菜等虔诚恭送，拜托老人家"上天奏好事，下界保平安"。目前看来"从南走到北，甜得张不开嘴"皆是这一天灶王爷之内心最"独白"。

总之，各地"小年"概念和日期差异不重要，重要的是其味道一样浓郁、祝福一样温暖，皆是中华儿女喜迎新春重要"预热"，令你不论身处何地皆能欣享平安喜乐，于仪式中感受文化自信、传承和尊重，蕴含着美好憧憬、殷切祝愿，生活精彩、人间值得。

2024 年 2 月 1 日

"身教"是辅导员之最具"魅力"

——"石化师说"公众号千期推文小结

　　"石化师说"萌芽于2018年10月初主创人就任艺术设计学院副书记后一次学生大会上与2018级孩子们的"话赶话"——承诺到他们毕业为止，送给大家一千条原创"加油"微信，并且"写千赠一"至1001条"师说"，让大家看看"老师怎样坚持做好一件正确的小事"。

　　"师说"于是年12月3日正式通过学院公众号推出。在500期之前坚持每天一文，之后每周日推文、重大节假日另加推文，始终关注青少年成长成才热门话题。

　　基于团队成员一线学生工作经历和各方面合力，公众号于2019年3月被学校确立为学生工作"一院一品"，此后三次获评省高校学生工作案例一等奖、一次教育部三等奖，相继被《辽宁日报》"北斗融媒""学习强国"报道，再于2021年1月获批"辽宁省高校辅导员名师工作室"（培育第二批）。

　　写推文是自己承诺的且同时被需求，所以我们必须于诸多事务中坚持下去，以"身教"表"言传"。

很少有职业美好之如辅导员于最近距离与朝气蓬勃青年人群朝夕相处，谈理想、论天下，将自己的思想成功"装进"别人的脑袋——

学生之请教咨询辅导员永远出于高度信任。也许，大学四年就这么一次。也许，仅仅只是一次几分钟谈心谈话，于他们却是走出雾霾、到达光明，心结打开、坚定前行。

于当下之基层辅导员与时俱进地知晓学生，掌握网络思政"话语权"、确保他们在网络世界不"迷途"既是工作当务之急又是称职与否"试金石"。胜任辅导员工作至少具备如鲁迅先生所谓"无穷的远方，无数的人们，都和我有关"之情怀，始终致力于培育每一枚桃李他日做业内松柏、为行业翘楚。

除了知道推文期数，一般人很少知道作者每"抠"出一条被朋友圈称之"不水"推文需要花费多少时间、付出多少心思。

辅导员工作巨细且平凡，每天生活模式基本都是"眼睛一睁，忙到熄灯；眼睛一闭，提高警惕"，尤其是抗疫封校期间，包括寒暑假期，既要及时贯彻各级抗疫精神，又要心系学生日常操行乃至就业创业，极少有成块时间潜心创作，唯有发扬"钉子"精神见缝插针，牺牲大量休息时间"将别人刷屏的时间用于写作"。

然而，欣闻曾经带过的诸多桃李目前跻身业界"砥柱"角色之 70 后以及日益茁壮的 80 后、90 后和 00 后桃李们，辅导员最是记录人、见证人和参与人，深感传播了爱与责任、圆了梦和理想，皆是我之满心欢喜、正是我之梦寐以求，更是自己职业焦点、事业真谛——

思想教育、网络思政、三全育人、就业创业指导教师恒是辅导员职业标签和心之向往。

四年光阴、千篇"一诺"，辅导员工作值得"终身为之奋斗"。

2022 年 2 月 20 日

立德至上传忠孝，悟道于勤学礼仁。

惟有读书心智育，若失康健幸福分。

难全如意追无悔，得遇知音容本真。

交友老实人做伴，入圈奋斗者为邻。

尊高手必师缘广，重口才方语意深。

练就平时工与细，敢迎职场打和拼。

拓宽强己红专路，守正求学持续根。

美好生活知有处，仍须传统显精神。

——《七排·赠言大学生朋友》

"师者，所以传道受业解惑也"最深刻道出"身教"是辅导员最给力之为人师表，"感恩"是校友于母校最长情告白。

截至目前，1170 期"石化师说"超越了"1001 条师说"创建约定。如同 1170 块方砖，在数字疆域筑起辅导员网络思政之精神城墙，将六载光阴化作 140 余万字里行间星轨，经时光长河沉淀匠心独运。风雨无阻、每周如约，始终以"感情温婉""内容实在"守护学生及家长社交需要、情感需求，"炼成"业界美誉度、影响力——育人如同琢玉，"练就平时工与细"，虽不见惊涛，却积淀着岁月沉香。

　　"众人拾柴"集体推动"石化师说"行稳至今。得益于冯文熙、王君丽等同仁一路同行，壮大于学校创业导师吴桐树教授鼎力支持以及朱寅飞、王一、徐林等青年同仁陆续加入划桨。传播真理非在于鸿篇巨制，而是将典籍之星光碾成照亮现实银粉，诚如《考工记》所言之"合此众材，乃成良器"。所有于微末处之坚持初心，恰似西南联大南渡时教授们以被褥裹紧典籍，虽细如芥子，蓄成文明星火。

　　"石化师说"始终与时俱进恪守原创。每一推文内容贴近实际、贴近学生，读来可亲可近、元气满满，具备吸引力、感染力，淡化了"板着脸"教书育人；每一推文通过寻常历史、政治、校园案例剖析深受青睐，以最体现学生为本而被"信服"，日渐融入学生社区、修成育人铸魂"新利器"行稳致远。

　　"滴灌式"施教最诠释"不弃微末"。"石化师说"一如既往地致力于将枯燥理论、严肃说教实体化为妙趣横生、丰富多彩时文，一如既往地主打以青年学生喜闻乐见之"微语言"解构典籍、"微表达"重构价值，一如既往地以责任感、使命感赓续"坚持的魅力"，让《论语》之仁爱化作寝室公约、令《史记》之担当成为学业灯火。

　　值此新程再启，我们更懂得且珍惜"久久为功"。教育不是闪电划破夜空，而是北斗指引航程；成长没有终南捷径，唯有步步生莲修行。在数字洪流日益冲刷着传统教育堤岸之今天，"石化师说"继续扮作一架水车，执着地以每个字符为叶片，于时光长河中不懈地提灌文明活水。

杨青舟　张毅

2024 年 9 月